U0801274

AI 法律人的通识课

法律AI大模型使用指南

主　编
贺倩明
副主编
杨敏　雷宇

法律出版社 LAW PRESS · CHINA
北京

图书在版编目（CIP）数据

法律人的 AI 通识课 ：法律 AI 大模型使用指南 / 贺倩明主编 ；杨敏，雷宇副主编. -- 北京 ：法律出版社，2025. -- ISBN 978 -7 -5244 -0462 -0

Ⅰ. D9 -39

中国国家版本馆 CIP 数据核字第 20250JG416 号

法律人的 AI 通识课
——法律 AI 大模型使用指南
FALÜREN DE AI TONGSHI KE
—FALÜ AI DAMOXING SHIYONG ZHINAN

贺倩明 主 编
杨 敏
雷 宇 副主编

策划编辑 肖 越
责任编辑 肖 越
装帧设计 马 帅

出版发行 法律出版社
编辑统筹 法商出版分社
责任校对 李慧艳
责任印制 胡晓雅
经 销 新华书店

开本 710 毫米 × 1000 毫米 1/16
印张 24 **字数** 374 千
版本 2025 年 9 月第 1 版
印次 2025 年 9 月第 1 次印刷
印刷 河北尚唐印刷包装有限公司

地址：北京市丰台区莲花池西里 7 号（100073）
网址：www. lawpress. com. cn
投稿邮箱：info@ lawpress. com. cn
举报盗版邮箱：jbwq@ lawpress. com. cn

销售电话：010 - 83938349
客服电话：010 - 83938350
咨询电话：010 - 63939796

版权所有 · 侵权必究

书号：ISBN 978 -7 -5244 -0462 -0
定价：86. 00 元

凡购买本社图书，如有印装错误，我社负责退换。电话：010 - 83938349

编委会

贺倩明

深圳得理科技有限公司创始人，知名律所高级合伙人，中国政法大学经济法学博士，香港中文大学 EMBA，北京大学法律硕士，曾被评为广东省优秀律师，深圳、广州、武汉仲裁委员会仲裁员，深圳市人工智能行业协会副会长，中国科学院深圳先进技术研究院－得理法律人工智能联合实验室执行主任。

杨　敏

深圳得理科技有限公司首席科学家、联合创始人，中国科学院深圳先进技术研究院－得理法律人工智能联合实验室主任，中国科学院深圳先进技术研究院高性能数据挖掘重点实验室主任，深圳市海外高层次人才，连续四年入选全球前 2%顶尖科学家。长期从事人工智能、自然语言处理、大模型相关研究，发表高水平学术论文 200 余篇，谷歌学术引用 8800 余次，H-index 51。

雷　宇

深圳得理科技有限公司首席技术官、联合创始人，深圳市人工智能学会法律人工智能专业委员会副主任，拥有超过 10 年互联网企业研发管理经验。深耕搜索与大数据技术领域，曾任职于百度和腾讯，参与腾讯支付系统的设计和研发，并荣获“腾讯 2019 年度微信支付创始人团队大奖”。

周剑平

深圳得理科技有限公司产品总监、联合创始人，拥有 20 余年在多家上市公司负责信息化管理的丰富经验，擅长产品研发和项目管理，尤其在企业 ERP 和 OA 系统的业务流程管理方面积累了深厚的项目管理经验。

林君娴

深圳得理科技有限公司法律研究员，参与得理法律大模型应用研究。

罗园琳

深圳得理科技有限公司法律研究员，参与得理法律大模型应用研究。

关于法律人工智能联合实验室

中国科学院深圳先进技术研究院－得理法律人工智能联合实验室由中国科学院深圳先进技术研究院和深圳得理科技有限公司联合创办，由国内知名律师事务所律师与中国科学院深圳先进技术研究院自然语言处理方向研究人员组成。

实验室集合了业内顶尖的人工智能专家和法律实务专家，利用自然语言处理和深度学习大语言模型等技术，在通用大模型的基础上，通过对超过 5 亿的案例、法律法规、法律文本等法律领域专业语料的持续训练，研发国际领先法律行业垂直大模型，实验室成员目前发表前沿学术论文上百篇，取得发明专利超过 20 个。

关于得理科技

深圳得理科技有限公司成立于 2018 年，是一家由国内顶级法律团队和 AI 团队联合发起的法律科技公司，并于 2019 年联手中国科学院深圳先进技术研究院成立法律人工智能联合实验室，专注法律行业 AI 模型算法研究。

其自研的得理法律大模型达到业内领先水平，以得理法律大模型为基础，得理科技还研发了“得理律助”和“得理法搜”两条主要产品线，以小理 AI 和小理智能体为核心组件，为法律人、企业及个人提供一揽子 AI+ 律师解决方案。

公司已拥有 18 项发明专利，技术团队累计发表上百篇权威学术论文，并在多个国际法律 AI 大赛中获奖，获得了行业的高度认可，被认定为“国家高新技术企业”。

关于小理 AI

得理科技打造的业界领先的法律 AI 大模型，利用前沿的 AI 大模型算法技术训练海量法律数据，致力于打造智能法律大脑。提供法律咨询、法律检索、法律研究、案件分析等智能支持。已成为首批通过国家网信办备案的法律生成式算法之一。

目前小理 AI 已接入 DeepSeek、阿里千问、腾讯混元等模型，一方面，突破通用大模型因缺乏权威法律数据支撑导致的信息真实性存疑、检索结果碎片化等局限，通过结构化数据库确保法律依据可溯源、可验证；另一方面，依托法律垂直领域深度训练，补齐通用模型在专业术语理解、法律逻辑推演及实务痛点解析上的短板，提供兼具专业深度与落地价值的法律解决方案。通过法律知识图谱与 AI 技术的深度融合，小理 AI 实现了法律服务的精准化、体系化与智能化升级。

关于得理法搜

得理法搜是由得理法律大模型驱动的法律大数据智能引擎，内含 1.5 亿 + 裁判文书、300 万 + 法律法规、500 万 + 法律知识等 5 亿 + 海量数据。可为法律专业人士、法律研究者、企业及个人提供专业法律检索、案件智能分析、法律智能咨询、智能合同、智能合规、律师智能推荐等 AI+ 律师协同服务。

关于得理律助

得理律助是一款为律师量身打造的智能云办公平台，采用法律大数据、法律大模型、智能协同办公等“一站式”创新管理模式，提供智能检索、智能文本、智慧办案、智能审批、知识共享等服务，帮助律师更高效地处理法律业务，提升服务质量。得理律助还拥有案源广场、数字名片、DOC 等功能，全方位、全场景满足律师需求，开创律师智慧办公新时代。

更多信息请关注得理官号:【得理法律科技】，登录得理官网：https://www.delilegal.com/。

序言

纵观四十余年的改革开放历程，一个深刻的启示是法律的生命力，始终在于其对时代问题的有效回应。从计划经济土壤上第一部《企业破产法（试行）》的艰难诞生，到市场经济各项基础性法律制度的逐步建立，历史反复印证着一个道理：法律与技术、经济、社会的变迁同频共振，其生命力根植于现实，而非固守于象牙塔中的抽象条文。每一次生产力的跃升，都必然要求法律制度做出相应的调整与革新。

今天，我们这个人类赖以生存的小小星球，正站在一个由人工智能技术驱动的全新历史关口，人类社会正在换赛道。这个赛道既是我们的生存方式，我们的想像力与思想认知方式，也是人类文明的新形态。以大语言模型为代表的生成式AI，正以前所未有的深度与广度渗透社会，其将带来的颠覆性影响，也催生出全新的时代命题。遥想20世纪八九十年代，当“破产”这一概念初次进入中国公众视野时，其对计划经济观念的冲击与中国社会的影响，当时外国媒体的评论是“核弹爆炸级的”，法律人需要向社会解释为何“优胜劣汰”是市场经济的基本常识与一般规律；今天，这次正在发生的变革，甚至是当年完全无法企及的。法律人既需要理解并阐释为何“人机协同”将成为法律服务的新范式，自身又面临一个大多数人懵懂无知且充满期待的新定义市场。这真是一幅前无古人、极具挑战的认知画面。

必须认识到，生成式AI的意义已超出“工具效率”的范畴。它作为一种新的生产要素，正在深刻地改变着知识的生产、传播与应用方式。对于高度依赖信息处理与逻辑分析的法律行业而言，这种改变带来的冲击是革命性的。或许在未来五年，法律服务业中的许多职业就要消失，法律人不改变思维与服务方式将无可奈何地失去职业。长期以来，法律服务的价值体现在法律人对纷繁法条的精确适用和对复杂事实的审慎判断之上。这份专业能力是律师、法官、学者通过数十年如一日的学习与实践沉淀而成的智慧结晶。而AI技术正以惊人的速度，将海量的法律知识、案例数据、部门规章进行解析与结构化处理，并以远超人力的效率生成具有一定逻辑性的文本，这无疑是在迅速地消解着传统的信息壁垒，推动法律知识从一种稀缺的“专业产品”向更易获取的“普惠服务”转型。这其中蕴含的挑战与机遇，值得整个行业深思。

在这样的时代背景下，欣见《法律人的 AI 通识课——法律 AI 大模型使用指南》一书问世。本书以“通识”的站位，超越了对 AI 工具“术”的层面介绍，为法律人构建了一个立体的认知框架。

全书从对技术内核的探究开始，系统阐述了大语言模型的基本原理、关键技术与演进历程，为法律人揭开了 AI 的神秘面纱。对于习惯于追问“法理”与“依据”的法律人而言，理解一项技术背后的基本逻辑，是真正驾驭它的前提，也是避免为其所困的关键。只有知其然，并知其所以然，才能在应用中保持清醒的判断。

在坚实的技术认知基础上，本书将重心转向法律实务，详尽地回答了“怎么办”这一核心问题。它聚焦于法律工作的真实场景，它聚焦于法律工作的真实场景，在方法论层面，引导法律人从传统的关键词匹配，转向更具深度的语义理解与逻辑推理，这是一种研究范式的革新；在具体应用中，无论是根本性地改变案例检索的效率，还是极大提升各类法律文书的起草质量，书中的内容都提供了清晰可行的路径，具有很强的现实指导意义。

而书中视野并未止步于此，还进一步将读者的目光引向了对未来的深层思考。其正视了技术背后的伦理风险、安全挑战与整个行业的转型方向，引导着法律界去探寻 AI 时代律师的核心价值、律所的组织架构演变以及法律教育的改革路径。这种前瞻性的追问，赋予了本书超越一本单纯“使用指南”的深远价值。

当然，法律人同样要清醒地认识到，任何新技术的应用都并非坦途，法律领域尤为如此。技术应用也必然伴随着新的治理难题。无论是算法偏见对社会公平的潜在侵蚀，还是海量数据运用中安全与隐私的平衡，抑或是人工智能辅助决策出现错误后的责任界定，其复杂性都已超出了纯粹的技术范畴，触及了深刻的法律与社会层面。法律共同体不能、也不应在技术面前失语。整个行业所需要的，恰恰是本书所倡导的精神：既要以开放的心态主动拥抱变革，学习和利用新工具为法治建设服务；又要以法律人特有的审慎、严谨与理性，去审视、评估和规制新技术，积极参与构建适应新技术时代的规则与秩序，确保技术始终运行在法治的轨道之上，服务于社会公平正义的最终目标。

一部优秀的法律著作，应当能够回应时代的关切。可以说这本书正是这样做的。

它为每一位法律从业者、法学研究者与莘莘学子提供了实用的指引，同时也能启发整个法律职业共同体，去深入思考法律与科技、制度与未来的复杂关系。希望本书的出版，能为推动我国法律行业的数智化转型，跟进数智时空的法律市场，提供一份有力的智识支持。

是为序。

李曙光

中国政法大学教授

2025 年 9 月 8 日

前言

当科技的浪潮不断涌来，法律领域也在悄然发生着深刻的变革，法律大语言模型的出现为我们处理复杂的法律问题提供了新的思路和方法。它凭借强大的语言理解和生成能力，能够迅速为用户提供准确、全面的法律解答和建议。然而，对于许多人来说，这一新兴技术仍然充满了神秘与未知。得理科技敏锐地捕捉到这一时代趋势，联合中国科学院深圳先进技术研究院－得理法律人工智能实验室倾心编写了《法律人的AI通识课——法律AI大模型使用指南》。这本指南的诞生，正是为了揭开法律大语言模型的神秘面纱，让更多的人能够了解、掌握并运用它。

本手册旨在为法律从业者提供一份全面而实用的指南，帮助读者了解法律大语言模型的基本原理、应用场景及相关风险。指南中的内容既有理论高度，又注重实操，适合不同层次的读者阅读使用。对于刚接触法律大语言模型的读者，本指南可以作为入门指南；对于已经在使用相关技术的读者，本指南则可以作为进阶参考。

本指南共分为三大部分：基础篇、实战篇以及行业趋势篇。第一部分基础篇介绍了大语言模型的基本概念、工作原理、训练方法、技术发展等基础知识，帮助读者建立基本认识。同时阐述了该技术在法律领域目前常见的应用场景，帮助读者了解这一技术在法律领域的具体应用。第二部分实战篇提供了大量实操指南，包括提示工程、场景化实务指南等，为读者提供直接可用的实践经验。另外还介绍了当前市面上的多类AI工具，帮助读者了解、选择和使用合适的提效工具。最后则详细讨论了使用法律大语言模型过程中可能遇到的数据安全、隐私保护、伦理道德等问题，并提供了相应的解决方案与当下常见的用户行为规范。第三部分行业趋势篇介绍了国内、国际的法律AI市场发展现状，同时探讨了AI驱动下法律行业即将迎来的变革，为法律从业者指引法律服务数智化转型道路。最后的参考学习资料汇总了相关的技术文献等资料，为读者进一步学习提供参考。

本指南采用循序渐进的结构编排，从基础理论到实际应用，从技术原理到伦理规范，力求全面涵盖法律大语言模型应用的各个方面。读者可以根据自身需求选择性阅读，也可以将其作为案头工具书，在实际工作中随时查阅参考。

我们希望这本指南能够成为读者了解和使用法律大语言模型的得力助手，帮助法律从业者在人工智能时代更好地开展工作。同时，我们也欢迎读者对本手册提出宝贵意见，帮助我们在未来做得更好。让我们一起开启法律大语言模型的奇妙之旅，为法律领域的发展注入新的活力。

目录

CONTENTS

基础篇

第一部分 大模型基础

第二部分 法律大模型应用

实战篇

第一部分 基础实战-指令工程

第二部分 法律场景化实务指南

第三部分 其他 AI 工具

第四部分 AI 安全伦理

行业趋势篇

第一部分 法律 AI 市场

第二部分 数智化转型道路

基础篇

第一部分
PART ONE
大模型基础

第一章
人工智能与大语言模型常见术语[1]

1. 大语言模型（Large Language Model，LLM）：一种基于深度学习技术训练的大规模自然语言处理模型。它能够理解和生成人类语言，执行各种复杂的语言任务，如文本生成、问答和翻译等。

2. 组相对策略优化（Group Relative Policy Optimization，GRPO）：一种强化学习算法，专门用于训练大型语言模型在复杂任务（如数学推理、代码生成等）中表现得更好。它的核心思想是通过组内相对奖励来优化模型，而不是依赖传统的批评模型。

3. 混合专家模型（Mixture of Experts，MoE）：一种模型架构，由多个“专家”网络和一个门控网络组成。门控网络决定将输入路由到哪个专家，从而实现任务的动态分配和处理。

4. 多头潜在注意力（Multi-head Latent Attention，MLA）：一种改进的注意力机制，旨在提高 Transformer 模型在处理长序列时的效率和性能。

5. 多 Token 预测（Multi-Token Prediction，MTP）：一种在自然语言处理中用于提升模型训练效率和推理速度的技术，其核心思想是通过一次前向计算同时预测多个 token，而非传统模型逐词生成的方式。

6. 强化学习（Reinforcement Learning，RL）：机器学习的一个分支，其核心思想

1 See Abhinav Kimothi, *Generative AI Terminology—An Evolving Taxonomy To Get You Started*, Medium (Jan 31, 2024), https://pub.towardsai.net/generative-ai-terminology-an-evolving-taxonomy-to-get-you-started-4ca487bfe2d8.

是通过智能体（agent）与环境（environment）的交互来学习最优策略，以最大化长期累积奖励。

7. 蒙特卡洛树搜索（Monte Carlo Tree Search，MCTS）：一种基于随机模拟的启发式搜索算法，用于在不确定环境中进行序列决策优化。核心思想是通过反复模拟决策路径、评估潜在收益，逐步构建搜索树以选择最优动作。

8. 过程监督（Process Supervision）：是针对思维链和奖励模型的一种改进方案，通常使用过程奖励模型对于具有较长或多步推理链的推理任务的每个步骤分配奖励来监督模型输出。

9. 监督微调（Supervised Fine-tuning，SFT）：使用标记数据对预训练模型进行进一步训练的过程。这能使模型适应特定任务或领域，提高其在目标应用中的性能。

10. 训练（Training）：机器学习模型学习数据模式的过程。在此过程中，模型通过不断调整内部参数来最小化预测误差，从而提高其在特定任务上的表现。

11. 预训练（Pre-training）：在大规模通用数据集上训练模型的初始阶段。预训练的目标是让模型学习通用的语言表示，为后续在特定任务上的微调奠定基础。

12. 微调（Fine-tuning）：在预训练模型的基础上，使用特定任务的数据集进行进一步训练的过程。这能够使模型更好地适应特定领域或任务，提高其在该任务上的性能。

13. 参数（Parameters）：神经网络模型中可以通过训练过程学习和调整的变量。参数的数量通常用于衡量模型的复杂度和潜在能力。

14. 矢量（Vector）：在机器学习中，指将数据（如单词或图像）表示为一系列数字的方法。这种表示方式使得计算机能够更有效地处理和分析数据。

15. 嵌入（Embedding）：将离散对象（如单词或图像）映射到连续向量空间的过程。在自然语言处理中，词嵌入能捕捉单词之间的语义关系，有助于提高模型性能。

16. 分词（Tokenization）：将文本分割成更小单位（称为标记或词元）的过程。这些单位可以是单词、子词或字符，是文本处理的基础步骤，有助于模型理解和处理文本。

17.Transformer：一种基于自注意力机制的神经网络架构。它在处理序列数据方面表现出色，是许多现代语言模型的基础，能有效捕捉长距离依赖关系。

18. 编码器（Encoder）：模型的一部分，负责处理输入数据，它“编码”信息，将输入转换为模型可以使用的格式。

19. 解码器（Decoder）：模型的一部分，负责根据编码器生成输出，它“解码”信息，将模型的理解转化为有意义的响应。

20. 注意力机制（Attention Mechanism）：允许模型在处理输入数据时，动态地关注不同部分的技术。它使模型能够更有效地处理长序列，捕捉元素间的复杂关系。

21. 频率惩罚（Frequency Penalty）：在语言模型中用于调整词频对模型预测的影响的参数。它可以帮助平衡常见词和罕见词的重要性，提高模型的整体性能。

22. 采样（Sampling）：在生成文本时，从模型预测的概率分布中选择下一个标记的过程。不同的取样方法可以影响生成文本的多样性和质量。

23.Top-k 采样：一种文本生成策略，它在每一步只考虑概率最高的 k 个候选词，然后从这 k 个词中随机选择一个。这种方法可以在保持文本质量的同时增加一定的随机性。

24.Top-p 采样：在每一步，只从累积概率超过某个阈值 p 的最小单词集合中进行随机采样，而不考虑其他低概率的单词。这种方法也被称为核采样（nucleus sampling）。

25. 人类反馈强化学习（Reinforcement Learning from Human Feedback，RLHF）：一种训练方法，通过人类对模型输出的反馈来调整和改进模型的行为。这种方法可以使模型的输出更符合人类期望和价值观。

26. 奖励模型（Reward Model）：在 RLHF 中，训练一个称为奖励模型的分类模型，而不是让人类持续提供反馈，该模型基于人类生成的训练示例进行训练。

27. 来自人工智能反馈的强化学习（Reinforcement Learning from AI Feedback，RLAIF）：是指使用 LLM 来代替人类标记偏好，基于这些标记数据训练奖励模型，然后进行 RL 微调。

28. 解码策略（Decoding Strategies）：在生成文本时，决定如何从模型的输出概率分布中选择下一个标记的方法。不同的解码策略可以影响生成文本的质量、多样性和连贯性。

29.Transformer-XL：Transformer 架构的扩展版本，设计用于处理更长的文本序列。

它通过引入循环机制和相对位置编码，提高了模型处理长距离依赖的能力。

30. 掩码语言建模（Masked Language Modeling，MLM）：一种预训练任务，模型需要预测被随机掩盖的词。这种方法可以训练双向上下文理解能力，是 BERT 等模型的核心训练策略。

31. 序列到序列模型（Sequence-to-Sequence Model，Seq2Seq）：一种能将一个序列转换为另一个序列的模型架构。广泛应用于机器翻译、文本摘要等任务，通常包含编码器和解码器两个主要组件。

32. 生成式预训练模型（Generative Pre-trained Transformer，GPT）：一系列基于 Transformer 架构的大规模语言模型。它们通过自回归方式在大量文本上预训练，能够生成连贯、流畅的文本。

33. 困惑度（Perplexity）：评估语言模型质量的指标，衡量模型对测试集的预测准确度。较低的困惑度表示模型性能更好，能更准确地预测下一个词。

34.BLEU：评估机器生成文本质量的指标，衡量生成文本与参考文本的匹配程度。

35.ROUGE：是一种用于评估文本摘要（或其他自然语言处理任务）质量的指标。主要关注机器生成的摘要中是否捕捉到了参考摘要的信息，着重于涵盖参考摘要的内容和信息的完整性。

36. 多头注意力（Multi-head Attention）：Transformer 架构中的关键组件，允许模型同时关注输入的不同部分。通过并行处理多个注意力“头”，提高了模型捕捉复杂模式的能力。

37. 上下文嵌入（Contextual Embedding）：根据词语在句子中的上下文动态生成的词向量表示。与静态词嵌入相比，上下文嵌入能更好地捕捉词语的多义性和语境依赖性。

38. 上下文窗口（Context Window）：每个 LLM 由于架构性质，最多可以处理一定数量的词元，该最大词元数被称为模型的上下文窗口。

39. 上下文学习（In Context Learning）：是指大语言模型按照指示生成响应，不进行其他建模干预。

40. 自回归模型（Autoregressive Model）：一种序列生成模型，它基于先前生成的元素来预测序列中的下一个元素。在语言模型中，这意味着根据前面的单词预测下一个单词。

41. 准确率（Accuracy）：评估模型性能的指标，表示正确预测的样本数占总样本数的比例。在分类任务中常用，但可能不适合所有类型的问题，特别是在类别不平衡的情况下。

42. 行为识别（Action Recognition）：计算机视觉和人工智能的一个分支，旨在自动识别和分类视频或图像序列中的人类动作和行为。在视频分析和人机交互等领域有广泛应用。

43. 智能体（Agent）：能够感知环境并采取行动以实现特定目标的计算机系统或程序。在人工智能和机器学习中，智能体可以学习和适应以提高其性能。

44. 通用人工智能（Artificial General Intelligence，AGI）：一种假设中的人工智能形式，能够理解、学习和执行任何人类可以做的智力任务。与专注于特定任务的窄人工智能不同，AGI 具有广泛的认知能力。

45. 人工智能生成内容（Artificial Intelligence Generated Content，AIGC）：使用人工智能技术自动创作或生成的各种形式的内容，包括文本、图像、音频和视频等。AIGC 正在改变内容创作和消费的方式。

46. 对齐（Alignment）：确保人工智能系统的目标和行为与人类价值观和意图一致的过程。这是 AI 安全研究的一个重要方向，旨在开发既强大又可控的 AI 系统。

47. 狭义人工智能（Artificial Narrow Intelligence，ANI）：专门设计用于执行特定任务或解决特定问题的 AI 系统。与 AGI 相反，ANI 在其特定领域可能表现出色，但缺乏通用能力。

48.BERT（Bidirectional Encoder Representations from Transformers）：由 Google 开发的预训练语言模型，使用双向 Transformer 架构。BERT 通过预测被掩盖的词来学习上下文化的词表示，在多种自然语言处理任务中表现出色。

49. 偏见（Bias）：AI 系统在决策或输出中表现出的系统性偏差。这可能源于训练数据、算法设计或社会偏见，可能导致不公平或歧视性的结果，是 AI 伦理中的重要问题。

50. 黑箱（Black Box）：指那些内部工作机制难以理解或解释的 AI 模型。尽管这些模型可能表现出色，但其决策过程的不透明性引发了对可解释性和可信度的担忧。

51. 卷积神经网络（Convolutional Neural Networks，CNN）：一种专门设计用于处理网格结构数据（如图像）的深度学习架构。CNN 使用卷积层来自动学习特征，在计算机视觉任务中广泛应用。

52. 循环神经网络（Recurrent Neural Network，RNN）：一类具有内部环状连接的人工神经网络，用于处理序列数据。其最大特点是网络中存在着环，使得信息能在网络中进行循环，实现对序列信息的存储和处理。

53. 思维链（Chain of Thought，CoT）：一种提示技术，鼓励语言模型在给出最终答案前展示其推理过程。这种方法可以提高模型在复杂推理任务中的性能，并增加输出的可解释性。

54. 交叉验证（Cross-validation）：一种模型评估技术，通过将数据集分割成多个子集，反复训练和测试模型来估计其性能。这有助于评估模型的泛化能力并防止过拟合。

55. 维度灾难（Curse of Dimensionality）：指在高维空间中，数据变得稀疏的现象，这会导致许多机器学习算法的性能下降。它强调了在处理高维数据时需要更多样本和更复杂的模型。

56. 涌现（Emergence）：指在复杂系统中出现的新属性或行为，这些属性或行为无法仅从系统的个别组成部分来预测。在 AI 中，涌现现象可能导致大型模型展现出意想不到的能力。

57. 权重（Weight）：神经网络中连接不同节点的参数，决定了输入特征对输出的影响程度。模型训练过程本质上是不断调整这些权重以最小化预测误差。

58. 多模态（Multimodal）：指能够处理和整合多种类型数据（如文本、图像、音频）的 AI 系统。多模态学习旨在利用不同模态的互补信息来提高模型的理解和生成能力。

59. 词元（Token）：文本被分割成的最小单位，可以是单词、子词或字符。它是 LLM 处理输入和输出的基本构件。在自然语言处理中，标记化是将文本转换为模型可处理的输入形式的关键步骤。

60. 量化（Quantization）：将模型参数从高精度（如 32 位浮点数）转换为低精度（如 8 位整数）的技术。这可以显著减小模型大小并提高推理速度，但可能略微降低精度。

61. 幻觉（Hallucination）：语言模型生成的看似合理但实际上不准确或虚构的信息。这是大语言模型面临的一个重要挑战，可能导致输出不可靠或误导性的内容。

62. 直接偏好优化（Direct Preference Optimization，DPO）：一种训练语言模型的方法，直接根据人类偏好反馈来优化模型输出。这种方法旨在使模型生成更符合人类期望的回应。

63. 灾难性遗忘（Catastrophic Forgetting）：神经网络在学习新任务时，严重损害已学习任务性能的现象。这是在进行增量学习或迁移学习时面临的主要挑战之一。

64. 知识蒸馏（Knowledge Distillation）：将大型复杂模型（教师模型）的知识转移到更小、更高效的模型（学生模型）中的技术。这有助于部署轻量级但仍保持高性能的模型。

65. 提示词（Prompt）：给予语言模型的输入文本，用于指导模型生成特定类型的输出。精心设计的提示可以显著提高模型在各种任务上的表现，是提示工程的核心概念。

66. 检索增强生成（Retrieval-Augmented Generation，RAG）：一种结合信息检索和文本生成的技术。在生成回应前，系统先从外部知识库检索相关信息，从而提高输出的准确性和相关性。

67. 向量数据库（Vector Databases）：向量数据库是一种以向量嵌入（高维向量）方式存储和管理非结构化数据（如文本、图像或音频）的数据库，以便于快速查找和检索类似对象。

68. 分块处理（Chunking）：将较长的文本拆分为可管理的大小，以便更快速地搜索和管理上下文窗口。

69. 过拟合（Overfitting）：模型在训练数据上表现极好，但在新数据上泛化能力差的现象。过拟合的模型“记住”了训练数据的细节，而不是学习到真正有用的模式。

70. 温度（Temperature）：控制语言模型输出随机性的超参数。较高的温度会产生更多样化但可能不太连贯的输出，而较低的温度会产生更确定但可能更刻板的输出。

71. 零样本学习（Zero-shot Learning）：模型能够在没有见过特定任务训练样本的情况下执行该任务的能力。这体现了大语言模型的灵活性和泛化能力。

72. 少样本学习（Few-shot Learning）：模型仅需少量样例就能快速适应新任务的能力。这在资源受限或数据稀缺的场景中特别有用。

73. 提示工程（Prompt Engineering）：设计和优化输入提示以获得所需输出的过程。这是充分利用大语言模型能力的关键技能。

74. 长程依赖（Long-range Dependency）：指序列数据中远距离元素之间的关系。处理长程依赖是大语言模型面临的主要挑战之一，也是衡量模型性能的重要指标。

75. 可解释性（Interpretability）：理解和解释AI模型决策过程的能力。随着AI系统在关键领域的应用增加，提高模型的可解释性变得越来越重要。

76. 提示注入攻击（Prompt Injection Attack）：提示注入是一种网络攻击，主要针对大型语言模型（LLM）。黑客将恶意输入伪装成合法提示，操纵生成式AI系统（GenAI）泄露敏感数据，传播错误信息，甚至更糟。

77. 训练数据中毒（Training Data Poisoning）：在预训练或者微调阶段，训练集里可能会引入不正确、偏见或危险的数据。

78. 点积（Dot-product）注意力：是Transformer模型中的一种注意力机制，用于计算输入元素间相关性的注意力计算方法。基本流程为输入表示、计算点积、归一化、加权求和。

第二章

大语言模型的基本原理

2.1 大语言模型工作原理

2.1.1 预训练

大语言模型的成功在很大程度上依赖于其预训练和微调策略。这两个阶段共同构成了模型训练的完整流程。

基础预训练范式

预训练是大语言模型训练的第一阶段。在这一阶段，模型在大量的无标注文本数据上进行自监督学习，通过预测被掩盖的词元（token）来学习语言的规律。预训练的主要任务包括：

（1）掩码语言模型任务（Masked Language Model，MLM）。在 MLM 任务中，输入序列中的一些词元会被随机掩盖，模型需要根据上下文预测这些被掩盖的词元。例如，在句子“我喜欢［掩码］”中，模型需要根据上下文预测“篮球”这个词。BERT（Bidirectional Encoder Representations from Transformers）模型采用这一方法，从双向上下文中学习语言特征，在多种自然语言处理任务中表现优异。

（2）因果语言模型任务（Causal Language Model，CLM）。在 CLM 任务中，模型需要根据前文预测后续的词元序列。GPT（Generative Pre-trained Transformer）系列模型采用这一方法，通过单向上下文学习语言特征，适用于文本生成任务。例如，在句子“今天的天气真好”后，模型可能会生成“我们去公园散步吧”。

（3）下一句预测任务（Next Sentence Prediction，NSP）。NSP 任务要求模型预测两个给定句子是否连续。这个任务能够帮助模型理解句子之间的逻辑关系和连贯性，增强其在问答和文本生成任务中的表现。

预训练阶段通过在海量无标注数据上进行学习，使模型能够捕捉到广泛的语言模式和特征，为后续的微调阶段奠定了坚实的基础。

2.1.2 Transformer 架构核心组件

大语言模型通常基于 Transformer 架构，它是 2017 年由 Vaswani 等提出的一种神经网络结构，具有高效的序列建模能力和并行计算能力，显著提升了模型在自然语言处理任务中的性能。

1. 自注意力机制（Self-Attention Mechanism）

自注意力机制是 Transformer 架构的核心。它允许模型在处理每个词元时，都能考虑到序列中所有其他词元的影响。具体来说，自注意力机制通过以下步骤实现：

（1）计算注意力权重。对于输入序列中的每个词元，模型计算其与其他所有词元之间的注意力权重。注意力权重反映了一个词元对另一个词元的重要程度。这一过程可以通过点积（dot-product）注意力计算来实现。

（2）加权求和。模型使用计算出的注意力权重，对输入序列中所有词元进行加权求和，从而生成新的词元表示。这种加权求和的方式，使得每个词元的表示都能够综合考虑整个序列中的信息。

自注意力机制使得模型能够有效捕捉长距离依赖关系，从而在处理长文本时表现出色。

2. 多头注意力机制（Multi-Head Attention）

多头注意力机制通过并行计算多个自注意力，将注意力的计算分散到多个子空间中，从而提高模型的表示能力和学习能力。每个注意力头在不同的子空间中独立计算，并在最后进行拼接和线性变换，增强了模型对不同特征的捕捉能力。多头注意力机制的主要优点包括：

（1）丰富的表示能力。多个注意力头可以从不同的角度捕捉输入序列中的特征，从而提供更丰富的表示。

（2）提高模型稳定性。多个注意力头的并行计算，有助于减小单个注意力头计算的误差，提高模型的稳定性和鲁棒性。

3. 前馈神经网络（Feed-Forward Neural Network）

在每个注意力层之后，Transformer 包含一个全连接的前馈神经网络，进一步对输入进行非线性变换。每个前馈网络层包含两个线性变换和一个 ReLU 激活函数。前馈神经网络的主要作用包括：

（1）增强非线性表达能力。通过非线性激活函数（如 ReLU），前馈神经网络可以对输入进行复杂的非线性变换，增强模型的表达能力。

（2）特征提取。前馈神经网络可以从输入中提取出更高层次的特征，进一步提升模型的表示能力。

4. 位置编码（Positional Encoding）

Transformer 架构本身不具备处理序列顺序的能力，因此引入了位置编码来表示输入序列中每个位置的相对或绝对位置信息。位置编码通过正弦和余弦函数生成，以确保不同长度的序列具有一致的表示方式。位置编码的主要功能包括：

（1）提供位置信息。通过位置编码，模型能够获得输入序列中每个词元的位置信息，从而在处理序列数据时保留顺序信息。

（2）增强序列建模能力。位置编码使得 Transformer 模型能够更好地捕捉序列中词元之间的相对位置关系，提升序列建模能力。

5. 残差连接和层归一化（Residual Connections and Layer Normalization）

残差连接和层归一化是现代深度学习模型中的两项关键技术，它们显著改善了模型的训练稳定性和性能。在 Transformer 架构的大语言模型中，这两项技术通过提高梯度传播效率和标准化激活值，增强了模型的表示能力和训练效率，为大语言模型在自然语言处理任务中的成功奠定了基础。

（1）残差连接。也称为跳跃连接或短路连接，是指在神经网络的不同层之间直接传递信号。在传统的神经网络中，随着层数的增加，网络容易出现梯度消失或爆炸的问题，这是因为中间层的激活值会被逐层放大或缩小。残差连接通过直接将高层的输出与低层输入相加，可以绕过这个问题，从而使得深层网络也能有效地学习到有用的特征。

在 Transformer 模型中，自注意力机制允许模型在不同的位置间建立联系，全连接前馈网络则在每个位置独立地对信息进行整合。这两者结合起来，使得模型既能捕获全局（长距离）的信息，又能在每个位置进行局部的信息整合。为了进一步提升这种结构的效率，Transformer 引入了残差连接和层归一化技术。

（2）层归一化。层归一化是一种用于提高深度神经网络训练稳定性的技术。它对每一层的输入数据进行归一化处理，使得每一层都能在一个相对稳定的环境中学习。具体来说，层归一化会计算每一层的输入数据的均值和方差，然后使用这些统计量对输入数据进行重新缩放（缩放因子为均值，偏移量为标准差的乘积），从而达到归一化的目的。

在 Transformer 模型中，层归一化不仅有助于稳定训练过程，还能提高模型的收敛速度，并减少对超参数（如学习率、初始化参数等）的敏感性，这对于构建深层的网络结构尤为重要。

通过这些技术，现代神经网络可以更高效地训练，并在各种复杂任务中表现出色。这些技术的应用，使模型不仅能够处理更复杂的任务，还能在训练过程中保持稳定和高效。

2.1.3 微调

微调是大语言模型训练的第二阶段。在预训练完成后，模型会针对具体任务进行微调。微调阶段使用少量标注数据来调整模型参数，使其能够更好地适应特定任务的需求。这一过程包括：

（1）有监督学习。微调阶段通常采用有监督学习的方法，使用标注数据来调整模型参数。例如，在情感分析任务中，模型需要根据标注的情感标签（如“积极”或“消极”）来优化参数，从而准确预测文本的情感倾向。

（2）任务特定数据集。为了确保模型在特定任务上的表现，微调阶段使用的训练数据通常是任务特定的。例如，对于文本分类任务，使用带有类别标签的文本数据进行微调；对于问答系统任务，使用问答对数据进行微调。

（3）小样本学习（Few-Shot Learning）。在一些应用场景中，模型需要通过少量示例数据进行微调，这被称为小样本学习。大语言模型通过预训练阶段的广泛学习，具备了良好的迁移学习能力，能够在少量示例数据的帮助下快速适应新任务。

2.1.4 扩展法则与涌现能力

在自然语言处理（NLP）领域，大语言模型（Large Language Model，LLM）的出现引发了广泛的关注和研究。这些模型通过在大规模数据集上进行预训练，展现出了卓越的性能。随着研究的深入，科学家们发现大语言模型的性能不仅仅依赖于基本架构和训练策略，还与参数规模和训练数据规模密切相关。这种现象被称为扩展法则（Scaling Law）。更有趣的是，随着模型规模的增加，模型还会表现出一些小规模模型无法具备的新能力，这些能力被称为涌现能力（Emergent Abilities）。

1. 扩展法则（Scaling Law）

扩展法则是指大语言模型的性能随着模型参数数量和训练数据规模的增加而显著提升的规律。这一法则在多个研究中得到了验证，并成为指导大语言模型设计和训练的重要原则。

扩展法则的理论基础在于深度学习模型的容量（capacity）。容量是指模型能够表示和学习的函数复杂度。参数数量越多，模型的容量越大，能够学习和拟合的数据模式也就越复杂。在大语言模型中，这意味着模型能够捕捉更丰富的语义和语法信息，从而在自然语言理解和生成任务中表现得更加出色。

许多实验研究验证了扩展法则的有效性。例如，OpenAI 的 GPT 系列模型展示了参数数量从 1.17 亿（GPT-1）到 1750 亿（GPT-3）的逐级增长带来的性能提升。研究表明，随着参数数量的增加，模型在语言生成、问答系统、文本摘要等任务中的表现显著提升。此外，谷歌的 BERT 和 PaLM 模型也展现了类似的扩展效果。

扩展法则的核心在于模型参数与数据规模的同步增长，技术创新的引入则进一步优化了扩展效率。最新研究表明，稀疏专家模型（Mixture of Experts，MoE）可在维持参数总量不变的情况下，通过动态激活子网络（如 Switch Transformer）显著降低计算成本，使超大规模模型（如千亿参数级）的训练更加高效。

针对扩展法则的需求，专用 AI 芯片（如 TPU、NPU）与分布式训练框架（如 Megatron-LM、DeepSpeed）的结合，使模型在训练吞吐量和能源效率上提升数倍。例如，ZeRO（零冗余优化器）技术通过内存优化，支持了万亿参数模型的训练。

2. 涌现能力（Emergent Abilities）

涌现能力是指大语言模型在扩展到一定规模后，表现出一些小规模模型无法具备的新能力。这些能力并不是通过显式编程或训练策略直接赋予的，而是在模型规模和数据规模增加的过程中自然涌现出来的。涌现能力的特性在于它们的不可预见性和复杂性。以下是几个典型的涌现能力实例：

（1）上下文学习（In-Context Learning）。大规模模型能够通过少量示例数据学习新任务，而不需要显式的微调。例如，GPT-3 在未微调的情况下，通过上下文信息能够理解并执行新的任务需求。

（2）复杂文本生成。大规模模型能够生成连贯且富有创意的长文本。例如，GPT-3 可以根据提示生成完整的文章、故事甚至代码段。

（3）推理与常识理解。大规模模型在常识推理和复杂问答任务中表现出色。例如，GPT-3 能够回答涉及复杂逻辑关系的问题，并展示出一定的常识理解能力。

涌现能力的出现挑战了传统的机器学习理论。传统理论认为模型的能力主要由其设计和训练数据决定，而涌现能力表明模型在达到一定规模后，可以通过自身学习和推理出新的能力。实验验证表明，涌现能力在模型参数数量达到一定阈值后开始显现。例如，OpenAI 的研究指出，GPT-3 在参数数量超过 1000 亿后，表现出显著的涌现能力。这些能力在较小规模的模型（如 GPT-2）中是不可见的。这提示研究者需要重新思考深度学习模型的本质以及如何更有效地利用模型规模和数据规模。

如今，涌现能力不再仅是规模的副产品，技术创新正主动塑造其演进方向：通过结合强化学习（如 RLHF）的推理训练机制，模型能够通过人类反馈迭代优化复杂任务的处理逻辑。例如，GPT-4 通过多阶段 RL 微调，在数学推理和代码生成中表现出接近人类专家的水平。多模态架构（如 CM3Leon、Flamingo）的扩展，促使模型涌现跨文本、图像、语音的综合理解和生成能力。例如，PaLI-X 通过百亿级参数和多模态预训练，可生成图文结合的复杂解释性内容。

3. 应用与影响

（1）自然语言处理。在自然语言处理领域，扩展法则和涌现能力的发现带来了诸多应用和影响。大规模语言模型被广泛应用于文本生成、问答系统、机器翻译、情感分析等任务中，性能远超传统方法。

（2）跨领域应用。除了自然语言处理，大语言模型的扩展法则和涌现能力在其他领域也展现出巨大潜力。例如，在医疗诊断、法律分析、金融预测等领域，模型能够处理复杂的数据模式，提供高效且准确的分析和预测。

4. 技术挑战与未来发展

扩展法则和涌现能力带来了显著的技术进步，但也伴随一些挑战。例如，大规模模型的训练和部署需要大量的计算资源和能源消耗。此外，模型的可解释性和安全性也是需要解决的重要问题。未来的发展方向包括：

（1）高效训练策略。开发更加高效的训练算法，减少计算资源和能源消耗。例如，采用分布式训练和混合精度训练技术，可以显著提升训练效率。

（2）模型压缩与优化。研究如何在保持模型性能的同时，减少模型参数数量和计算需求。例如，知识蒸馏（Knowledge Distillation）和剪枝（Pruning）技术可以有效压缩模型。

（3）增强可解释性和安全性：提高模型的可解释性，确保模型行为符合预期，避免潜在的偏见和误用。例如，开发新的解释方法和安全检测技术，可以增强模型的透明性和可靠性。

尽管面临技术挑战，扩展法则和涌现能力为大语言模型的发展提供了新的视角和方向。未来，随着研究的深入和技术的进步，大语言模型将在更多领域展现出巨大的潜力和应用价值。

2.2 大语言模型技术概览

大语言模型（Large Language Model，LLM）代表了自然语言处理（NLP）领域的重要进展。这些模型通过大规模数据预训练和复杂的神经网络架构，展现了卓越的语言理解和生成能力。本节将介绍大语言模型的关键技术，包括数据预处理、高效训练策略、模型微调与人类反馈、提示学习与多任务学习，以及知识增强与工具集成等方面。

2.2.1　数据预处理与清洗

在大语言模型的训练过程中，数据预处理和清洗是不可或缺的步骤。高质量的预处理不仅能够提升模型的训练效率，还能显著提高模型的性能和泛化能力。由于大语言模型依赖于大规模文本数据进行学习，数据预处理的质量会直接影响模型的最终效果。

1. 去重和降噪

在大规模数据集的构建过程中，重复的数据会浪费计算资源，并且可能会导致模型过拟合于特定的模式。因此，去重是数据预处理中的首要步骤，包括识别重复项，即利用哈希函数或其他字符串比较算法，快速识别并标记重复的文本记录；以及删除重复项，在识别出重复数据后，通过过滤操作删除这些重复项，确保每条数据在训练集中唯一存在。以上工作常用的工具包括基于 MD5 或 SHA-256 等哈希算法的去重工具，这些工具能够快速计算文本的哈希值并进行比较。此外，还可以使用文本相似度算法（如 Jaccard 相似度、余弦相似度）来辅助识别重复数据。

清除噪声数据可以防止模型被误导，保证训练数据的质量。数据噪声是指数据集中存在的错误、不相关或无意义的信息，这些噪声会干扰模型的学习过程，使其难以捕捉有用的语言模式。处理方式有通过正则表达式、特征提取和机器学习分类器等方法，识别数据集中的噪声数据。常见的噪声包括乱码、广告、无关文本等，以及清洗噪声数据，即对于识别出的噪声数据，通过删除或修正的方法进行处理。例如，删除含有大量非文本字符的记录，或者修正格式不规范的文本。

目前使用 NLP 工具（如 spaCy、NLTK）和自定义脚本这类自动化清洗工具，还可以实现自动化的数据清洗。这些工具可以帮助识别和处理噪声数据，提高预处理效率。

2. 分词和词元化

文本数据需要转换成模型能够理解的数字形式。分词是将文本分割成词语单位的过程，词元化则进一步将这些词语转换成模型的内部表示（如 ID）。现代模型常使用更细粒度的子词单元（Byte Pair Encoding，BPE），以更好地处理词汇的多样性。

分词是将连续的文本拆分为独立的单词或短语的过程，这在处理中文等没有显式分隔符的语言时尤为重要，有助于模型更好地理解和处理文本中的每个词。分词的方法多种多样，包括基于预定义词典和规则的规则分词，这种方法简单高效，但对于新词和多义词的处理能力有限；利用大规模语料库中的统计信息（如词频、共现频率）进行的统计分词，常用的方法包括最大匹配法（Maximum Matching）、双向最大匹配法（Bidirectional Maximum Matching）等；以及使用监督学习方法训练的分词模型，例如基于条件随机场（CRF）、隐马尔可夫模型（HMM）或深度学习的方法（如 LSTM、BERT 等），这种方法可以处理复杂的分词情况，适应性更强。常用的分词工具包括 Jieba、THULAC、Stanford NLP 等，这些工具支持多种语言和分词算法，能够高效处理大规模文本数据。

词元化是将分词后的单词或短语转换为模型能够处理的数字表示形式的过程，即将单词映射到词汇表中的索引或转换为词向量，过程如下：首先，根据训练数据构建一个包含所有单词或子词单元的词汇表，词汇表的大小和内容对模型的性能有重要影响。其次，转换为词向量。常用的词向量表示方法包括词嵌入（Word Embedding）和上下文相关词向量（如 BERT、GPT 等）。词嵌入通过将每个单词映射到一个固定大小的向量空间中，使得相似的词在向量空间中距离较近。最后，处理未登录词（OOV）是指不在词汇表中的新词，常用的处理方法包括使用“未知”标记（<UNK>）或基于子词单元的方法（如 BPE、WordPiece）分解未登录词。这些方法能够有效处理训练数据中未见过的词，提高模型的鲁棒性。

3. 数据增强和质量控制

数据增强是通过对原始数据进行各种变换，生成新的训练样本，以增加数据的多样性和数量。常用的方法包括：同义词替换，即用同义词替换原文中的某些词，以提高数据的语义多样性；随机删除，通过随机删除原文中的某些词来模拟噪声数据，从而提高模型的鲁棒性；句子重排，通过随机调整原文中句子的顺序，增强模型对文本结构的理解能力。

在构建高性能模型的过程中，高质量的数据无疑是基石。因此，数据质量控制显得尤为重要。这包括了对收集到的数据进行精细的清洗和过滤，旨在剔除那些不符合标准的数据，确保用于训练的数据具备高质量。同时，数据标注也是不可或缺的环节，其关键在于确保标注的一致性和准确性。为了实现这一目标，可以采取多轮审核和标注人员培训的方式，以提高标注的整体质量。此外，自动质量检测也发挥着重要作用。对于自动化工具检测数据中的拼写错误、语法错误和格式不规范等问题，这些基于规则或机器学习的检测工具不仅能帮助快速识别问题，还能提供修正建议，进一步保障了数据的质量。

4. 数据课程学习

数据课程学习（Curriculum Learning），是指按照一定的顺序和难度递增的方式安排训练数据，使模型能够逐步学习复杂的特征和模式。在数据课程设计上遵循从简单到复杂的原则，首先利用易于学习的数据进行训练，然后逐步引入更具挑战性和复杂性的数据，以渐进式的方式引导模型学习。这样的课程设计有助于模型逐渐适应不同的任务需求，提升其泛化能力和适应性。

数据课程学习的实施包括利用算法自动生成数据课程以及根据数据的特征和任务需求动态调整数据顺序和难度。此外，还应根据模型的学习进度和性能表现，实时调整数据课程的内容和顺序，以确保模型在训练过程中能够高效学习。

结 论

数据预处理与清洗是大语言模型训练过程中的重要步骤。该步骤通过去重、去噪、分词、词元化、数据增强和质量控制，确保训练数据的高质量和多样性，从而提升模型的性能和泛化能力。随着技术的发展和应用场景的不断扩展，数据预处理和清洗的方法和工具也在不断进步，为大语言模型的成功应用奠定了坚实的基础。

2.2.2 高效训练策略

高效训练策略是大语言模型研发的核心驱动力，对满足模型训练中庞大的计算资源需求至关重要。为了在有限资源下实现模型性能最大化，科研人员采取了一系列精密的训练方法和技术优化策略。

1. 分布式训练

大语言模型的训练需要大量的计算资源。分布式训练通过将训练任务分配到多个 GPU 或 TPU 上进行并行计算，加速训练过程高效利用计算资源。这一策略可分为几个子类别：

（1）数据并行。数据并行是一种将训练数据划分为多个子集，每个子集分配给一个计算设备的策略。所有设备使用相同的模型副本并行处理数据，每个 GPU 或 TPU 处理不同的小批量数据（mini-batch），然后在每次迭代后共享和平均所有设备的梯度更新。常用框架如 TensorFlow 和 PyTorch 都提供了数据并行的实现。这种方法的主要优势在于通过并行处理多个数据子集大幅度提升计算效率、缩短训练时间，并且适用于大多数深度学习任务。

（2）模型并行。模型并行将模型本身拆分成多个部分，每部分分配给一个计算设备。可以将深度神经网络的不同层分配到不同的设备上，或将单个层内的神经元分配到不同的设备，确保每个设备只需处理模型的一部分，减轻单个设备的内存负担。这种方法特别适合训练极其庞大的模型，是处理超大规模神经网络的重要策略，弥补单个设备可能无法容纳整个模型的缺陷。

（3）混合并行。混合并行结合了数据并行和模型并行的优点，将模型的不同层或神经元分配到不同设备（模型并行），同时在每个设备上进行数据并行处理，利用模型并行和数据并行的优势，实现更高效的计算，提高训练速度和效率。这种策略能够最大化利用计算资源，适合极大规模的深度学习任务。

2. 渐进式学习率调度

渐进式学习率调度（Progressive Learning Rate Scheduling）是一种在训练初期使用较高的学习率，然后逐步降低学习率的策略。这种方法有助于模型快速收敛，并在后期进行更精细的调整，以提高模型性能。

在训练的早期阶段，使用较高的学习率可以帮助模型快速探索参数空间，找到一个合理的初始解。随着训练的进行逐步降低学习率有助于模型在参数空间中进行更加精细的调整，避免跳跃过大导致的振荡，从而提升模型的最终性能。

常用的学习率调度策略包括学习率逐步减小（Learning Rate Decay）、预热（Warm-up）和余弦退火（Cosine Annealing）等。这些策略可以通过编程实现，并集成到常用的深度学习框架中，如 TensorFlow 和 PyTorch。

（1）混合精度训练

混合精度训练，即混合使用单精度和半精度浮点数计算的训练方法。这种方法可以在不显著降低模型精度的情况下，提高模型训练的速度并减少内存消耗。在混合精度训练中，单精度计算用于执行关键梯度计算和参数更新，以保证模型的精度和稳定性；半精度计算则用于前向和后向传播过程，以大幅减少内存使用并提高计算速度。这种训练方法可以通过硬件支持和软件优化来实现，如 NVIDIA 的 Tensor Cores 支持混合精度计算。此外，深度学习框架如 TensorFlow 和 PyTorch 还提供了如 AMP（Automatic Mixed Precision）等 API 来简化混合精度训练的实现过程。

总的来说，混合精度训练巧妙地结合了单精度和半精度计算，不仅保证了模型的性能，还显著提升了训练效率，成为大规模神经网络训练的理想选择。

（2）高效优化算法

除了上述策略，高效优化算法也在大语言模型的训练中发挥着重要作用。常见的优化算法，如 Adam 和 LAMB 等，在处理大规模参数和训练数据时展现出良好的性能。Adam（Adaptive Moment Estimation）是一种常用的优化算法，通过结合动量法和 RMSProp，能够自适应调整学习率，从而加速收敛。LAMB（Layer-wise Adaptive Moments based Optimizer for Batch Training）是一种适用于大批量训练的优化算法，特别适用于大规模语言模型的训练。这些优化算法在大语言模型的训练过程中，提高了模型的收敛速度和训练效果，保证了高效的训练过程。

（3）高效并行框架

为了支持上述高效训练策略，许多研究机构开发了专用的分布式优化框架，以简化并行算法的实现与部署，常见的有以下框架：

DeepSpeed：微软发布的 DeepSpeed 是一个高性能的深度学习优化库，支持 3D 并行、ZeRO 冗余消除等多种优化策略，能够有效提升大规模模型的训练效率。

Megatron-LM：NVIDIA 开发的 Megatron-LM 是一种高效的分布式训练框架，特别适用于训练超大规模的语言模型。

结 论

高效训练策略对大语言模型的成功起到了至关重要的作用。通过分布式训练、渐进式学习率调度、混合精度训练和高效优化算法等一系列技术，研究人员能够在有限的计算资源内实现最佳的模型性能。这些技术不仅提高了训练效率，还显著提升了模型的质量和应用效果。未来，随着技术的不断发展，高效训练策略将继续在大语言模型的训练中发挥重要作用，推动自然语言处理领域的进步。

3. 模型微调与人类反馈

（1）微调的重要性

在大语言模型训练的流程中，微调扮演着至关重要的角色，它不仅是训练的第二阶段，更是将预训练模型转化为针对特定任务的有效工具的关键步骤。预训练阶段，模型通过广泛涉猎无标注数据，积累了丰富的语言特征知识，但这些知识是泛化的，缺乏针对特定任务的指向性。而到了微调阶段，模型则通过接触少量但精确标注的数据，进行任务特定的优化，从而使得模型能够更加精准地满足特定任务的需求，显著提高其在实际应用中的效果。具体来说，微调赋予了预训练模型出色的任务适应性，使其能够胜任诸如文本分类、情感分析、问答系统等多样化的应用场景。同时，微调过程中模型的参数会根据特定任务的数据进行精准调整，从而大幅提升了模型在特定任务上的准确性和鲁棒性。

在实践操作中，微调与 RLHF（人类反馈强化学习）各自扮演着不可或缺的角色。微调的过程起始于准备标注数据，这些数据通常来自目标任务的实际应用场景。对于不同的任务，数据的类型和标注方法可能有所不同，例如，情感分析任务需要标注每个文本的情感倾向，而问答系统则需要标注问题和对应的正确答案。然后，模型在这些数据上进行训练，使用目标任务的损失函数（如交叉熵损失、均方误差等）来指导模型的参数更新，通过多次迭代训练，逐步调整参数，使模型逐步适应任务需求。同时，验证与测试环节则确保了模型在训练过程中的稳定性和训练结束后的有效性，通过验证集来监控模型的性能，防止过拟合，并在训练结束后借助测试集评估模型的最终性能，确保其在实际应用中的有效性。

（2）人类反馈与人类反馈强化学习

近年来，人类反馈强化学习（Reinforcement Learning from Human Feedback，RLHF）成为提高模型表现的重要方法，通过引入人类反馈，对模型参数进行优化，使模型的输出结果更加贴近人类的期待。

在这个过程中，人类反馈扮演了至关重要的角色。具体来说，人类标注者会针对模型生成的文本或答案进行细致的评估，并根据内容的质量、相关性、正确性、流畅性、连贯性和创意性等标准给出评分。这些对模型生成内容所进行的评分和评估结果会成为指导模型调整的重要参考，用于调整模型的学习方向，使得模型在后续的输出中能够更加符合实际应用需求。例如，在对话系统中，反馈可以帮助模型生成更加自然和有用的回复。

RLHF 通过训练一个奖励模型，使其能够根据人类反馈评分预测生成内容的质量，对模型的输出进行打分，从而为强化学习提供可靠的奖励信号。然后，使用奖励模型的评分作为奖励信号，应用于驱动强化学习算法如策略梯度算法等，来调整语言模型的参数，使其生成的内容在奖励模型的评分中表现更好。常用的强化学习算法是 PPO（Proximal Policy Optimization）。通过这样的迭代优化过程，模型逐步学习到如何生成符合人类期望的内容，从而不断提升其整体输出质量。

在实际应用中，RLHF 更加深入地结合了人类智慧与机器学习技术，需要经过多个步骤来实现模型的优化和调整。从预训练模型开始，这个模型已经在大量无标注数据上学习了广泛的语言知识。接着，通过收集人类标注者对初始模型生成内容的反馈，以及标注者基于内容的质量、相关性等标准进行的细致评分，RLHF 为模型优化提供了宝贵的人类智慧。随后，利用这些人类反馈训练出一个奖励模型，该模型能够准确预测生成内容的质量分数，为后续的强化学习提供可靠的奖励信号。最终，应用强化学习算法，以奖励模型的评分作为奖励信号，对语言模型的参数进行优化。经过多次迭代训练，模型逐步学会生成符合人类期望的内容，实现从机器到人类，再从人类到机器的智慧循环与提升。

结 论

模型微调与人类反馈是提升大语言模型性能的重要方法。通过微调，模型能够适应特定任务需求，显著提高应用效果。而 RLHF 通过结合人类反馈和强化学习，进一步优化模型生成的内容质量。这些方法在实际应用中取得了显著成果，但也面临一些挑战。未来的研究将继续致力于解决这些挑战，进一步提升模型的性能和应用广泛性。

4. 提示学习与多任务学习

（1）提示学习（Prompt Learning）

提示学习作为大语言模型应用中的一种新兴技术，其核心在于通过设计合理的提示词，引导模型生成更准确的结果。这种技术的引入，不仅简化了模型在多任务环境中的应用，还极大地提升了模型的灵活性和适应性。

提示词是提示学习的核心，提示词设计的好坏甚至能够直接影响模型的生成效果。提供适当的提示词，能够确保模型更准确地理解任务需求，并生成符合预期的输出。那么，如何设计出有效的提示词呢？首先，需要清晰地表达任务目标，帮助模型理解需要完成的任务。例如，在文本生成任务中，可以通过给定一个开头句子或问题，提示模型生成相应的续写或答案。其次，上下文提示也是一种有效的技巧，通过提供足够的上下文信息，提示词可以引导模型生成更加连贯和相关的内容，这在对话系统和问答系统中尤为重要。对于结构化任务，如表格填充或代码生成，可以使用特定的格式和模板作为提示词，确保模型生成的内容符合预期的格式要求。

提示学习的优点也不言而喻。首先，它的灵活性能让同一个模型适应多种任务需求，极大地减少了为每个任务单独训练模型的需要。例如，一个经过提示学习优化的模型，可以在文本生成、翻译、摘要等任务中表现出色。其次，通过合理的提示设计，模型可以在无须重新训练的情况下，快速适应新的任务，大大提高了模型的应用效率。最后，提示学习还简化了模型的使用过程，用户只需提供适当的提示词，就可以实现复杂的任务需求，降低了使用门槛。

以上种种，提示学习已然成为大语言模型应用中一项不可或缺的技术。

（2）多任务学习

多任务学习是一种创新的训练方法，核心在于让模型同时处理多个不同的任务，通过共享表示和任务间的互补性，有效提升模型的整体性能和泛化能力。

共享表示是指在多任务学习中，模型通过在不同任务上的训练，学习到共享的特征表示。这种共享表示是跨任务学习的产物，意味着模型在多个任务中能够识别和学习到共性特征。例如，在情感分析和文本分类任务中，模型可以共享对文本情感和类别的理解，从而同时提高这两个任务的准确性。此外，参数共享也是多任务学习的一个重要特点，它使得模型的部分参数在不同任务间共享，不仅提高了训练效率，还降低了过拟合的风险。

多任务学习的另一个显著优势则是任务间的互补性，这种互补性允许模型在一个任务中利用其他任务的知识，增强整体性能。例如，模型在进行文本分类时，可以借助其在情感分析任务中学到的情感特征，提高分类准确率。同理，一个任务中学到的知识也可以转移到另一个任务中，帮助模型在新的任务中表现得更好，例如，在自然语言生成和机器翻译任务中，模型可以利用生成任务中学到的语言结构知识，提升翻译任务的质量。此外，不同任务的数据可以相互补充，增加训练数据的多样性和数量，提高模型的泛化能力。例如，在命名实体识别和语法分析任务中，两个任务的数据可以共同提升模型对语言细节的理解。

5. 知识增强与工具集成

（1）知识增强

知识增强作为一种技术手段，旨在通过引入外部知识库来强化大语言模型的能力。它赋予了模型在生成内容时引用更丰富、更准确知识的能力，从而提高生成内容的质量和深度。

知识增强的第一步是知识库的整合，即将大规模的外部知识库，如百科全书、专业文献和科学数据库等与模型进行融合。以整合维基百科、医学文献库或法律数据库为例，这样的操作能让模型在生成相关领域内容时，展现出更高的准确性和可靠性。

在知识库整合的基础上，模型还需要具备动态检索和嵌入式知识的能力。动态检索允许模型在生成内容时实时检索相关知识库，确保内容的时效性和准确性；嵌入式知识则是将外部知识库中的信息融入模型的训练过程中，使模型能够更深入地理解和利用这些知识，优化在复杂任务中的表现。

模型在生成过程中对外部知识的检索与应用的有效性，对于生成内容的质量和深度至关重要。通过先进的检索技术，如基于向量空间模型的检索方法，可以高效地从大规模知识库中找到相关信息，检索技术的精确性直接影响模型的知识应用效果。而知识整合将检索到的信息与模型的生成内容相结合，使生成的文本既准确又富有深度。

知识增强并非一蹴而就，在实践中它需要经过多个步骤来实现模型的优化和提升。首先，需要选择适合任务需求的知识库，确保知识库的权威性和丰富性。其次，知识库需要定期更新，以确保知识的时效性和准确性。最后，需要在模型的训练过程中，嵌入外部知识库的信息，使模型能够更好地理解和利用这些知识，实现全面的知识掌握。

（2）工具集成

在当今的人工智能领域，工具集成已成为大语言模型提升能力的重要策略。通过将大语言模型与外部工具（如计算器和搜索引擎等）进行有机结合，模型可以在处理复杂任务时展现出更为出色的能力。这种集成不仅为模型带来了更广泛的应用空间，还显著提高了其在特定任务处理中的效率和准确性。

在计算能力方面，集成计算器等工具使得模型在面对涉及复杂计算的问题时，能够实时进行计算并给出精确答案。这种动态计算的能力在财务分析、工程计算等领域尤为关键，模型能够实时处理数据，为用户提供准确的结果。此外，模型还能根据用户提供的公式或计算规则，调用计算工具进行具体运算，这对于需要精确计算的任务来说至关重要。

在信息检索方面，集成搜索引擎使得模型在生成回答时能够动态查询最新信息，确保回答的时效性和准确性。模型在生成内容时，可以实时访问互联网，通过搜索引擎检索最新的资料和数据，这在快速变化的领域，如新闻和科技领域，尤为重要。同时，利用高级搜索功能，模型还可以进行深度查询，找到更加专业和详尽的资料，如医学咨询中的最新研究论文和医学指南。

在应用范围方面，通过插件机制，模型可以灵活调用各种外部工具，增强其功能，扩大应用场景。例如，加载图像处理插件后，模型在生成文字描述的同时还能处理相关图像。通过标准化的 API 接口，模型能够方便地调用外部工具，实现无缝集成，不仅简化了工具集成的复杂度，还提高了模型的扩展性。

工具集成的实施，需要对模型架构和工具调用机制进行设计和优化。首先，要选择适合任务需求的工具，如计算器、搜索引擎等，确保工具的准确性和可靠性。其次，开发和测试工具插件，确保其能够无缝集成到模型中。插件的稳定性和兼容性对工具集成的成功至关重要。最后，要优化工具调用的效率，确保模型在调用外部工具时的响应速度，例如通过采用缓存机制和异步调用技术，提高工具调用的效率和模型的整体性能。

第三章

大语言模型的演变历程

大语言模型的发展历程可以追溯到深度学习的早期阶段。2006 年，杰弗瑞 · 辛顿（Geoffrey Hinton）提出通过逐层无监督预训练的方式来缓解梯度消失问题，极大地推动了神经网络的有效学习。这一方法为后续深度学习在计算机视觉、语音识别和自然语言处理等领域的突破性进展奠定了基础，开启了深度学习的新纪元。

在过去的十多年里，人工智能技术经历了从“标注数据监督学习”的任务特定模型，到“无标注数据预训练 + 标注数据微调”的预训练模型，再到如今的“大规模无标注数据预训练 + 指令微调 + 人类对齐”的大模型的发展历程。这一过程中，技术从小数据到大数据，从小模型到大模型，从专用模型到通用模型，不断演进，逐步迈入大模型时代。

2018 年，预训练语言模型的出现，标志着自然语言处理领域的重大进展。早期的代表性模型如 ELMo、GPT-1 和 BERT 主要是通过自监督学习从无标注文本中学习可迁移的模型参数，再通过有监督微调适配各种下游任务。其中，ELMo 利用循环神经网络（LSTM），而 GPT-1 和 BERT 则采用了 Transformer 架构，都大幅提升了序列建模能力。

OpenAI 在研发 GPT 系列模型过程中，探索了不同规模的模型，包括 GPT-1（1.1 亿参数）、GPT-2（15 亿参数）和 GPT-3（1750 亿参数）。其中，GPT-3 在没有微调的情况下，通过上下文学习（In-context Learning）也可完成多种任务，展示了超大规模预训练模型的潜力。与此同时，谷歌推出的 PaLM 模型则达到了 5400 亿参数，再次刷新了模型规模的上限。

随着大模型的不断发展，研究者们引入了指令微调（Instruction Tuning）和人类反馈强化学习（RLHF）技术，以提升模型的任务泛化能力和人类对齐能力。指令微调通过格式化的训练数据增强模型的通用任务解决能力，RLHF 则通过人类标注者的反馈训练奖励模型，使模型更好地遵循用户意图，生成符合用户偏好的内容。

2022 年年底，OpenAI 发布的 ChatGPT 引发了广泛关注。ChatGPT 在“大模型 + 大数据 + 大算力”的支持下，通过自然语言交互完成多种任务，展现了跨学科的任务处理能力。这一成就标志着大语言模型技术进入了一个新的阶段，被认为可能会像 PC 时代的操作系统一样，成为未来人工智能领域的关键基础设施。

2023 年，LLM 的发展进入了多模态阶段。OpenAI 发布了 GPT-4V 和 GPT-4o 等多模态大语言模型（MLLMs），这些模型能够处理文本、图像、音频和视频等多种数据类型，重新定义了人工智能的应用场景。与此同时，谷歌推出了 Gemini 系列模型，包括 Gemini 1.5 Pro 等版本，进一步推动了多模态 AI 的发展。这些模型在多个基准测试中表现出色，展现了强大的跨模态理解和生成能力。

2024 年，LLM 的发展重点转向推理能力的提升。OpenAI 发布了 o1 模型，专门针对复杂的推理任务进行了优化，显著提高了在数学、科学和编程等领域的表现。此外，Anthropic 推出了 Claude 3 系列模型，其中 Claude 3 Opus 在多个基准测试中超越了 OpenAI 和谷歌的领先模型，成为业界新标杆。

进入 2025 年，DeepSeek 发布了 DeepSeek-R1 模型，专注于数学、编码和逻辑等任务，性能与 OpenAI 的 o1 模型相当，但在成本上具有明显优势。这一进展被视为中国在人工智能领域的重要突破，开源 LLM 成为行业关注的焦点。

总的来看，语言大模型的发展经历了以下几个主要阶段。

1. 统计语言模型（1980—2003 年）

统计语言模型是语言模型发展的早期形式，它基于马尔可夫假设，认为一个词的生成概率只依赖于前面的 N 个词。这种方法的典型例子是 N-gram 模型。然而，统计语言模型存在数据稀疏问题，需要通过平滑策略改进概率分布的估计，对文本序列的建模能力较弱。

2. 神经语言模型（2003—2017 年）

为了解决统计语言模型的不足，神经语言模型应运而生。这些模型使用神经网络（如多层感知器 MLP、循环神经网络 RNN）来建模目标词汇与上下文词汇的语义关系。word2vec 模型从无监督语料中学习可迁移的词表示（词向量），简化了神经语言模型的架构，为后续预训练语言模型的研究打下了基础。

3. 预训练语言模型（2017—2019 年）

预训练语言模型采用“预训练 + 微调”的学习范式，首先通过自监督学习任务从无标注文本中学习模型参数，然后通过有监督的微调适应下游任务。ELMo、GPT-1 和 BERT 等模型是这一阶段的代表。ELMo 利用 LSTM 架构，但其长距离序列建模能力有限；GPT-1 和 BERT 则采用 Transformer 架构，显著提升了序列建模能力。

4. 语言大模型（探索阶段）（2019—2022 年）

随着预训练语言模型的不断发展，一个重要的经验法则——扩展定律（Scaling Law）被提出，即随着模型参数和预训练数据规模的增加，模型能力也会提升。OpenAI 的 GPT-2（15 亿参数）和 GPT-3（1750 亿参数），以及谷歌的 PaLM（5400 亿参数）等模型均验证了这一法则：当模型参数规模达到千亿量级时，模型表现出显著的能力提升。例如，GPT-3 在没有微调的情况下，通过提示词即可完成多种任务。

5. 语言大模型（提升阶段）（2022—2023 年）

尽管早期的语言大模型展示了强大的能力，但其学习目标主要是预测下一个单词，难以完全对齐人类的需求。为此，研究者们提出了指令微调和人类反馈强化学习（RLHF）技术。指令微调使用格式化的训练数据增强模型的通用任务解决能力；RLHF 通过人类标注者的反馈，训练奖励模型，使模型更好地符合人类偏好。

6. 多模态大模型（2023—2024 年）

随着 GPT-4 的成功，多模态大模型开始崭露头角。这类模型不仅能够处理文本数据，还可以接受图像等多模态输入，更加符合人类的多渠道感知方式，能够应对复杂的环境和任务。

总的来说，大语言模型的发展经历了从统计语言模型到神经语言模型，再到预训练语言模型和超大规模预训练模型的演进过程。如今，大语言模型的不断进步，不仅推动了自然语言处理技术的发展，也为经济、法律、社会等多个领域带来了新的机遇和挑战。未来，随着技术的进一步发展，大语言模型有望成为人工智能领域的核心基础设施。

7. 推理型大模型（2024 年至今）

作为大语言模型发展的最新阶段，推理型大模型突破了传统链式思维（Chain-of-Thought，CoT）的局限性，实现了更复杂的逻辑推演能力。其技术实现层面具有三大特征：增强推理架构，结合多头潜在注意力（MLA）与多 Token 预测（MTP），支持多步推理链条并动态分配计算资源；训练范式创新，采用组相对策略优化（GRPO）和合成监督方法提高推理效果；硬件层面，优化混合精度计算与稀疏化推理，提升计算效率和资源利用率。

未来，随着计算架构的进一步优化和新型训练范式的引入，推理型大模型有望在更广泛的领域发挥作用，推动人工智能从语言理解迈向更高层次的认知智能。

第四章

DeepSeek 的技术创新

4.1 模型训练领域创新

4.1.1 混合专家模型（MoE）

混合专家（Mixture of Experts，MoE）是一种通过条件计算（Conditional Computation）优化模型效率的深度学习架构，其核心机制在于将整体模型拆分为多个专业化子模型（“专家”），每个专家通过特定任务的训练形成差异化能力。与传统全激活模型不同，MoE 架构引入智能路由机制，根据输入数据的特征动态选择激活部分相关专家，这种选择性激活机制可在保持模型容量的同时显著降低计算成本。

DeepSeek-V3 作为 MoE 架构的前沿实践，通过突破性技术创新实现了性能与效率的平衡，通过系统性设计突破传统模型的效率瓶颈，其核心在于动态路由机制与分层专家协同的深度融合[1]。模型摒弃了传统的依赖辅助损失函数的负载均衡方案，转而采用实时反馈调节机制：通过持续监测各专家模块的请求频率与计算负载，动态调整路由网络的偏置参数。这一设计在避免引入额外监督信号的前提下，显著提升了专家资源的利用率。路由决策过程中，每个输入 token 需经过三层前馈网络（FFN）的预处理，能够更精准识别输入特征，从而提升专家分配的合理性。

DeepSeek-V3 采用超大规模分层架构，每层部署 256 个独立专家模块，总参数量达 671 亿，但每次推理仅激活 37 亿参数。关键创新在于共享专家机制——每层固定保留 3 个通用专家处理基础语义特征，其余专家根据输入特性动态激活。为应对分布式训练的通信“瓶颈”，DeepSeek-V3 团队开发了 NVLink 与 InfiniBand 混合通信方案，通过硬件级优化实现跨节点数据传输的流水线并行，显著降低专家间的同步延迟。实测表明，该架构在千亿参数规模下仍能保持 97% 以上的基准精度，同时推理效率达

1 DeepSeek-AI et al., *DeepSeek-V3 Technical Report*, arXiv (Feb.18, 2025), https://arxiv.org/abs/2412.19437.

到同密度稠密模型的 2.3 倍。

4.1.2 FP8 混合精度训练

在大规模深度学习模型的训练中，计算资源的消耗和内存需求是模型扩展和高效训练的主要“瓶颈”。为了解决这一问题，DeepSeek-V3 采用了 FP8 混合精度训练框架，通过精确的量化策略和高效的计算调度，突破了硬件算力限制，实现了训练效率的显著提升。

首先，FP8 混合精度训练的核心创新在于通过细粒度的量化方法提高计算效率。FP8 格式在保持数值稳定性的前提下，通过减少每个计算单元的存储精度，显著降低了内存占用和数据传输成本。该方法特别适用于大规模模型的训练，因为它能够在不牺牲模型精度的情况下，减少资源消耗，进而加速训练过程。为避免 FP8 训练中常见的溢出问题，DeepSeek-V3 引入了分块量化（Tile-wise Quantization）策略，将激活值和权重按较小的元素组进行分组和缩放，从而适应 FP8 的动态范围，保证了训练精度。

其次，DeepSeek-V3 针对 FP8 精度的限制，提出了一种创新的积累精度提升方法。在标准 FP8 计算中，累积精度较低可能会导致较大的计算误差。为了解决这一问题，DeepSeek-V3 采用了在每个计算间隔后，自动将部分计算结果从 FP8 提升至 FP32 精度进行累积。该策略通过在 Tensor Cores 上与 CUDA Cores 的协同工作，在减少计算误差的同时，保持了高计算效率，避免了精度损失。

最后，除了量化和精度提升，DeepSeek-V3 还设计了低精度存储和通信优化策略。在训练过程中，激活值和优化器状态被压缩至低精度格式（如 FP8 和 BF16），从而大幅度减少了内存使用和通信带宽的需求。这种优化不仅提高了分布式训练的效率，还减少了跨节点通信的延迟，保证了数据传输的高效性。特别是在 MoE 架构下，专家的分布和路由决策需要大量的数据交换，低精度存储和通信技术有效降低了这些过程中的计算开销。

FP8 混合精度训练框架不仅是单纯的精度优化，而是一个全方位的工程突破。通过细粒度量化、精度提升和低精度存储策略的协同作用，DeepSeek-V3 在训练资源和计算效率之间找到了一个理想的平衡点。这一创新极大地推动了大规模模型的训练进程，为未来的模型扩展和优化提供了重要的技术保障。

4.2 Transformer 架构创新

4.2.1 多 Token 预测（MTP）

多 Token 预测（Multi-Token Prediction，MTP）通过在训练阶段引入前瞻性表征规划机制，突破了传统语言模型的单步预测范式，其创新主要体现在两方面：在训练优化路径上，模型需同时预测后续 2—4 个 Token，强制学习跨时间步的参数更新策略；在推理架构设计上，通过多层级联因果机制实现单次前向生成多个 Token 的有效性验证，无须依赖推测解码所需的辅助模型。

DeepSeek-V3 的 MTP 实现包含四类核心技术突破。

（1）参数共享式多深度预测模块：采用主模型共享的嵌入层与输出头（Embedding/OutHead），避免额外参数量引入。

（2）隐式因果链保持：每个预测深度通过 Transformer 块迭代更新隐状态，在每层预测中，隐状态更新严格遵循因果依赖关系，符合自回归生成的核心约束。

（3）张量调度优化：基于 DualPipe 流水线并行技术，模型将浅层参数（如嵌入层）与深层参数（输出头）分配至同一计算单元，通过物理地址映射实现参数梯度共享。这一设计使得显存占用仅为传统模型的 67%。

（4）训练目标优化：MTP 使用层次化交叉熵损失函数，在每层预测深度计算目标 Token 的分布偏差，并通过加权平均融合全局损失，提升训练信号密度。

与传统推测解码技术对比，MTP 在工程落地上具有显著优势：

（1）接受率稳定性：通过训练阶段内在化的上下文一致性学习，第二 Token 预测接受率稳定在 85%—90%（AIME 数学基准测试）。

（2）硬件兼容性：完全基于主模型计算单元实现多 Token 生成，规避异构模型调度产生的同步延迟，基于 H800 实测单卡推理吞吐量达 340 tokens/ 秒（上下文长度 512 字符）。

（3）性能增益普适性：在 228.7B 参数规模的对照实验中，附加 MTP 模块使模型在数学推理（GSM8K）、人文理解（MMLU）等任务上性能显著提升，且推理成本维持不变。

该技术验证了梯度对齐诱导假设——当语言模型通过扩展预测视野捕捉“局部最优”与“全局最优”的解空间差异时，显式训练目标可诱导涌现更复杂的推理模式。这一发现为预训练目标函数的设计提供了新的方向。

4.2.2 多头潜在注意力（MLA）

多头潜在注意力（Multi-head Latent Attention，MLA）是 DeepSeek-V3 模型中引入的核心技术创新之一，旨在优化 Transformer 架构在长序列处理中的效率。该机制从硬件效率与算法设计的双重维度进行了突破性改进，其核心原理在于通过数学压缩减少内存资源占用，并融合了解耦式位置编码设计以维持模型性能。

1.KV 缓存低秩压缩

MLA 核心是通过对注意力中的键（Key）与值（Value）进行联合降维。传统注意力需为每个词元存储 Key c_i，在随后的上行还原层将低维向量重新解压为键值矩阵。相比传统多头注意力（MHA），MLA 的 KV 缓存体积减小为仅存储压缩潜在向量与解耦的部分原始键，显著降低显存需求。

2. 解耦式键设计结合位置编码

为避免压缩导致的位置信息损失，MLA 将键分为两部分：一部分接受压缩处理，另一部分直接保留完整维度并应用旋转位置编码（RoPE）。该方法通过数学手段保持了位置特征的关键信息，同时允许压缩后的注意力头仍能捕获位置相关性。实验表明，MLA 与标准注意力基线在长文本理解任务上精度持平，未出现性能折损。

3. 硬件级数据调度优化

配合 NVIDIA H 系列 GPU 的 Tensor Core 特性，MLA 通过流水化的计算单元分配策略提高了 FP8 精度下的计算吞吐量。官方技术文档指出，MLA 在 64k 长文本解码场景下，KV 缓存显存仅需同长度 MHA 模型的 67%，结合 NVLink 与 InfiniBand 混合通信方案，H800 单卡推理吞吐量达到 340 token/ 秒（512 上下文长度）。

在 DeepSeek-V3 的千亿参数规模下，MLA 使模型在处理长序列时维持 97% 以上基准精度，推理效率达到等同参数规模稠密模型的 2.3 倍。通过减少 KV 缓存需求，DeepSeek-V3 在常规消费级 GPU（如 H800）上可处理的最大上下文窗口从 8k 扩展至 32k，已被验证可支持全栈代码仓库级的连续推理任务。

MLA 兼容现有推理框架（如 vLLM、TGI），可在常规 GPU 上部署千亿级 MoE 模型（如 DeepSeek-V3），打破长序列推理的硬件制约。其压缩策略不依赖特定硬件指令集，在 API 服务部署中实测端到端延迟降低约 40%。

4.3　模型微调领域创新

4.3.1　强化学习（RL）驱动的推理训练

在推进大语言模型推理能力的进程中，强化学习（RL）展现出独特的技术优势。DeepSeek-R1 系列模型验证了 RL 驱动训练的可行性，其关键技术突破集中在三个维度：算法层面的 GRPO 策略优化、激励模型的系统性设计，以及训练过程中涌现的自主推理特性。

在强化学习（RL）驱动的推理训练中，DeepSeek 团队提出 GRPO（Group Relative Policy Optimization）策略作为核心技术突破[1]。传统的 PPO（Proximal Policy Optimization）算法需同步优化策略模型与评价模型，导致计算资源消耗巨大。GRPO 通过设计稀疏化的群体响应机制，在保持等效奖励形塑能力的同时，显著降低了计算复杂度。具体实践显示，DeepSeek-V3 在预训练阶段，每万亿 Token 训练仅需 18 万个 H800 GPU 小时，即在 2048 个 H800 GPU 的集群上训练 3.7 天。

双激励模型设计是该框架的关键创新，模型训练采用复合激励机制构建双重约束条件：

（1）准确性激励采用规则验证与沙盒执行的混合机制，基于确定性验证机制的规则引擎覆盖数学解题、代码执行等场景。对于数学 / 物理等确定性问题，基于符号计算引擎构建规则验证系统；在代码生成任务中，构建零时延沙盒环境进行动态测试。数据显示，DeepSeek-R1 在 AIME 2024 基准测试中取得了 79.8% 的 Pass@1 得分。

（2）格式激励强制要求响应遵循 <think> 推理过程 </think><answer> 最终结果 </answer> 格式框架。实验表明该方法显著提升复杂问题回答的结构化水平。值得注意的是，模型在强化训练中自发展现出延长思考步骤的特性，在 AIME 数学竞赛题测试中，自主生成的推理链条平均长度达到 5.7 步。

实验观察到算法在训练中呈现典型涌现特性。当 RL 迭代达 1200 步时，模型响应长度突增 148%，而训练指标未设置任何长度相关参数。进一步分析揭示，模型自主

1　DeepSeek-AI et al., *DeepSeek-R1: Incentivizing Reasoning Capability in LLMs via Reinforcement Learning*, arXiv (Jan.22, 2025), https://arxiv.org/abs/2501.12948.

将延展的 Token 序列资源分配给推理步骤细化：在微分方程求解任务中，收敛阶段验证步骤数较初始阶段增加 5.2 倍，即使面临 32k 上下文限制，模型仍能动态调整推理密度。这种能力仿效了人类专家的“试错—优化”认知模式，在 AGI 评测平台 GPQA 中，该特性使 DeepSeek-R1 在开放性物理问题上的置信度评分超过同类模型。

值得关注的是，此技术路线为 AI 自主能力演进提供了新范式。DeepSeek 技术团队披露，在未引入人工示范数据的情况下，经过纯 RL 训练的 R1-Zero 模型在 AIME 数学竞赛数据集上达成 37.5% 解题准确率，验证了无监督强化学习的潜力。这为规避人工标注偏差、实现完全自主的认知进化开辟了技术通路。

4.3.2 推理模型（Reasoning Model）

推理模型与传统链式思维（CoT）的核心差异在于其自主生成推理路径的能力。CoT 方法依赖人工设计的提示模板（如“请分步思考”）引导模型输出中间步骤，而推理模型通过强化学习框架内生的奖励机制，可自发构建逻辑严密的推理链条。以 DeepSeek-R1 为例，其生成的 <reasoning> 标签内容不仅包含数学推导步骤，还会主动插入验证环节（如“此处需验证方程两边平衡性”），展现出类人的自我纠错能力。

在适用场景方面，推理模型展现出对多模态复杂任务的强适配性：数学证明场景中，模型可自动生成定理证明的中间引理并完成符号运算验证；代码生成任务中，能通过沙盒环境执行测试用例，动态修正语法错误和逻辑缺陷。DeepSeek-R1 模型在 APPS 编程挑战中，90% 以上的解题路径未见于训练数据集。

基于 DeepSeek-V3 的基础能力，DeepSeek-R1 的训练体系采用三阶段渐进式优化。纯强化学习阶段基于 GRPO 算法进行初始策略优化，通过组内样本奖励比较替代传统价值网络，降低 30% 显存消耗。此阶段仅使用规则奖励（答案正确性）和格式奖励（结构化输出约束），320B 参数的 R1-Zero 在 GSM8K 数学竞赛数据集实现 83.2% 准确率。语言一致性阶段引入语言比例奖励函数，强制模型在 <reasoning> 过程中保持单一语言连贯性。最终的知识融合阶段整合 2.7T 高质量通用语料，结合非推理类数据进行多领域监督微调。此阶段在保持数学推理能力的同时，确保模型在开放域对话中的流畅性与准确率。

DeepSeek-R1 的性能突破验证了“纯 RL 训练→专项优化→知识融合”路径在复杂推理任务中的有效性，为下一代推理模型的研发提供了可复用的技术框架。

第二部分
PART TWO
法律大模型应用

第一章
发展现状

1.1 通用大模型与法律专业大模型的对比

DeepSeek 推出的 R1 模型引爆各界热议。这款国产通用大模型拥有媲美 ChatGPT-o1 的复杂推理能力与行业颠覆性成本优势，代表中国 AI 技术正加速跻身世界第一梯队。其所独有的混合专家架构、自适应训练算法等创新，更标志着中国在通用人工智能赛道已实现从“跟跑”到“并跑”的质变。

在技术狂欢的背后，一个更深刻的命题浮出水面：通用模型的“广度优势”，如今真的能达到完全代替法律专业大模型的程度了吗？虽然通用大模型的泛化能力令人惊叹，但法律场景对结果的严谨性、逻辑闭环性和行业合规性有着近乎严苛的要求。法律问题的解决依赖高度结构化的知识体系（法律规范、司法解释、类案）和严密的逻辑验证机制（要件分解、请求权基础分析等）。这一特性向我们指明了通用大模型与法律专业大模型的核心分野：前者追求广泛认知的“广度”，后者深耕法律逻辑的“深度”。

1.1.1 知识深度与专业性

1. 法律知识的准确度和完整性

在法律知识，如法条、案例的精准检索上，法律专业大模型通常能提供更准确和全面的法律信息。在询问特定法规条款时，专业模型可以直接引用相关法条完整原文，并提供准确的条文编号。而通用模型可能只能给出大致内容，缺乏具体的法条引用。

比如咨询有关劳动合同变更涉及的法律条款时，法律大模型会在法律分析中结合具体的《劳动合同法》第 35 条、《劳动法》第 17 条，以及《劳动合同法实施条例》第 19 条进行输出。相比之下，DeepSeek-R1 虽然也同样提及了多条法规，且基本与问题具有关联性，但并不能完整输出法条的完整原文。而在另一场景下直接询问要求其输出《公司法》的某一具体法条时，DeepSeek-R1 虽然在思考过程中找到了公司法当前生效的版本，但输出的法规内容依然出现了错误。

2. 专业术语理解能力

在解读专业法律术语上，DeepSeek-R1 确实为我们带来了惊喜。当遇到一些专业的法律名词或概念时，法律专业大模型能够准确解释其含义和适用范围，而以往的通用大模型可能会产生误解或解释不够深入。但 DeepSeek-R1 展现出显著的专业化提升，相比以往的通用大模型，能够做到对法律概念的解释在准确度、全面性、深入程度的大幅提升。

比如，当要求通用大模型对"既判力的适用范围"进行分析时，法律专业大模型与 DeepSeek-R1 输出的结果都能够囊括多个方面。除此之外，法律专业大模型还会提及具体的参考法规与参考案例，同时提供联网检索的参考资料，真正做到专业与全面并存。与此同时，DeepSeek-R1 也能基于自己的解释内容，给出简明易懂的示例辅助解读概念，体现出其对法律概念体系存在一定理解。

1.1.2 实际应用效果

1. 法律咨询质量

法律专业大模型在回答法律专业问题时，能够结合法律法规的具体规定和相关判例提供更有针对性和实用性的建议，给出更加详细和可操作性的解决方案。相比之下，以往通用模型的回答可能过于笼统。

比如，当提出信托企业破产这一情景下信托财产处置问题时，法律大模型可以引用具体的《信托法》《企业破产法》条文内容，以及多份实际判例，以洞察审理思路。通用大模型通常对咨询的回答可能更泛化，不过 DeepSeek-R1 在此基础上已经有所进步，回答结构更加完整，逻辑更加清晰，概念解读更深入，同时能够基于问题进行一定的发散与扩展。在这个方面它的表现接近于法律专业大模型，但由于一些法律专业数据的缺位，相比于法律专业大模型，DeepSeek-R1 在对实际审理思路的分析上仍有不足。

2. 法律文书处理能力

通用模型的开放性语料训练机制可能导致规范性文本污染的风险，因此在起草或分析法律文书方面，专业模型的优势更为突出。比如，在协助起草一份租赁合同时，法律专业大模型能够包含更完善的法律要素，如违约责任、争议解决方式等，而通用模型可能会遗漏一些关键的法律要素。

对于一份租赁合同，法律专业大模型可以做到根据需求直接输出一份完整的合同模板，条款内容涵盖九个方面：租赁房屋及租赁期限；租金、保证金、其他费用及支付方式；租赁房屋的交付与验收；房屋使用、维护及维修；转租和续租；合同的变更与解除；违约责任；争议解决方式；通知与送达条款。每个方面都列明详细的条款，并提供直接导出为已完成排版的 Word 文件的功能。相比之下，DeepSeek-R1 对合同的条款拟定还显得略为简单，虽然在输出结果上能够保证完成提示词中要求的部分，但可能在一些方面存在疏漏，如先前的例子中，可能对提示词内没有着重提及的交付验收、使用维护维修、转租续租、合同变更解除、通知与送达描述不够细致。因此，目前 DeepSeek 是否具备承接如合同生成、合同审查等专业的法律下游任务的成熟能力，仍有待观察。

1.1.3 可靠性与局限性

1. 法律推理的逻辑性

法律专业大模型在进行法律推理时，通常具备良好的逻辑性和严谨性。例如，在分析一个复杂的案例时，专业模型能够更好地运用法律原理，逐步推导出合理的结论，而过往的通用模型在复杂的法律推理过程中可能会出现逻辑跳跃或推理不当的情况。

值得关注的是，DeepSeek-R1 在模型推理能力上的巨大进步，使其在此类任务中的表现正在快速靠近专业模型的推演能力。

比如对于一个具体案情的罪名认定分析，法律专业大模型往往能提供更全面的结论，且推理过程能够按照罪名的构成要件进行分析，以往通用大模型则可能出现认定罪名有缺漏的情况。但 DeepSeek-R1 在面对相同的问题时，对比以往的通用模型能够做到明确要件分解与精确找出影响罪名认定的关键要素，准确区分常见的相似罪名在认定上的不同，甚至在延伸论证中敏锐意识到部分事实认定的分歧可能导致罪名认定发生变化，展现了其在法律推理维度上正在向法律专业大模型接近。

2. 错误和“幻觉”的发生率

专业大模型在法律领域产生错误信息或“幻觉”的概率较低。比如，在引用法律条文或案例时，专业大模型更不容易出现编造或错误引用的情况。相比之下，DeepSeek-R1 作为通用大模型，仍然存在混淆不同法律体系的概念，或者引用不存在的法律条款、编造出不存在的法规文件的情况。比如在一次询问中，DeepSeek-R1 在输出中引用了一篇部委决定（征求意见稿），表面上极其真实，但经专业检索，这份文件并不存在。

小　结

目前通用大模型和法律专业大模型各有其适用的场景，法律人工智能的发展不应陷入“技术万能论”的误区。通用大模型与法律专业大模型的本质分野，实则是技术工具性与法律专业性的辩证统一。在这场技术进化的浪潮中，我们既要看到国产大模型的突破性进展，也需冷静审视：当法律科技步入 AI 深水区，专业大模型的“精准性价值”或将重新定义行业竞争规则。

1.1.4　实战场景差异：法律问题研究应用

在法律问题研究场景中，通用大模型与法律专业大模型的差异主要体现在问题响应逻辑、知识更新能力和实务适用性三个层面。通过具体研究问题的对比测试（如公司法修订条款适用、程序法管辖权争议等），可清晰观察到两类模型的代表（DeepSeek-R1 及小理 AI）在实战中的表现分化。

1. 评测维度与方法

评测工作围绕准确率、召回率、生成质量三项核心指标展开，以法律条文数据、案例数据和法律问答数据作为测试基础，采用人工评估与对比评估相结合的方法，全面考查模型在法律研究场景中的表现能力。

评测维度主要考虑功能性（法律检索能力、智能分析能力）、准确性（条文理解、案例分析、数据更新）、交互性（响应速度、友好度）、安全性（隐私保护、合规性）、效率性（处理大规模数据能力、实时性）以及可解释性（推理过程、结果解释）等方面。

2. 典型问题研究对比

本次场景设置了四个问题，分别从学术研究和法律实务角度考察 DeepSeek-R1 及小理 AI 性能：

（1）学术研究问题：AI 创作的作品是否具有独创性？权利主体是开发者、使用者还是 AI 本身？

（2）程序法与管辖问题：道路交通安全违法行为的发生地与处理地不一致时，结合中国裁判文书网上的公开案例，依据我国现行法律法规，行政审判业务庭的法官们一般如何把握处罚标准及执法管辖问题？

（3）实务交叉问题：生效裁判已明确发包人在欠付工程款范围内向实际施工人承担责任的，发包人与承包人在裁判生效后就互负债务进行抵销，该抵销行为对实际施工人发生效力吗？发包人能否以债务抵销为由排除实际施工人的强制执行申请？分析引用法律法规时请具体到条款。如果有可参考案例，请列明来源。

（4）法规更新验证：《公司法》第 88 条不溯及既往，如何追责历史股东？分析引用法律法规时候请具体到条款。如果有可参考案例，请列明来源。

对于四个问题，通用模型与专业模型的表现如下：

（1）学术研究场景表现：在第一个关于 AI 创作作品独创性的问题中，DeepSeek-R1 表现不俗，对于意图识别与用户需求把握较为精准。思维链首先对问题的核心进行了分析，接着全网检索相关信息，对案例进行提炼总结来辅助阐释观点，并纳入比较法视角进行观点陈述，且考虑到了不同学者间的观点分析，运用清晰的逻辑结构，结合了现有法律框架、司法案例及学术观点，确保了论证的完整性及结论的说服力。小理 AI 对问题核心要点把握也较为全面，辅以案例与法条解读，提供的素材足以满足法学论文写作研究的需求，但囿于数据源控制的缺陷，无法提供法学理论和比较法的视角观点。

（2）法律实务场景表现：在道路交通安全违法行为管辖问题上，DeepSeek-R1 重点关注了法律条文和案例，并引用了法答网的精选回答，分点论述问题，还引用了答疑意见和规定来说明司法实践中的做法。然而，模型在论证中引用了一份来源存疑、效力不明的文件，这是法律研究的大忌。也暴露了通用大模型在法律专业领域的局限性。小理 AI 则通过总结既有判例和法律规定来回答问题，内容完整度高，结论严谨，避免了引用存疑文件的风险。

（3）工程款抵销问题：DeepSeek-R1 的回答引用了相关案例及裁判理由依据条文，同时参考了引用内容中的法理分析，对问题把握和要点分析较为准确，且结构较为清晰。

（4）法规更新检验：第四个问题旨在检验模型对法律法规更新的敏感度。2023 年 12 月 29 日修订的《公司法》第 88 条于 2024 年 7 月 1 日实施，包含关于股东转让已认缴出资但未届出资期限股权的责任问题的新规定。测试结果显示，DeepSeek-R1 对《公司法》第 88 条的内容存在严重编造，因此其后的论证完全失去参考价值。相反，小理 AI 基于即时更新的数据库，能够准确回答新《公司法》第 88 条的内容。

3. 模型能力差异分析

通过对比测试可以发现法律专业大模型与通用大模型在法律问题研究应用场景中展现出的能力差异：

（1）数据更新及时性：法律专业模型在法规更新方面表现更为及时，而通用大模型往往面临数据库更新滞后的问题。

（2）幻觉控制能力：通用大模型存在明显的 AI 幻觉问题，尤其在引用专业法律文献时难以鉴别其权威性；而法律专业大模型对法条和案例的引用更为谨慎。

（3）实用性取向：法律专业大模型的输出结果更为可靠，引用法律数据质量高且有据可查，符合法律人对案例、法条的使用习惯，能够对问题核心要点进行抓取并佐以最新案例、法规予以简单阐释。

综合评估结果表明，DeepSeek 作为推理模型，能深入理解用户的真实意图，自主完成思维链路构建，深度思考给出富有洞察力的答案，联网搜索信息较为全面。这些优势使其在学术研究、法理探讨等需要广泛知识整合的场景中表现优异。然而，在需要严格依据最新法条、案例的实务应用场景中，专为法律场景设计的法律专业大模型数据更新及时，输出结果更为可靠，且在法律数据的采集、标注、使用全流程有合规性保障，因而更具优势。

综上所述，在法律问题研究应用场景中，通用大模型与法律专业大模型应当被视为互补工具，而非替代关系。前者擅长宏观思考与跨领域联想，后者专于法律精准性与专业性保障。法律从业者在选择 AI 辅助工具时，应根据具体任务性质灵活选择，以实现效率与准确性的最优平衡。

1.1.5 实战场景差异：案例检索总结应用

在实务工作中，法律人都无法回避的一个重要工作场景是类案检索总结。律师、法务等实务人士经常需要根据特定检索目标收集类案信息，为合理预判待决案件可能的走向以及敲定后续诉讼策略提供依据，类案检索报告就是这些信息汇总的载体。然而，传统检索过程往往需要面临阅读冗长案例、寻找事实与争议焦点之间相似性等繁重的中间流程，耗时耗力且效率不高。

进入大模型时代，借助模型的总结和生成能力，用户可以快速提升案件阅读速度、确认待选类案并归纳裁判观点。这种复合性任务对模型能力提出了更高要求，通用大模型与法律专业大模型在此场景下的表现差异尤为明显。

1. 类案检索总结的评测标准

对于类案检索总结任务，我们可以从以下维度评判模型的表现：

（1）文本提取的准确性：这是首要考量因素。模型需要准确分析和推理个案的核心事实、争议焦点和法律适用部分，需与用户所上传现实世界数据保持一定的对齐度，避免遗漏对法官自由心证影响较大的要点，确保结果的参考价值。

（2）结果归纳的准确性和合理性：模型应能基于类案信息，归纳、比较和分析裁判结果和理由的异同，且所涉结论需基于用户提供的类案，避免出现幻觉。

（3）个性化指令的跟随性：实务人士需要的是有实质参考意义的类案检索，模型需要能够关注个案之间基本事实是否实质性相似，要件涵摄过程是否类似，以及案件所使用的法律规范是否已经过时等事项。因此，用户输入个性化的上下文是否都能激活对应的注意力单元，从而被模型成功捕捉并对输出进行约束，亦为一个考察方向。

（4）呈现合理：整体结构要贴近于一份完成度较高的类案检索总结 / 报告。结果报告末尾需附上案例和对应案号及适用法律法规，若可以超链方式跳转相关类案 / 法规全文页供使用者复核，则更佳。

此外，案例相关度、信息对齐度、效力明确性等也是评判模型性能的重要维度，特别是效力明确性方面。如果模型能够“读懂”效力遴选的指令的意图，将会为用户节省较多的挑选时间，生成一份完整度更高的类案检索总结。

2. 评测问题与能力对比

为深入探究两类模型在案例检索总结场景的表现差异，设计了两组实验进行对比测试。

（1）刑事案例检索：

> 第一组实验聚焦刑事领域，输入：“在动物饲料中添加克伦特罗，并在宰杀后的肉类中检测出超量的克伦特罗残留，应当定什么罪？如适用不同罪名，理由是什么？”进行案例检索总结。

以小理 AI 为例，法律专业大模型对比通用大模型有其得天独厚的优势：专业模型本身已接通自有案例数据库，并配置了“AI 案例检索总结”等功能，案例检索跟总结生成融合在一个工作流程中，双功能的便利性不言而喻。但为便于对比，不妨先把两种模型“拉”回同一起跑线上：两个模型都支持“基于文档分析的生成”，因此单纯考察模型对于类案的总结能力，以上传类案文档的方式进行测试，案例来源为中国裁判文书网，数量为 4 个。

DeepSeek 在此任务中展现了可观的推理能力。在显式推理过程中，它至少进行了三次思考：首先，归纳多数裁判倾向；其次，结合用户查询意图对法律适用不同的少数类案提出疑问；最后，利用要件拆解和法律解释方法区分不同罪名适用情境。然而，DeepSeek 在罪名区分部分出现了明显瑕疵，将“危害程度”和“残留量”作为区分生产、销售有毒、有害食品罪与生产、销售不符合安全标准的食品罪的界限，这与前者属于行为犯的性质不符。相比之下，法律专业大模型小理 AI 的回复则更为严谨，幻觉问题也相对较小。它经过专业法律语料的微调，对法律概念和分类的把握更为准确。

对此实验进一步升级，输入提示词：请针对以下争议焦点，比较类案的法律适用和裁判结果，并生成详略得当的检索总结报告：在动物饲料中添加克伦特罗，并在宰杀后的肉类中检测出超量的克伦特罗残留，应当定什么罪？如适用不同罪名，理由是什么？

比较时，请注意以下 3 点：

1. 个案核心事实如差异较大，则不选作类案。
2. 个案未生效，则削弱权重并作简要提醒。如已被推翻，则不选作类案。
3. 个案适用如与现行规定有出入，作简要提醒。

提示词要求模型不仅总结案例，还需根据指定标准进行类案遴选。对此两类模型都显示出了一定的局限性。例如，两个模型总结中均出现的第四个案件，以生产、销售不符合安全标准的食品罪定罪，是因为其缺乏在食品中添加非食品原料的主观故意。按照类案遴选的规则，该案跟我们所需的理想类案存在事实差异，严格来说理应在检索阶段予以筛除。但对于第四个案例中由于缺乏主观故意而适用不同罪名的情况，两种模型都未能成功根据指令将其剔除，显示出它们在模拟完整类案检索总结工作流程上仍有提升空间。

（2）劳动争议案例检索：

输入："请你针对争议焦点'年终奖发放前离职的劳动者，是否有权主张用人单位支付年终奖'检索案例，并生成一份案例检索总结。检索总结的要求如下：1. 比对我方案件事实：劳动者在年终奖发放之前被裁，用人单位根据其制度不予支付年终奖。2. 体例为［检索结论］［类案情况］［适用规范］以及［类案情况］部分，请仔细对比基本事实和法院认为部分。3. 参考优先级别需按照指导性案例＞参考案例＞普通案例的顺序排布。"

本次情景比较了 DeepSeek-R1、文心 X1、豆包 -1.5-pro-32k 三款通用大模型与小理 AI 的表现。

结果显示，三个通用大模型都能返回最高人民法院指导案例 183 号这一关键案例，并能基本理解和遵循案例优先级排序及生成体例的指令。然而，在案例相关性方面，通用大模型虽通过联网搜索获取了一些案例信息，但多数未标明案号等出处信息。

在信息对齐维度上，DeepSeek-R1 没有按照用户指令将用户所提供的基本事实描述与返回的案例进行对比，似乎在读取指令上有所遗漏。同时，该模型在返回的刘某某诉北京某公司案的"法院认为"部分，将"公司依据《员工手册》的规定不予发放年终奖金不合理"转义为"不得用《员工手册》对抗劳动者权益"，描述略有不当。豆包这边，则对联网收集的网页结果出现了幻觉，误将"湖北武汉叶女士案"这一新闻报道事件当做真实的司法案例加入了回答中，可信度打了折扣。

相比之下，小理 AI 表现出明显优势：在案例相关性方面，可以看到小理基于一个指导性案例（183 号）、一个参考案例以及两个普通案例返回了案例检索结果，且在第一部分"检索结论"以及第二部分"类案情况"中，按照用户指令将其指定的基本事实和类案的基本事实进行了比对，案例也按照参考优先级进行了排序。在结论中，归纳了法院在判断用人单位是否应当支付年终奖的一般司法倾向。另外，如果在没有提示词的情况下，小理也能够识别应当选取终审案例的潜在意图，则更佳。信息对齐维度方面，小理使用了真实的案例数据进行知识抽取提炼，因此相应的"基本事实”与“法院认为”部分基本都能还原裁判文书的对应部分。此外，每个案例对应的案号也生成在了类案详情的段落中，相应的案例超链接也附在了大模型生成内容的下方，以备用户随时查询案例全文。

3. 模型能力差异分析

法律大模型在案例检索总结场景表现优异，主要得益于两方面优势：

（1）使用高质量法律数据进行微调（SFT）

对专攻于法律垂类的专家模型——法律大模型而言，微调等阶段会更侧重使用优质的法律数据以提升法律任务处理的准确度。推理侧的能力如果使用专业领域相关的思维链数据进行训练，能够更好地拟合一般意义上法律实务人员的思考方式。

（2）动态知识的支持

尽管微调对模型而言很重要，但是仅靠微调内化的法律词元参数乃至思维链，遇上具体的法律问题，还是可能出现幻觉的。甚至有的时候，开启了深度思考能力的推理模型也仍会出现文不对题的回答。

原因有二：一是通用大模型知识对人类各类词元有着过于广泛、模糊的“记忆”哪怕是在微调过程中特地涵盖某一专业领域的训练语料。大模型在面临具体的问题（比如《专利法》中药品专利期限补偿相关的制度及其适用）的时候，也可能会有“失忆”和“编造”的风险。

然而，即便是诸如法源寻找和法律适用这种基础法律任务，对模型输出的知识都有着准确性和严谨性的最低要求，遑论法律问题研究、类案检索报告以及各类文书生成之类的高级任务。

二是法律数据往往具有一定时效性。比如，一部法规可能会因为新的决定颁布而归于失效。因此，基于检索增强（RAG）技术的知识库框架的构建，就为模型回答法律问题的准确度提供了重要的印证支持。通过将各种向量检索范式提取出来的具体目标文本融入大模型的提示词这一方式，给大模型这个“大脑”加上“海马体”，能够瞬时缓解模型在特定回答中可能出现的正确性和时效性不足。在个性化检索增强的场景中，用户还可以把办案沉淀下来的本地语料上传到知识库中，作为模型回答的重要参考。

以小理 AI 为例，得理法搜作为确保法律 AI 问答准确性和及时性的重要引擎，其案例和法规数据能在特定的问答场景中赋能法律大模型的输出，确保用户在相关的问答中始终有真实、有效的法律数据作为依据。

1.1.6 实战场景差异：合同生成应用

在商业往来越发频繁的当代社会，合同作为保障交易双方权益的基石，其生成过程的效率与准确性直接影响着商业活动的顺利开展。随着人工智能技术的发展，合同生成已成为大模型应用于法律实务的重要场景。通用大模型与法律专业大模型在此领域的表现差异，不仅反映了两类技术的特性，更折射出 AI 在专业领域应用的深度与局限。

1. 合同生成的评测维度

评估大模型合同生成能力，需要从多个维度进行全面考量：

（1）合规性：包括法律适用的准确性和时效性，内容是否符合法律法规的强制性规定，以及是否存在违反法律禁止性规定的条款。

（2）完备性：从条款完整性和逻辑严密性两方面考察合同结构，评估是否包含必要的基本条款，条款之间是否具有合理的逻辑结构，是否存在矛盾冲突。

（3）可操作性：关注条款表述是否规范、具体明确，交易程序是否清晰可执行，这直接影响合同在实际履行过程中的有效性。

（4）公平性：着重考察权利义务平衡与风险分担合理性，评估合同权利义务的设置是否对等并符合交易目的，能否识别交易潜在风险并对风险进行合理划分。

2. 评测实例对比分析

为深入了解两类模型在合同生成场景的表现差异，我们选取了软件开发服务合同和股权转让协议两个典型案例进行测试比较。

（1）软件开发服务合同测试

输入："你是一名专业律师，起草一份软件开发服务合同，委托方为一家金融公司，需要开发一款金融交易软件，服务期限自合同签订之日起至软件开发完成并验收合格为止，委托方需支付服务方软件开发费用 20 万元，分三期支付，并明确软件的知识产权归委托方所有。"

测试中要求模型扮演专业律师，起草一份软件开发服务合同，提示词仅强调服务期限、支付方式、知识产权等部分内容，并未对整体合同框架进行提示，以考察大模型的逻辑性和专业表达能力。

合规性方面包含“法律适用”与“内容合规”两部分，“法律适用”考察模型适用法律的时效性、准确性。在这一部分，DeepSeek 和小理 AI 的初始回答中均未注明适用的法律法规。经追问后，两个模型都进行了调整，补充援引了《民法典》《著作权法》等具体法律名称，增强了合规针对性。在“内容合规”部分，两者生成的合同条款不存在违反法律法规的情形。

完备性方面主要考察合同条款的完整性及逻辑性。DeepSeek 在深度思考过程中展示了对合同内容的全面考量，并具备一定的“法律思维”，其生成的合同涵盖了合同主体、项目内容、服务期限、费用及支付、知识产权、验收标准、保密条款、违约责任、争议解决和其他条款等核心要素，这些条款的分布排列符合该类型合同要求和行业惯例。然而，与法律专业大模型相比，DeepSeek 由于缺少专业语料的训练及对法律应用场景不熟悉，其生成结果与预期的专业水准存在一定差距。比如在生成的版本中缺少“通知与送达”“不可抗力”等专业条款。

可操作性方面则是考察合同条款是否表述规范、具体明确，以及交易程序是否清晰可执行。DeepSeek 的主要短板在于条款描述过于简略，未能充分考量实际操作过程中的复杂性与细节要求。以保密条款为例，DeepSeek 在界定保密信息范围时，仅给出“甲方提供的资料及开发过程”以及“本项目任何信息”这样模糊的表述，未进行精准且详细的列举和界定，在实际操作中合同双方对于哪些信息属于保密范畴可能产生不同理解，并引发争议。除此之外，该条款还存在未约定保密信息披露的例外情形以及保密期限过于宽泛的问题，这可能导致在实际操作中难以执行甚至引发法律风险。相比之下，小理 AI 在保密条款的处理上更为全面和细致，涵盖了保密信息的定义、具体保密措施、例外情况以及合同终止后的处理方式。

公平性方面考察的是模型是否能够依据合同目的，合理地设定合同双方的权利义务并分配合同风险。虽然 DeepSeek 生成的合同在权利义务设定上未出现明显失衡，但这主要源于其权利义务表述过于简略。在风险识别与责任分配方面，其包含的风险提示过少且过于宽泛。以违约责任条款为例，合同仅约定了乙方逾期交付、甲方逾期付款这两种较为常见的违约情形，且责任承担方式较为单一，难以满足复杂法律实务的需求。

（2）股权转让协议测试

输入：“你是一名律师，请帮我起草一份股权转让协议，确保协议详细规定转让方和受让方的信息、股权转让的份额、转让价格、支付方式和时间表、股权转让的先决条件，以及双方在交易完成后的权利和义务。同时，提出关于保密、违约责任和争议解决的条款建议。”

这一测试主要考察大模型对《公司法》《民法典》等相关法律的合规把握，以及对股权转让特殊法律要件的处理能力。DeepSeek 在合规性和公平性方面存在与前一测试相似的问题。

完备性方面，DeepSeek 基本覆盖了用户提示词中的内容要求，还补充了合同必备的基本条款，使得合同在整体架构上具备完整性和逻辑性。就合同的基本框架搭建而言，DeepSeek 能够完成基础的构建任务，为后续的合同细节完善和实际应用提供了一个可操作的基础。

可操作性方面，尽管在思考阶段，DeepSeek 延续了其在推理环节的优势，但最终生成结果与思考过程存在明显落差，条款的具体性和明确性不足，表述上亦与规范的“法言法语”存在较大差距，这直接导致了合同条款在实际运用中缺乏可操作性。以股权转让协议中的权利义务条款为例，DeepSeek 对甲方义务的描述，如“保证转让股权无质押、冻结等权利负担”，虽点明了关键要点，但缺乏对保证方式、违约责任以及若出现权利负担时的解决措施等方面的详细规定。“配合办理工商变更登记手续”未明确配合的具体期限、方式以及不配合时的责任承担，易引发履行争议。“过渡期内不得损害目标公司利益”对“损害”的界定模糊，缺乏量化标准和监督机制。乙方义务方面，“按约定支付股权转让款”，未明确支付的具体时间节点、支付方式以及逾期支付的违约责任，在实际交易中，这极易引发纠纷。“配合提供变更登记所需文件”同样存在配合期限、文件标准以及不配合责任不明等问题。

相比之下，小理 AI 生成的协议在整体结构和内容上更为全面，在权利义务的明确性及风险防范的周全性上的表现显著优于通用大模型。

3. 模型能力差异分析

DeepSeek 等通用大模型在合同生成场景中的表现差异，深刻反映了专业领域知识与通用推理能力之间的辩证关系。

通用大模型的突出优势依旧集中于其卓越的推理能力。借助优质长思维链数据，它能够在用户策划交易模式、梳理合同关键条款时提供极具价值的思路启迪，深入剖析合同构建中的关键要点。然而，当涉及将合同条款从构思转化为“落地成型”的关键环节时，通用大模型的能力便显露出不足。

这种局限主要有两方面原因：一方面，通用大模型缺乏对法律专业术语和行业惯例的深度训练，无法准确把握合同条款表述的专业性和严谨性；另一方面，其泛化训练模式难以捕捉特定法律场景下的细微差异和专业要求，导致生成内容在专业准确度和实用性上存在不足。

相较而言，法律专业大模型依托全域法律数据库，整合法律法规、司法案例、学术观点及行业法讯等多维度资源，在法律数据时效性和专业性方面具有明显优势。它不仅能够确保合同条款符合最新法律规定，还能根据专业训练提供更具可操作性和实务价值的合同文本。

合同生成场景充分展示了通用大模型与法律专业大模型的互补性特点。在实际应用中，通用大模型虽能够依据用户指令生成合同初稿，但其生成结果往往存在法律数据时效性错误、专业性不足等问题，需要法律专业人士进行审核和修改工作。相较法律大模型的“精修”过程，通用大模型对用户下达指令的技术性、人工审核的专业性乃至时间成本都提出了更高的要求。

法律专业大模型实现了法律服务的精准化、体系化与智能化升级。它突破了通用大模型因缺乏权威法律数据支撑导致的信息真实性存疑、检索结果碎片化等局限，通过结构化数据库确保法律依据可溯源、可验证，提供兼具专业深度与落地价值的法律解决方案。

1.1.7 实战场景差异：诉讼文书生成应用

在法律实务工作中，诉讼文书的起草是律师基础但耗时的工作之一。传统文书撰写依赖律师的专业经验与时间投入，存在效率“瓶颈”与标准化难题。随着大模型技术的突破，法律文书生成正经历从“人工雕琢”到“智能协作”的范式转变。

法律文书生成场景中，大模型的价值首先体现在效率跃升：通过智能解析案情要素，模型可快速生成结构完整的基础文本，将律师从格式编排、常规条款撰写等重复劳动中解放。更深层的突破在于风险防控：模型通过学习，能校验文书合规性，规避“诉讼请求超期”“管辖条款冲突”等常见疏漏。本节从起诉状和答辩状这两类最为常用的诉讼文书入手，探讨通用大模型与法律专业大模型在此场景中的表现差异。

1. 文书生成评测维度

基于法律文书制作的任务特性，综合评判准则设置如下：

（1）法律准确性：重点考察法条引用正确性（生成的文书中引用的法律条文是否准确无误，是否与当前法律体系一致）、法律逻辑严谨性（法律推理是否符合逻辑，结论是否基于法律事实和条文推导而来）以及案例适配性（生成的文书是否适配具体案例的事实和法律关系，是否存在法律适用错误）。

（2）专业性与规范性：关注术语规范性（是否使用符合法律行业标准的专业术语，避免口语化或模糊表述）、格式合规性（生成的文书是否符合特定法律文书的格式要求）以及表述严谨性（是否避免歧义表述，确保条款清晰明确）。

（3）逻辑结构与论证能力：注重论证充分性（是否通过事实和法律条文形成逻辑闭环，是否存在论证漏洞）以及争议点预判能力（是否预判潜在法律风险并提出针对性条款）。

对于答辩状这类文书，还特别强调抗辩逻辑严密性（包括抗辩体系构建、反驳策略针对性、法律要件分解等）和风险控制能力（包括自认风险规避、综合风险提示及反诉提示机制等），以评估模型能否避开法律陷阱，提供正确的答辩思路。

2. 起诉状生成实例与对比

针对起诉状生成场景，设计了两个查询样本，分别考察大模型在信息完整场景和信息缺失场景下的文书生成能力。

第一个查询提供了完整的当事人信息、案情描述、拟定诉讼请求和现有证据，主要检测大模型对结构化信息的精准转化能力。

输入："你是原告陈三三的代理律师胡超律师，请帮我起草一份起诉状，基本案情：陈三三（男，1988年7月14日生，福建漳州人）于2020年2月12日与被告李四（男，1974年7月2日生，广东汕头人）签订借款合同，约定原告向被告出借50万元整借款，借款期限为2年，月利率为12%，利息半年一付。2020年2月14日，原告采用银行转账的方式向被告支付了借款。王五为李四的借款提供连带责任担保，担保期限为3年。直至2021年8月，被告均按期支付利息，但是自该时间段以后，被告开始拖欠利息，经原告多次催告，被告均不支付。截至今日，被告仍未向原告支付拖欠的本金和利息。

现，原告起诉被告返还50万元本金，并按照12%的月利率支付利息，计算至被告实际偿还借款为止。并要求被告承担原告为维权支付的律师费、诉讼费等费用。王五对上述款项承担连带责任。原告提供的证据包括：1.借款合同 2.银行转账凭证 3.原被告之间催款的聊天记录 4.收条 5.委托代理合同和律师费发票。"

在信息完整的第一个查询中，DeepSeek 和法律专业大模型小理 AI 生成的起诉状在格式和相关术语的使用上基本符合规范，逻辑清晰，结构完整，要素齐全。不过起诉状格式略有瑕疵，比如在事实与理由部分中采用括号形式，此种表达方式不符合实务中起诉状的常见习惯。

两个大模型均在指令词之外，针对案件事实进行分析，结合用户所提诉请可能存在的风险，主动提供风险提示和解决方案，如同时指出月利率12%（年利率144%）超出司法保护上限，建议调整诉讼请求。

二者的差异在于以下方面：对于利息的起算日期，小理 AI 用"2021年8月××日"代替未知日期，保持了法律表述的严谨性，而 DeepSeek 则表述为"从2021年9月1日开始计算"，该日期无任何依据，为模型自行编造的日期，显示出通用大模型在精确法律事实表达上的不足。对于证据，小理 AI 不仅列明证据还另外指明了证据的证明内容，超出提示词范围提供了实务性帮助。对于风险提示，小理 AI 提供了具体法条依据，而 DeepSeek 未引用具体法条。

此外，DeepSeek 在法律推理过程中存在时间认知错位问题，导致错误适用法律，显示出通用模型在法律关系准确把握上的局限。本次场景提问的日期为 2025 年 2 月，根据本案案情，借款期限应当在 2022 年 2 月届满，担保期限在 2025 年 2 月届满。但 DeepSeek 在分析过程中数次提到"提前还款""预期违约"，要么是因为 DeepSeek 不知道现在的时间，这可能与其训练数据时效有关，或者是与其动态时间感知缺失有关；要么是因为 DeepSeek 对法律文本的碎片化学习，导致其只学习到「违约→赔偿」「违约→解除合同」等表层关联，但未建立「违约类型→法律要件→救济路径」的逻辑树，实际上没有建立清晰的对法律关系的认知，把不适用的不安抗辩权、预期违约等相关法律规定用于分析本案，导致不知所云。

第二个查询仅提供案情，删去了证据和预先拟定好的诉请，重点测试大模型的法律逻辑主动推理能力与信息缺失场景下的补全能力。

输入："你是原告陈三三的代理律师胡超律师，请帮我起草一份起诉状，基本案情：陈三三（男，1988 年 7 月 14 日生，福建漳州人）于 2020 年 2 月 12 日与被告李四（男，1974 年 7 月 2 日生，广东汕头人）签订借款合同，约定原告向被告出借 50 万元整借款，借款期限为 2 年，月利率为 12%，利息半年一付。2020 年 2 月 14 日，原告采用银行转账的方式向被告支付了借款。王五为李四的借款提供连带责任担保，担保期限为 3 年。直至 2021 年 8 月，被告均按期支付利息，但是自该时间段以后，被告开始拖欠利息，经原告多次催告，被告均不支付。截至今日，被告仍未向原告支付拖欠的本金和利息。"

在信息缺失的第二个查询中，随着输入信息完整度的降低，DeepSeek 在文书格式的规范性上表现出明显退化，采用了分点列举的方式，实际上不符合实务中成段论述的习惯，实用性不高。可见，query 输入信息完整度的降低，也会导致通用模型生成文书格式规范率的下降。与此同时，小理 AI 的文书格式则保持一致性。风险提示方面，小理 AI 还注意到了担保范围，并对及时申请财产保全以防止被告转移财产、庭审辩论准备以及向法院提交材料份数提供了额外提示，更符合实务场景需求。

3. 答辩状生成实例与对比

为深入评估大模型在法律推理和抗辩逻辑方面的能力，本次场景设计时，有意识地在案例中设置了多个陷阱，要求生成被告方答辩状。这些陷阱包括诉讼时效问题、管辖权问题、合同效力问题（未成年人签约）、利息利率超限问题、还款期限未到以及本金与实际转账金额不符等。

输入："你是被告李四的代理律师，请帮我起草一份答辩状，基本案情：原告陈三三（男，1998 年 7 月 14 日生，福建漳州人）于 2020 年 2 月 12 日与被告李四（男，2005 年 7 月 2 日生，广东汕头人）签订借款合同，约定原告向被告出借 50 万元整借款，借款期限为 6 年，月利率为 12%，利息半年一付。借款合同签订当日，原告采用银行转账的方式向被告支付了 48 万元借款。被告自 2021 年 8 月开始拖欠利息，未按时支付。

现原告向深圳市南山区人民法院起诉要求：被告李四返还 50 万元本金，并按照 12% 的月利率支付利息，计算至被告实际偿还借款为止，并要求被告承担原告为维权支付的律师费、诉讼费等费用。"

以上提示词设置了以下陷阱：

（1）诉讼时效问题：依据利息半年一付的约定及被告从 2021 年 8 月开始拖欠利息的事实，被告应当于 2022 年 2 月支付 2021 年 8 月至 2022 年 2 月的利息。笔者向大模型提问的时候为 2025 年 3 月 19 日，如果原告未向被告催收过利息，这部分利息的诉讼时效已过。

（2）管辖权问题：原、被告双方并未在借款合同中约定管辖法院，根据《民事诉讼法》的有关规定，应当由被告所在地人民法院（广东省汕头市有管辖权的人民法院）或者是"接受货币一方所在地"人民法院（福建省漳州市有管辖权的人民法院）

管辖。但是在本案中，原告向深圳市福田区人民法院起诉，对此被告应当提出管辖异议。

（3）合同效力问题：被告李四为 2005 年 7 月 2 日生人，借款合同签订时间为 2020 年 2 月 2 日，被告李四签订借款合同时年仅 15 岁，为限制民事行为能力人，其签订的借款合同的效力待定，需要判断该法律行为是否与其年龄、智力、精神健康状况相适应，否则需要经其法定代理人同意或者追认后有效。

（4）利息利率问题：借款合同中双方约定利息月利率为 12%，显然超过法律规定的法定利息上限。与此同时还存在利息分段计算等问题。

（5）还款期限未到：依据借款合同的约定，借款期限为 6 年，即该笔借款应当于 2026 年 2 月 12 日到期，原告此时起诉是在借款未到期情况下要求被告提前还款。

（6）本金问题：借款合同约定借款 50 万元，但实际转账 48 万元，这里可能存在“砍头息”的问题，因此需要从本金数额上进行答辩，减少本金部分的责任。

参与测试的通用大模型为文心一言 X1、DeepSeek-R1、通义千问 QwQ-32B、kimi1.5、豆包，以及法律专业大模型（得理法律大模型）。测试结果显示各模型表现存在显著差异。

在文书格式与表述规范性方面，大多数通用大模型能够生成基本符合规范的答辩状格式，但 kimi1.5 的表现最不理想，缺少被答辩人信息，将首部、尾部、证据清单直接混杂在答辩状中。法律专业大模型则在专业术语使用上更为准确，符合法言法语的专业表达习惯。

在法律陷阱识别能力方面，通用大模型表现参差不齐。文心一言 X1 识别出本金问题、合同效力问题和利息超限问题，但未能发现管辖权和诉讼时效问题。DeepSeek-R1 是唯一在思考过程中注意到管辖权问题的通用模型，显示其推理深度，但最终未将此点纳入答辩状。kimi1.5 和豆包则存在严重的“爱联想”问题，会提出案情之外的猜测性内容，降低了答辩状的实用性。

法律依据准确性方面，多数通用大模型在数据引用上存在虚构情况。如千问和 DeepSeek-R1 都提供了错误的 LPR 数据，kimi1.5 则在引用法条时出现错误定位。千问在利息计算方法上表现出对法律理解的不足，未能正确分段计算利息。豆包虽能理解需按 LPR 四倍作为基准衡量利息上限，但无法分析应使用合同订立时的 LPR，错误地使用了当前 LPR 作为评判标准。

与通用大模型相比，法律专业大模型在陷阱识别上表现最为全面，成功识别了诉讼时效、管辖权、合同效力、利息利率、还款期限和本金问题等全部六大陷阱。特别是在诉讼时效和管辖权这两个容易被忽视的问题上，法律专业大模型提供了专业、准确的分析。对于利息计算，法律专业大模型意识到需按法律规定分段调整，显示出对法条更深入的理解。在分析原告请求被告承担律师费和诉讼费的诉请时，法律专业大模型不仅从合同未约定角度分析，还指出被答辩人明知答辩人未成年仍签订合同存在重大过错，分析更为专业、完整。

值得注意的是，多数通用大模型在处理限制民事行为能力人签约问题时，错误地虚构了答辩人法定代理人信息，并作为诉讼主体在答辩状中列明，即使提示词中并无此信息。这种“过度创造”反映出通用大模型对法律关系理解的局限性。

4. 模型能力差异分析

通过对起诉状和答辩状两类文书的生成测试，我们可以总结出法律专业大模型与通用大模型在诉讼文书生成应用场景中展现的能力差异：

（1）法律知识准确性与应用：通用大模型虽有出色的逻辑推理能力，但在法律关系精准识别和法条适用方面存在认知偏差，如时间认知错位导致法律条款的错误引用；而法律专业大模型由于法律知识图谱重构了底层语义空间，能够更准确区分专业法律概念和应用场景。

（2）信息缺失应对能力：当输入信息不完整时，专业模型能保持格式稳定性和专业性；而通用模型易出现规范性降低的问题，显示出专业模型在特定领域的“韧性”优势。

（3）风险预判与提示能力：法律专业大模型对法律风险点的识别更全面，提示内容更加贴合实务需求，且能提供具体法条依据；而通用大模型的风险提示相对笼统，缺乏权威法律依据支撑。

（4）法律陷阱识别能力：在包含多重法律陷阱的复杂场景中，法律专业大模型能更全面地识别潜在法律问题，特别是在诉讼时效、管辖权等程序性问题上表现突出；而通用大模型往往只能捕捉到最明显的实体法问题，对程序法问题的敏感度不足。

（5）幻觉控制能力：通用大模型因缺乏全面、专业的法律数据支撑，在法律法规引用与数据处理时容易产生幻觉，如错误引用法条、虚构数据等；而法律专业大模型通过严格约束法律专业数据的边界，有效控制了幻觉问题。

（6）法律文本生成鲁棒性：随着输入信息完整度降低或复杂度提高，专业模型保持格式一致性和法律严谨性的能力明显优于通用模型，表明其在特定领域的训练更为深入。

综合评估结果表明，法律专业大模型通过法律知识图谱重构底层语义空间，使得法律概念的向量表达更贴近实务场景，能够准确区分不同类型的法律纠纷。同时，RAG（检索增强生成）接入最新法律动态数据源，能够避免因训练数据冻结导致的"法律僵尸条款"问题。更重要的是，法律专业大模型严格约束法律专业数据的边界，避免通用大模型因多领域数据混杂导致的概念污染，将推理过程建立在真实有效的数据之上，提供数据溯源以供实时校验，能够消除通用大模型的幻觉问题。

在诉讼文书生成应用场景中，通用大模型凭借优秀的逻辑推理能力可提供初步文书框架和思路启发，法律专业大模型则能确保法律适用准确、风险提示全面、格式规范一致。法律从业者在选择 AI 辅助工具时，应当根据文书复杂度和专业要求灵活选择，以实现效率与准确性的最优平衡。特别是在涉及多重法律陷阱的复杂场景中，法律专业大模型的专业优势更为明显，能够提供更全面、准确的法律支持。通过双模型协作，律师能够更有效地完成文书起草工作，将更多精力投入法律创新思考与客户服务中去。

第二章

法律应用场景

2.1 功能场景

2.1.1 法律决策辅助

大语言模型在法律服务领域扮演着重要角色，能够为当事人和律师提供决策辅助。首先，大语言模型能为当事人提供律师选择的指导和建议，例如通过分析历史案件数据，预测哪些律师在类案中有较高的胜诉概率，从而根据用户的需求匹配合适的律师。其次，在案件预测阶段，大语言模型能够分析原告和被告的诉辩理由、证据材料及类似案件的裁判结果，预测案件判决走向，帮助当事人作出更理性的诉讼决策，如是否上诉或和解。当数据足够丰富时，模型还能分析预测出哪些法院在类案中更愿意支持当事人的诉请，哪些法院执行效率更高，等等，有效地提高了法律服务的效率和精确度。

在司法实践中，大语言模型的应用价值同样显著。例如，上海法院大力推进数字法院建设，将法律适用规则、裁量尺度标准、关联案件信息、文书写作规范等嵌入办案系统，实现自动分析、自动推送、自动预警。案件办理不再仅仅依赖法官个体的智慧和思考，而是得到了大数据智能分析系统的全面支持。在具体应用场景中，法院针对适法不统一和裁量权滥用的问题，研发了数十个类案应对方式，例如“销售假货刑事案件适法统一”“职务发明奖酬案件适法统一”“危险驾驶案件适法统一”等。这些方式能在办案时即时提供权威案例处理规则，有效统一法律适用标准，提升司法公正和效率。此外，在审判监督管理方面，数据与智能应用的结合能够常态化地对司法数据进行“体检”，及时发现如诉讼效率低、程序不规范、司法廉政隐患、法律文书瑕疵等问题，实现全流程系统性的监督。

域外对人工智能在法律决策方面的研究和应用更为丰富。例如，美国部分州使用了再犯风险预测系统（COMPAS），法官根据系统对罪犯再犯风险的预测结果来调整量刑；还有一项美国研究表明，机器在处理保释问题时，相比于法官，能够作出更为精准的决策。具体而言，如果用机器替代法官进行保释决策，预计在监狱在押人员规模不变的情况下，能够降低 20% 的犯罪率。

2.1.2　法律文书起草

大语言模型通过分析大量的法律文书和案例样本，能够理解并运用法律术语和格式规范，辅助律师高效地起草各类法律文件，如合同、诉状、遗嘱和法律意见书等。模型能够基于提供的关键信息和特定的法律要求，快速生成结构合理、措辞准确的文书草稿或提供合适的文书范本，显著提升撰写效率和质量。在具体使用场景中，用户只需要输入如“请帮我生成一份劳动合同”或“请提供一份劳动合同范本”的指示，大语言模型会根据指示作出响应。此外，大语言模型还具备文书审核和校对的功能，确保文书内容的合法性、准确性和一致性，减少因人为疏漏导致的风险。在进行复杂的法律分析和策略制定时，大语言模型能主动提供相关的法律条文、案例引用和专业建议，帮助法律工作者更好地理解案件背景，制定有效的法律策略。

2.1.3　合同审查

大语言模型能够快速识别合同中的关键条款，自动生成合同摘要，辅助用户快速识别合同中的关键要素和潜在风险。这些模型能够自动化执行合同中的义务、权利、违约责任等条款的提取，进行法律合规性检查，确保合同的合法性和准确性。此外，大语言模型还能够提供合同比对服务，通过分析不同版本或相关合同的异同点，帮助用户理解合同的变更和影响。特别是在法律尽职调查中，大语言模型能够系统、全面地对目标公司或项目相关的重要合同进行分析，评估合同的有效性及潜在风险，这些功能大幅提高了审查工作的效率，降低了成本，为法律工作者提供了强大的技术支持，在法律实务中发挥更大的作用。

2.1.4　法律问题研究

大语言模型在法律问题研究的应用中展现出了强大的潜力，它们通过分析和理解大量的案例、法律法规、文章，为法律专家和研究人员提供深入的见解和支持。这些模型能够快速地从复杂的法律文本中提取关键信息，识别法律概念和原则，辅助构建和完善法律理论框架。在进行法律问题研究时，大语言模型能够协助用户识别相关案例和法律条文，提供过往案例的比较分析，甚至预测法律问题的可能判决趋势，据此生成详尽的法律分析报告。此外，通过整理和归纳不同学者、法律工作者的文章与观点，这些模型为用户呈现丰富的知识背景和多角度的观点启发。

2.1.5 法律检索

有效的法律检索能力既是法律工作者必备的专业技能之一，也是法律人的基本功。法律检索，是指在庞大的法律文献库中，通过特定的查询条件，快速定位并获取与法律问题相关资料的过程。这些资料可以是法律法规、判例、法律评论、学术论文等，涵盖了法律领域的各个方面。法律检索既是获取法律信息的途径，也是关键性的阶段，资料的齐备、准确、有效与否，一定程度上决定案件的成败，关系当事人的利益。

在当今信息化时代，法律检索作为连接法律知识与实务操作的重要桥梁，其重要性不言而喻。传统的法律检索方式在历经多年的实践与运用后，已暴露出诸多局限与不足。与此同时，以法律大语言模型为代表的创新型检索工具，正以其独特的优势引领着法律检索领域的发展方向。

1. 传统的法律检索

传统的法律检索主要依赖搜索引擎和电子数据库的关键词搜索，这些方式在一定时期内确实满足了法律工作者的基本需求，但随着法律体系的不断完善和案件类型的日益复杂化，传统法律检索方式的弊端逐渐显现。从用户的角度来看，这种弊端主要体现在检索准确性不足和整合效率较低两方面。

（1）检索准确性不足

传统的法律检索方法通常依赖关键词匹配或布尔逻辑查询。可以说，关键词的确立是法律检索的起点，无论是法律法规、案例还是观点检索都以关键词为指引，但这种“字面匹配”的检索方式往往只能匹配到包含特定关键词的文档，而无法理解查询背后的真正意图和实际需求。例如，当我们设定“职工、见义勇为、工伤”作为关键词，想检索职工见义勇为受伤能否视为工伤的相关案例，检索结果会显示所有含“见义勇为”字样的裁判文书，其中包括“见义勇为”一词偶然出现但实际与法律案件内容无关的文档，需要用户人工进行二次筛选。此外，在面对不熟悉或复杂的法律问题时，用户可能难以精确提炼出合适的关键词或对关键词进行组合。

此外，在对陌生领域的法律问题进行研究时，法律检索正是为了熟悉该领域的法律规定或裁判观点，又如何能针对这个领域的理解提炼出合适的关键词？这就成了一个悖论。

由此可见，实现检索目的需要用户具备较高的法律专业素养和对案件背景的深入理解，才能精准地提炼出能够全面反映检索意图的关键词组合。对于法律初学者或新手律师而言，案件的复杂性和法律术语的多义性无疑增添了法律检索的难度。

如果在未识别法律问题或识别错误的情形下盲目搜索，可能会得到过于宽泛或过于狭窄的检索结果，甚至无法匹配到想要的内容，检索的效率和准确性大大降低。具体而言，传统检索系统由于缺乏上下文理解能力，只能机械地根据关键词的匹配程度来排序和展示检索结果，从而忽略了法律文本之间复杂的逻辑关系、历史沿革以及实际应用中的差异，因此往往难以准确地反映出检索结果与用户实际需求之间的相关性。用户需要在海量的检索结果中手动筛选、比对，不断调整关键词的广度与深度，甚至需要深入阅读多份文件才能找到真正有用的信息。这种“试错式”的筛选过程不仅增加了用户的工作负担，还可能因为人为疏忽而遗漏关键信息，进而影响最终法律决策的准确性。

同时，法律是一个动态发展的领域，新的法律法规、司法解释和案例层出不穷。传统的法律检索工具，无论是纸质的法律汇编、法律报告，还是电子数据库，其数据更新机制存在明显的延迟，主要是因为其更新流程依赖人工收集、整理和录入，从发布到被纳入检索系统存在一定的时间间隔。系统检索过程只能覆盖已索引的文档，而无法实时或全面地访问所有相关的法律资源。实时性要求检索系统能够即时反映法律环境的最新变化，全面性则意味着系统应当覆盖所有可能相关的法律文献，包括但不限于法律法规、司法判例、学术论文乃至实务观点等。由于技术限制和资源约束，传统法律检索工具很难同时满足这两个要求。这意味着，用户在进行法律检索时，只能接触到截至某一时点的数据，存在遗漏信息的风险，从而影响其法律判断和分析的时效性和准确性。

（2）整合效率较低

传统的搜索引擎通过网络爬虫技术将互联网上的信息抓取下来，并以链接列表的形式展示给用户。然而，这种方式只是简单地提供了信息的入口，缺乏对信息本身的理解和深度整合。尽管有时候搜索结果页面的检索结果或摘要会展示部分信息，但用户通常需要点击进入数个不同的链接，浏览全文才能找到相关信息。之后，用户需要手动将收集到的信息进行整理、去重、分类和编辑，以便形成一份完整、有序的检索报告。这一过程不仅耗时费力，还容易因为人为因素导致信息丢失或错误。

此外，在复杂的检索场景中，传统检索工具展现的“抽取式”答案往往过于冗长，用户难以快速捕捉到核心信息，信息获取效率较低。因此，用户会手动将复杂检索分解为一系列更为简单的查询。由于传统搜索引擎和电子数据库缺少上下文理解的能力，它们无法察觉到各个查询之间的联系，也无法与用户进行多轮交互，理解用户意图，因此，其检索的结果也是针对各个简单查询的独立回答，需要用户重新进行组织、整理。

2. 创新法律检索工具——以得理法搜为例

相较于传统法律检索工具，得理法搜的智能检索功能更为灵活便捷，支持包括语义检索、关键词检索和长文本检索在内的多重检索方式，扩展了传统信息检索的范围，将其从单纯的文档检索扩展为实体和知识的检索。其中语义检索使搜索引擎的工作不再拘泥于用户输入的请求语句的字面本身，而是透过现象看本质，准确地捕捉到用户所输入语句后面的真正意图并以此来进行搜索，从而更准确地向用户返回最符合其需求的搜索结果。

2.2　用户场景

2.2.1　司法工作者

在当今数字化转型的时代，法律大模型作为一种前沿技术，在司法领域的应用价值日益凸显。在司法实践的广阔舞台上，司法工作者承担着维护社会公平正义的重要职责，法律大模型的引入为他们提供了一个前所未有的智能辅助工具，极大地丰富了他们的工作手段，提升了工作效率和质量。下面，我们将更深入地探讨法律大模型如何在案件智能归类、匹配参考以及司法决策支持系统中，为司法工作者带来实质性的帮助，同时探索其在提升司法工作质量、效率以及促进司法公正等方面的广泛应用场景。

1. 案件智能归类与匹配参考

在司法实践中，面对堆积如山的司法案例，司法工作者常常需要花费大量时间和精力去筛选、分析和对比，以寻找与当前案件相关的判例。这一过程不仅烦琐，而且容易受到个人主观因素的影响。随着法律大模型的引入，这一难题得到了有效的解决。

法律大模型利用先进的自然语言处理技术和深度学习算法，能够对海量的司法案例进行智能分析。它首先通过识别案件中的关键信息，如案件类型、当事人情况、涉及的法律条款等，对案件进行初步的理解。接着，模型会根据这些特征，自动对案件进行归类，将相似的案件聚集在一起。这样一来，司法工作者便能够轻松地在模型生成的分类结果中，找到与当前案件最为接近的类别。这种智能归类不仅提高了分类的准确性，还大大缩短了案件处理的前期准备时间。

不仅如此，法律大模型还能够在案件归类的基础上，根据案件的具体细节，在海量的历史案例库中进行智能检索，找出与当前案件具有高度相似性的历史案例。相似性的判断不仅基于表面的关键词匹配，还考虑了案件的深层次语义信息，以找到与当前案件在事实、法律适用等方面具有相似性的判例。这些相似案例不仅为司法工作者提供了宝贵的参考依据，还有助于他们更全面地了解案件的背景和可能的处理结果。

对于匹配到的相似案例，法律大模型还能够提供深入的判例分析。它可以自动提取判决理由、适用法条、量刑考虑因素等关键信息，并以结构化的方式呈现给司法工作者。这种智能化的判例分析大大减少了人工阅读和整理的工作量，使司法工作者能够更高效地吸收和利用历史案例的经验。凭借其学习能力，大语言模型能够通过对大量案例的分析，识别出某类案件的共同特征和处理模式。这种洞察能力可以帮助司法工作者更快地理解新案件的本质，并预见可能出现的法律问题和争议点。此外，法律大模型具备持续学习的能力，可以不断吸收新的案例和法律变化。这意味着案件归类和匹配系统可以保持与时俱进，确保司法工作者始终获得最新、最相关的案例参考。

综上所述，借助法律大模型的智能检索和分析功能，司法工作者可以迅速从海量的司法案例中找到相关判例，大大节省了时间和精力。他们可以在短时间内对案件进行深入研究，提高案件处理的效率和准确性。这不仅有助于减轻司法工作者的工作负担，还能够提升司法系统的整体运行效率，同时也确保了裁判的一致性和公正性。

2. 司法决策支持系统

司法决策过程往往充满复杂性与不确定性，特别是那些涉及多重法律关系、疑难复杂的案件，需要综合考虑法律规定、案件事实、社会影响等多方面因素，这就要求司法工作者具备深厚的法律素养、敏锐的逻辑思维和丰富的实践经验。法律大模型在此背景下，如同一个智慧的导航仪，为司法决策提供有力的支持。

通过集成先进的机器学习算法，法律大模型能够快速对案件信息和案件材料进行全面而深入的分析，从海量数据中提炼出关键的法律要素、争议点以及可能的裁判路径。它可以自动识别案件中的法律问题，并将这些问题与相关法律条文进行匹配。在此基础上，它能够运用逻辑推理和模式识别技术，基于对案情的理解，对案件事实进行逻辑分析，模拟法律推理过程，推导出可能的法律结论，生成一系列的辅助决策建议。对于复杂案件，法律大模型还可以生成多个可能的处理方案，并对每个方案进行利弊分析。这种多方案比较为司法工作者提供了更广阔的决策视角，有助于作出更加周全的判决。这些建议不仅涵盖法律适用的多种可能性，还包括对各种裁判结果的预期影响评估。这种自动化的法律推理为司法工作者提供了初步的思路参考，大大减轻了司法工作者在案件初审阶段的工作负担，帮助司法工作者多维度权衡利弊，避免法律适用的机械性和片面性。另外在刑事案件中，法律大模型可以基于案件具体情况和历史判例，提供量刑建议。系统会考虑犯罪行为的性质、情节、社会危害程度以及被告人的个人情况等因素，给出符合量刑规则的处罚范围建议。这有助于确保量刑的一致性和公正性。

基于案件分析和决策建议，法律大模型还能够辅助生成初步的法律文书草稿。包括判决书、裁定书等各类司法文书。自动生成的文书草稿可以大大提高司法工作者的工作效率，让他们将更多精力集中在案件的实质性问题上。

值得一提的是，法律大模型还能动态跟踪法律变迁，及时更新相关法律条文解释、司法解释及裁判规则的变化，确保决策建议的时效性和准确性。在处理新型、疑难案件时，这种动态更新机制尤为重要，它能有效引导司法工作者在遵循法律原则的同时，把握法律发展的最新趋势，作出既符合法律精神又适应社会发展需求的裁判。同时法律大模型具有自我学习和改进的能力，通过分析司法工作者的实际决策和反馈，系统可以不断优化其推理模型和建议质量，使决策支持更加精准和实用。

结　语

总之，法律大模型作为司法领域的智能助手，正逐步改变着司法工作者的工作方式和决策逻辑，它不仅提升了案件处理的效率和质量，更是为司法公正提供了强大的技术保障。法律大模型的作用在于为司法工作者提供更全面、更深入的信息支持，帮助他们在复杂的案件中更好地把握关键要素，作出公正、合理的判决。随着技术的不断进步和应用场景的持续拓展，法律大模型有望在未来的司法实践中发挥更加深远的影响，为推动司法现代化和提高司法公信力做出重要贡献，助力构建一个更加高效、透明、公正的法治社会。

2.2.2　律师

在法律服务领域，法律大模型的引入不仅重塑了律师的工作模式，还为律师和律所的业务流程带来了前所未有的创新与优化。以下将详细探讨法律大模型在律师工作中的几个主要应用场景：证据链整理分析、案件分析与风险评估。我们还可以进一步探索该技术如何在其他核心领域发挥其独特价值，即法律文书自动化生成与审查、客户咨询服务与客户关系管理的智能化升级。

1. 证据链整理分析

法律大模型能够协助律师对复杂的证据链进行整理和分析，识别关键证据，评估证据的有效性和证明力，提高律师在证据收集、整理、审查等环节的工作效率和准确性。在复杂的法律案件中，证据的收集、整理和分析往往是最为耗时耗力的环节。法律大模型在这一领域的应用可以大大提升律师的工作效率和准确性。

首先，法律大模型能够自动识别和分类各种形式的证据，包括文字材料、图片、音视频等。它可以根据证据的内容、形式和与案件的相关性进行智能分类，帮助律师快速建立有序的证据库。这种智能化的证据管理方式，不仅提高了工作效率，还减少了人工整理的误差。通过自然语言处理技术，法律大模型可以从海量的证据材料中提取关键信息。比如识别重要的日期、人名、地点、事件描述等，为律师提供证据要点的概览。

其次，法律大模型可以基于法律规定和司法实践，对每项证据的有效性进行初步评估。它可以标识潜在的证据瑕疵，如证据来源的合法性、证据形式的完整性等，帮助律师在庭审前发现并解决证据问题。进一步地，法律大模型还可通过深度学习技术，有望做到有效地评估每项证据的证明力，并将其与案件争议焦点进行匹配。这有助于律师了解哪些证据对案件最为关键，从而在庭审中更有针对性地使用证据。

此外，法律大模型可以协助律师构建完整的证据链。它能够分析证据之间的逻辑关系，识别证据链中的薄弱环节，并提示可能需要补充的证据类型。它还可以分析对方可能提供的证据，并给出潜在的反驳点和策略建议，帮助律师做好应对准备。

2. 案件分析与风险评估

法律大模型可以对案件进行深度分析，评估案件胜诉的可能性、法律风险点及潜在影响，帮助律师制定更加全面、科学的诉讼策略，降低诉讼风险。法律大模型在案件分析和风险评估方面的应用，可以帮助律师更全面、深入地理解案情，制定更有效的诉讼策略。

在案情要素分析方面，法律大模型能够快速分析案件材料，提取关键事实和法律问题。它可以将复杂的案情归纳为几个核心要素，帮助律师抓住案件的本质，从而更好地理解案件。这种全面分析的方式，不仅提高了律师的工作效率，还增强了案件处理的准确性。

在法律适用方面，法律大模型可以根据案件特征，自动匹配相关法律条文、司法解释和指导性案例。它能够提供全面的法律适用建议，包括可能存在的法律争议点。

在风险评估方面，通过分析类似案例的判决结果和本案的具体情况，法律大模型有望做到对案件的胜诉可能性进行量化评估。这有助于律师和当事人做出更理性的诉讼决策。同时，法律大模型能够通过大量学习，学会识别案件中可能存在的法律风险点，如证据不足、法律适用争议、程序瑕疵等，并为每个风险点提供详细的分析和应对建议。在未来，法律大模型甚至可以基于大数据分析，预测可能的判决结果，包括赔偿金额、刑期等具体内容。这有助于律师在诉讼策略和和解谈判中做出更明智的决策。最后，对于判决结果，法律大模型可以分析上诉的可行性和潜在风险，为律师提供参考意见。

3. 法律文书智能生成

法律文书的撰写是律师工作中不可或缺的一部分，对诉讼律师和非诉律师来说，准确、严谨的法律文件是确保案件和事务顺利进行的关键，法律大模型在法律文件的起草和审查方面也能为律师提供重要帮助。通过对大量法律文书的分析，法律大模型能够在起草和审查法律文件时提供智能支持。

首先，法律大模型可以根据案件类型和具体需求，自动匹配合适的法律文书模板。比如能够根据案件的特殊性，选择最贴合的表达方式和结构；也可以根据不同的文书类型和目标读者（如法官、对方律师、当事人）自动调整文字风格，确保文书的专业性和可读性。

其次，基于对案情的理解，法律大模型可以自动填充法律文书中的基本信息，如当事人信息、案件事实概要等。这大大减少了律师在文书撰写初期的重复性工作。

法律大模型还能提供法律条款和案例的引用建议。在起草和审查法律文件时，引用合适的法律条款和案例是非常重要的。通过对大量法律条款和案例的分析，法律大模型能够在适当的位置提供引用建议，帮助律师增强法律文件的权威性和说服力，构建逻辑严密的法律推理过程。

最后，法律大模型还能够执行高级的文档审查功能，对已有的法律文件进行语法、逻辑、法律条款适用性等方面的检查，识别可能存在的语法错误、逻辑矛盾或表述不当之处，并提供优化建议，以确保文件无误。对于非诉律师而言，这在审核合同等法律文件时尤为重要，它能够快速识别出不利于客户的条款、潜在的合规风险点，从而在谈判前及时调整策略，保护客户的利益。

对于涉外案件，系统可以提供多语言的文书生成支持，确保翻译的准确性和专业性。

4. 客户关系管理与业务拓展

法律大模型在律师和律师事务所的实际工作中扮演着越来越重要的角色，不仅在案件处理方面提供支持，还能显著提升客户关系管理和业务拓展的效率。这一智能化工具的引入为法律服务行业带来了革命性的变革，使得律师事务所能够提供更加高效、专业的服务。

在客户服务方面，法律大模型的应用使得律师事务所能够提供 24 小时在线的智能咨询服务。借助自然语言处理技术和知识图谱，模型能够理解并回答客户关于法律问题的基础咨询，如法律程序、权利义务、常见法律纠纷解决方案等。这不仅能够即时响应客户的需求，减少等待时间，还能够为律师筛选出真正需要深度法律服务的复杂案例，从而让律师能够集中精力处理高价值工作，提高事务所的整体服务质量和效率。

对于诉讼律师而言，法律大模型的应用意味着他们可以更快地接收到经过初步筛选的有效咨询，直接深入法律策略讨论，为案件的成功代理奠定基础。对于非诉律师，这种智能化咨询服务有助于他们及时捕捉市场动态，发现潜在的业务机会，如企业并购、合规审查、知识产权布局等，进而提供定制化的法律服务方案。

在客户需求分析方面，法律大模型通过分析客户的咨询内容和历史案件，能够深入理解每个客户的法律需求和潜在风险点，从而帮助律师提供更有针对性的法律服务。系统还可以根据客户的具体情况，生成个性化的法律建议和风险提示，这种主动式的服务不仅能增强客户黏性，还能显著提高客户满意度。

法律大模型在业务拓展方面也发挥着重要作用。它可以分析市场动态和法律政策变化，识别潜在的业务机会，如新法规出台可能带来的法律咨询需求，或某一行业面临的共同法律挑战等。对于律师事务所，系统还可以根据每个律师的专长和经验，智能匹配最合适的客户和案件，优化资源配置。

通过分析大量的案例数据和市场信息，法律大模型能为律师事务所提供行业趋势报告，帮助制定业务发展战略。同时，系统可以自动整理律师和律师事务所的案例经验、法律研究成果，构建结构化的知识库，这有利于经验传承和团队协作。

此外，法律大模型还能分析客户反馈，提取关键信息，帮助律师和律师事务所持续改进服务质量。这种全方位的智能化支持，不仅提高了法律服务的效率和质量，还为律师事务所的长远发展提供了强有力的技术支撑。

结 语

法律大模型在证据链整理分析、案件分析与风险评估、法律文书智能生成以及客户关系管理与业务拓展等方面的应用，正在为律师群体带来前所未有的助力。这些智能化工具不仅提高了工作效率，还有助于提升法律服务的质量和精准度。

然而，需要强调的是，法律大模型仍然是辅助工具，律师的专业判断、丰富经验和职业道德仍然是不可或缺的。法律大模型的作用在于为律师提供更全面、更深入的信息支持和分析工具，帮助他们在复杂的法律环境中做出更明智的决策，为客户提供更优质的法律服务。

随着技术的不断进步和法律实践的深入应用，法律大模型将在未来的律师工作中发挥越来越重要的作用，推动法律服务行业向更高效、更精准、更智能的方向发展。同时，律师也需要不断学习和适应新技术，将人工智能工具与自身的专业素养相结合，在竞争日益激烈的法律服务市场中保持竞争优势。

2.2.3 法务

在企业的法务部门中，法律大模型的应用潜力是巨大的。它不仅可以帮助法务人员应对日常的法律事务，还能在复杂的法律问题中提供有价值的见解和建议。下面将详细介绍一些法律大模型在企业法务部门中可能提供实际帮助的使用场景。

1. 合同审查与智能生成

合同是企业日常运营中不可或缺的一部分，法务人员通常需要花费大量时间审查合同文本，以确保其符合法律法规，并降低企业的法律风险。法律大模型可以极大地减轻这一负担。合同撰写与审查是企业法务部门的核心工作之一，法律大模型的应用正在为这一领域带来革命性的变革，显著提升工作效率和准确性。这种先进技术不仅能减轻法务人员的工作负担，还能有效降低企业的法律风险。

法律大模型通过深度学习和自然语言处理技术，能够高效地审查合同文本，精准识别其中可能存在的法律漏洞和风险点。它可以自动分析合同内容，识别出如不公平条款、潜在的违约责任不明确、管辖约定冲突等问题。系统会标注这些可能存在问题的条款，并提供针对性的修改建议，直击要害，帮助法务人员迅速完善合同内容。这种智能审查不仅能节省大量人工审查时间，还能避免因人为疏忽而产生的错误，确保每一份合同都能最大限度地维护企业的合法权益。

除了合同审查，法律大模型还具备智能合同生成的能力。基于企业的特定需求和行业标准，系统可以自动生成符合法律规范的合同初稿。法务人员只需输入相关的合同要素，如当事人信息、合同标的、付款方式等，法律大模型就能组合成一份完整的合同文本。这不仅大大缩短了合同起草的时间，还能确保合同文本的规范性和一致性。

法律大模型的功能还包括条款对比分析。对于长期合作伙伴或同类型合同，系统可以比对新旧合同的差异，突出显示修改、增加或删除的条款。这有助于法务人员快速了解合同变化，评估潜在影响。此外，系统还能对合同进行整体风险评估，给出风险等级和具体风险点说明，涵盖法律风险、商业风险和操作风险等多个维度，帮助企业作出更有利的决策。

在合同模板管理方面，法律大模型也发挥着重要作用。系统可以智能管理和更新企业的合同模板库。当法律法规发生变化时，它能自动提示需要更新的模板，并给出修改建议，确保企业始终使用最新、合规的合同模板。

对于跨国企业，法律大模型的多语言支持功能尤为重要。它可以提供多语言合同的审查和生成服务，确保不同语言版本的合同在法律含义上保持一致，有效避免因语言差异导致的法律风险。

总的来说，法律大模型在合同审查与智能生成方面的应用，不仅提高了合同管理的效率和质量，还为企业提供了更全面、更深入的法律支持。然而，需要强调的是，法律大模型仍然是一个辅助工具，企业法务专业人员的专业判断、丰富经验和职业道德仍然是不可或缺的。法律大模型的作用在于为这些专业人员提供更强大的支持，帮助他们在复杂的商业环境中做出更明智的决策，为企业提供更高质量的法律保障。

2. 合规风险监控与管理

在当今复杂多变的商业环境中，企业面临日益严格的合规要求。法律大模型能够在企业合规风险评估与管理方面为法务和合规部门提供重要支持，帮助企业确保业务活动的合法性和合规性。这一先进技术通过对法律法规和企业业务的深度分析，为企业提供了全方位的合规管理解决方案。

法律大模型最显著的功能之一是实时法规监控与更新。它能够有效跟踪国内外法律法规的变化，包括新法律的颁布、现有法规的修订以及相关司法解释的出台。当法律法规发生变化时，模型会自动分析这些变化对企业的潜在影响，并及时向相关部门推送提醒。它还能提供详细的变化内容和解释，帮助企业快速理解和掌握新的法律要求。这种实时监测和智能提示功能不仅提高了企业对法律法规的敏感性，还减少了因法律信息滞后导致的合规风险。

在合规风险评估方面，法律大模型的作用同样举足轻重。它可以基于企业的业务模式和运营数据，进行全面的合规风险评估。系统能够识别企业在不同业务领域和地区可能面临的合规风险，如违反环保法规、劳动法、税法等问题，并提供详细的风险分析报告。这种全面的风险评估功能不仅帮助企业提前识别和防范法律风险，还提高了合规管理的效率和准确性。模型可以根据评估结果为企业提供具体的合规管理建议和策略，如调整业务流程、完善内部控制机制、加强员工培训等，帮助企业全面提升合规管理水平。

法律大模型在合规培训支持方面也发挥着重要作用。系统可以根据不同岗位和部门的特点，生成定制化的合规培训材料。这些材料可以包括法规解读、案例分析和互动式测试，帮助员工更好地理解和执行合规要求，从而增强企业的整体法律意识和风险防范能力。在进行内部合规调查时，法律大模型可以协助分析大量的文档和数据，快速识别潜在的合规问题和异常模式，大大提高了调查的效率和准确性，使企业能够及时发现和解决合规问题。

对于需要管理大量供应商或合作伙伴的企业，法律大模型可以提供自动化的第三方合规尽职调查功能。它可以依据第三方的公开信息，评估其合规风险，并生成尽职调查报告，帮助企业更好地管理供应链和合作伙伴的合规风险。此外，对于企业日常运营中遇到的各种合规问题和挑战，法律大模型通过实时分析和反馈，能够提供及时的法律支持和咨询，确保业务活动的合法性和合规性。

3. 法律知识管理与咨询支持

法律大模型作为企业内部的法律知识库和咨询系统，为各部门提供及时、准确的法律支持，极大地提升了企业的法律知识管理能力和咨询效率。这不仅整合了企业内部的法律资源，还为员工提供了便捷的法律咨询渠道，成为企业法务管理的强大助手。

首先，法律大模型支持构建智能化的法律知识库。系统整合了企业内部的法律文件、案例经验、法规解读等信息，形成了一个结构化、易于检索的知识体系。员工可以通过自然语言查询快速获取所需的法律信息，大大提高了法律知识的获取效率。这种智能知识库不仅方便了员工日常工作中对法律信息的查询，还为企业积累和科普法律知识提供了有效平台。

其次，基于法律大模型，企业可以部署法律咨询聊天机器人，为员工提供全天候的基础法律咨询服务。这种智能咨询系统能够解答常见法律问题，极大地减轻了法务部门的日常咨询压力，员工也可以随时获得基本的法律指导。这既提高了工作效率，同时也增强了企业整体的法律意识。

在法律文件管理方面，法律大模型的智能检索功能表现突出。系统对企业内部的法律文件进行智能索引和语义分析，实现了跨文档的智能检索。这使得法务人员能够快速找到相关的法律意见、备忘录或过往案例，大大提高了法律工作的效率和准确性。

对于复杂的法律研究，法律大模型提供了强大的辅助支持。它可以协助检索和分析大量的法律文献、判例和学术文章，为法务人员提供全面的研究支持。这种智能辅助不仅节省了大量的人力和时间，还能够帮助法务人员获得更全面、深入的法律洞察。

最后，法律大模型还成为促进跨部门法律协作的有效平台。它可以自动将专业的法律建议转化为易于理解的业务语言，促进法务部门与其他业务部门的有效沟通。这种智能化的沟通桥梁，有助于法律合规要求在整个组织中的落实，提高了企业整体的法律风险管理水平。

总的来说，法律大模型在法律知识管理与咨询支持方面的应用，为企业提供了全方位的法律智能化解决方案。它不仅提高了法律工作的效率和质量，还促进了法律知识在企业内部的有效传播和应用。

结 语

法律大模型在合同审查与智能生成、合规风险监控与管理以及法律知识管理与咨询支持等方面的应用，正在为企业法务和合规部门带来前所未有的效率提升和能力增强。这些智能化工具不仅可以减轻法务人员的日常工作负担，还能帮助企业更好地应对复杂多变的法律环境，降低法律风险，提高合规水平。

2.2.4 法科学生

法律大模型作为人工智能技术在法律领域的最新应用，正在为法科学生的学习和研究带来前所未有的支持和机遇。这一先进技术不仅能够提供丰富的法学知识检索服务，还能在法学研究、法律教育与培训等方面为学生提供全方位的辅助。

1. 法学知识检索与研究

对于法科学生而言，法律大模型首先为他们提供了一个高效、便捷的法学知识检索平台。在传统的法学研究中，法科学生常常面临信息过载与资源筛选的挑战，学生通常需要花费大量时间翻阅纸质资料、电子数据库，甚至可能需要亲自前往图书馆或法律机构进行实地调研。法律大模型的出现，极大地改变了这一现状。通过输入关键词或问题，学生可以迅速获得与之相关的法律知识、案例、法律条文等，极大地提高了研究效率。

此外，法律大模型还具备强大的分析能力，能够辅助学生进行深入的法学研究。它不仅能够提供快速精准的法律条文检索服务，帮助学生迅速定位到相关的法律规则、司法解释以及权威注释，而且还能深入分析复杂的法学理论，为学生解析抽象概念，构建清晰的知识框架。例如，在分析法律案例时，模型可以根据案例的关键词、事实情节、法律适用等因素，自动提取出相关信息，并生成分析报告。这不仅有助于学生更好地理解案例背后的法律原理，还能够为他们提供新的研究视角和思路。

对于初涉学术研究的学生来说，如何选题、如何构建研究框架、如何进行文献综述等问题往往是巨大的挑战。法律大模型可以通过分析大量的法学论文和研究报告，为学生提供研究方法指导和选题建议。例如，系统可以根据学生感兴趣的法律领域，分析当前的研究热点和尚未被充分探讨的问题，帮助学生找到有价值的研究方向。

在研究过程中，法律大模型还可以协助学生进行文献综述和案例分析。系统能够快速梳理某一法律问题的研究现状，总结不同学者的观点，帮助学生更好地把握研究的背景和现状。对于案例分析，法律大模型可以从海量的判例中筛选出与研究主题相关的典型案例，并提供深入的案例解析，帮助学生理解法律原理在实践中的应用。这种智能化的研究辅助不仅提高了研究效率，还能帮助学生形成更全面、深入的研究视角。

2. 法律教育与培训

法律大模型在司法教育与培训领域发挥的作用远不止于知识检索。它成为一种创新的教学工具，为法科学生模拟真实的司法环境，让法律学习不再局限于教科书的理论框架。通过分析海量的裁判文书、法律意见及实务操作指南，模型能够揭示法律实践中的典型问题与解决方案，让学生在虚拟环境中体验法律职业的真实挑战。

首先，系统可以根据教学大纲和学生的学习进度，生成个性化的学习计划和问答题。这些练习题不是简单的知识点复述，而是基于对大量真实案例的分析，设计出能够考查学生对法律原理理解和应用能力的情境题。学生在解答这些问答题的过程中，不仅可以巩固所学知识，还能培养法律思维和问题解决能力。

其次，法律大模型还可以模拟真实的法律场景，为学生提供虚拟的实践机会。例如，系统可以模拟庭审过程，让学生扮演不同的角色（如法官、律师、检察官等），在虚拟的法庭环境中进行辩论和裁判。在这个过程中，法律大模型可以根据学生的表现给出即时反馈和改进建议，帮助学生更好地掌握法律实务技能。

此外，法律大模型还可以通过分析大量的司法案例，总结出司法实践中的常见问题和裁判思路。系统可以将这些经验和技巧以案例教学、情景模拟等形式呈现给学生，帮助他们更好地理解法律原理在实践中的运用。这种基于真实案例的学习方式，不仅能够加深学生对法律知识的理解，还能培养他们的实际问题解决能力。

最后，法律大模型还可以作为学生的“虚拟导师”，提供个性化的学习指导和职业规划建议。系统可以根据学生的学习表现、兴趣方向和职业目标，推荐合适的发展路径。这种个性化的指导不仅能够帮助学生更有针对性地规划学习路径，还能为他们的职业发展提供有价值的参考。

综上所述，法律大模型在法科学生的学习和职业发展中发挥了重要作用。从模拟真实司法环境、定制化设计学习内容，到提供虚拟实践机会和个性化职业指导，法律大模型为法科学生提供了全方位的支持和帮助，极大地提升了法律教育与培训的效果。通过这些技术的应用，法科学生能够更加高效、准确地学习和应用法律知识，全面提升自身的综合素质和职业能力，推动法律教育和职业发展的现代化和智能化发展。

2.2.5 一般大众

1. 法律咨询与解答

法律大模型为一般大众提供了一个全新的法律咨询与解答平台，极大地改变了普通人获取法律帮助的方式。传统上，寻求法律建议往往需要预约律师或法律顾问，这不仅耗时耗力，还可能产生高昂的费用。而法律大模型的出现，使得法律咨询变得更加便捷、高效且经济实惠。

通过自然语言交互的方式，用户可以随时随地向法律大模型提出各种法律问题，从简单的法律概念解释到复杂的法律情境分析，都能得到及时、准确的回答。这种交互方式消除了沟通障碍，使得即便是对法律完全陌生的人也能轻松获取所需信息。例如，一位正在考虑购房的市民可以询问有关房屋买卖合同的注意事项，或者一位即将结婚的年轻人可以了解《民法典》婚姻家庭编相关规定。

法律大模型的回答不仅包含相关法律条文的解释，还能结合具体情况提供实用建议。它可以分析案例，指出潜在风险，甚至模拟不同选择可能带来的法律后果。这种全面而深入的解答，帮助用户更好地理解自己的法律处境，作出明智的决策。

然而，需要强调的是，法律大模型提供的咨询服务并不能完全取代专业律师的作用。在涉及复杂法律问题或重大利益时，仍然建议用户寻求专业律师的帮助。法律大模型更多地扮演着初步咨询和法律知识普及的角色，为用户后续的法律行动提供指导和参考。

2. 法律知识普及

法律大模型在法律知识普及方面发挥着重要作用，它能够生成通俗易懂的法律知识科普内容，这些知识如果通过各种渠道向公众传播，有效提高公众的法律意识和法律素养。这一功能对于构建法治社会、促进社会和谐稳定具有深远意义。

首先，法律大模型可以根据不同受众的特点，生成与其相适配的法律知识内容。能够根据用户的兴趣、需求等信息，在个性化推荐方面发挥作用。比如，对于关注房产问题的用户，模型算法会推荐与房产相关的法律知识内容；对于关注劳动权益的用户，则会推荐与劳动权益相关的法律知识内容。这种个性化的推荐方式不仅提高了用户的参与度，还使得法律知识的普及更加精准、有效。

其次，法律大模型能够快速响应社会热点，及时生成与当前事件相关的法律解读。例如，在一项新法规颁布后，法律大模型可以迅速生成图解、问答等形式的内容，帮助公众理解新法规的要点和影响。这种及时性的普法内容，有助于减少误解，防止谣言传播。

再次，法律大模型可以通过多种媒体形式传播法律知识。除了传统的文字和图片，它还能生成音频内容（如法律知识播客），视频脚本（如法律知识短视频），甚至是互动式的法律知识小游戏。这种多样化的呈现方式，能够吸引不同年龄段、不同兴趣爱好的人群，扩大法律知识的覆盖面。

最后，法律大模型还能为各类普法活动提供支持。例如，在社区普法讲座中，工作人员可以利用法律大模型生成的内容作为基础材料，快速准备出高质量的普法课程。在学校法治教育中，教师可以参考法律大模型生成的素材设计法律知识竞赛题目，增强学生学习法律的兴趣。

此外，法律大模型的知识普及功能还具有很强的适应性和更新能力。随着法律法规的修订和社会环境的变化，法律大模型可以迅速更新其知识库，确保向公众传播的是最新、最准确的法律信息。这种动态更新的特性，使得法律知识普及工作能够始终保持与时俱进。

总的来说，法律大模型在为一般大众提供法律咨询与解答，以及推动法律知识普及方面具有巨大潜力。它不仅使法律服务更加平民化、便捷化，还通过多样化的方式提高了公众的法律意识。然而，我们也应该认识到，法律大模型仍然是一个辅助工具，在使用过程中，用户需要保持理性判断，对于重大法律问题仍应寻求专业律师的帮助。随着技术的不断进步和完善，法律大模型必将在促进法治社会建设、保障人民权益方面发挥越来越重要的作用。

3. 便民法律工具与资源

法律大模型还可以开发和提供各种便民法律工具与资源，帮助一般大众更好地应对日常生活中的法律问题。这些工具和资源的广泛应用，不仅提升了公众的法律服务体验，还推动了法律服务的数字化和智能化发展。

首先，可以通过法律大模型开发在线合同生成器。用户输入基本的需求和信息，模型便能根据相应的法律规定，生成符合规范的合同文本。例如，租房合同、劳动合同、买卖合同等，这些在线合同生成器可以大大简化合同起草的过程，避免因法律知识不足导致的合同漏洞和法律风险。

其次，法律大模型可以提供在线法律文件模板和范例。通过对常见法律文件的分析，模型可以生成标准化的文件模板和范例，供用户参考和使用。例如，遗嘱模板、授权委托书模板、离婚协议书范例等，这些标准化的模板和范例可以帮助用户快速、准确地制作法律文件，确保文件的合法性和有效性。

最后，法律大模型还可以开发法律问题自测工具。用户可以通过在线平台，进行法律问题的自我检测和评估，初步了解自己的法律问题和解决途径。例如，模型可以提供交通事故责任自测工具、消费维权自测工具、劳动纠纷自测工具等，这些自测工具不仅帮助用户识别法律问题，还提供相应的解决建议和资源链接，提高问题解决的效率和效果。

实战篇

第一部分
PART ONE

基础实战 - 指令工程

第一章
提示词优化方向

从 ChatGPT-o1 的面世掀起有关 CoT 的热烈讨论，再到 DeepSeek-R1 以免费开源的姿态迅速引起世界关注，推理型大模型可以说是大语言模型发展历程中一次足够振奋的新阶段，其输入输出模式从简单问答转向自主推理场景，也为输出质量带来了显而易见的效果提升。相较以往，此类模型在许多更重视逻辑、推理的专业领域，做到了更高的响应准确率。

此次工程升级引发了双重变革：模型内核层面，是通过重构参数响应机制，实现了本质性的性能提升；用户交互层面，则根本性地重塑了交互范式，使得多样化、多线程的智能体（Agent）设计成为现实。推理型大模型不仅在众多领域推动了技术跃升，更对既有的“模型使用范式”本身带来了挑战。因而是时候重新审视：对于用户而言，过往众多曾经被证明行之有效的提示词技巧，究竟哪些在新时代已成冗余设计？哪些仍然是不可替代的“黄金准则”？

同时需要明确的是，这种重构并不意味着对既有技巧的全盘否定，而是对提示工程本质的回归——让专业的人做专业的事，让聪明的模型进行聪明的推理。

1.1　需重新审视的提示词技巧

1. 思维链技术（CoT）

推理型模型的出现，首先冲击的当数原先的思维链技巧（Chain of Thoughts，CoT）。当时由于模型受限于推理能力，用户往往还需要自行在提示词输入环节为模型构建推理链条，以引导模型思考，使其能够暂时达成“类人”推理能力。

但这种使用技巧有一定的门槛。在构造一份完整的思维链提示词时，需要注意多个方面，如精准划分任务步骤、控制逻辑链上每个步骤的复杂度、注意各步骤之间的关联性与逻辑闭环、个别环节为模型设计多选项等；有时候思维链还需要结合单样本 / 少样本使用，以帮助模型理解整个推导过程。如果提示词过多，可能会反向限制模型性能；如果描述过于粗放，又可能让模型偏离规划。这种通过人工设计来弥补模型逻辑短板的方式，不仅对使用者提出高要求，更由于其将模型的表现上限锁定在用户的认知边界之内，从而扼杀了模型自主发现更优解法或替代路径的可能性。

但如今，DeepSeek-R1 这一类推理型模型能够通过冷启动数据（少量结构化推理数据）和 RL 训练直接激发模型潜能，将传统 CoT 升级为自生成、自验证的长链推理模式。这一改进突破了前述种种人工模板的局限，使模型在数学、编程等复杂任务中展现出类人的自主推理能力，模型能够做到自动规划最优推理路径，实时验证关键结论。另外在输出格式上，模型将详细推理过程封装在 <think> 标签内并附后置 <answer>，既避免用户阅读冗长逻辑，又同时允许开发者进行内部可解释性验证。这种范式转变标志着提示工程从“人工脚手架搭建”向“自主认知涌现”的演进。

2. 将复杂的任务拆分为更简单的子任务

对于这一技巧，更多是需要结合目前的模型特征进行调整。如今的推理模型更注重目标导向的简洁指令，传统分步骤引导和复杂示例放在当下，有可能在一部分场景下变得适得其反。推理模型更擅长整体性思考，过度拆解会限制其全局优化能力。但这一技巧在复杂任务或者任务需要严格逻辑的情况下，依然能发挥出色效用。

目前更加行之有效的是对常规任务使用“目标声明 + 约束条件”模式（如请根据下述案情经过分析犯罪嫌疑人甲的行为定性，要求遵循刑法三阶层理论进行分析）；对创新性任务添加发散指令（如请探索至少三种不同的刑法理论所支持的对应观点，并评估各自的合理性）。直到遇到复杂任务，再重新使用任务拆分技巧，分阶段推进。

综上所述，可以认为任务拆解这一技巧的重心已经从“过程控制”转向“边界治理”。优秀的提示设计就像宪法架构——确立基本原则与权利边界，然后将具体认知路径的选择权赋予模型自身。

3. 少样本（Few-Shot）示例引导

推理型模型并未否定这一技巧的作用，但它的必要性确实有所下降。过往使用这一技巧最大的作用是令模型能够以此激活对应领域的信息，Few-Shot（少样本）学习通过提供 3—5 个示例，能够快速“教会”模型新任务。

而如今我们可以更多地采用零样本（Zero-shot）方式，其背后是对推理模型预训练知识广度与深度的认可。例如，在我们输入“依据《中华人民共和国反不正当竞争法》解析该商业诋毁案要件”时，模型能够自动激活与竞争法相关的参数节点，而无须示例导引。但如果在处理边缘领域时，还是可以使用 1—2 个示例说明特殊要求。

4. 模型自我纠错提示

该技巧正经历从显式指令到隐式能力的转变。传统方法需用户明确要求模型分两步执行：“首先生成答案，随后检查并修正错误”，这种设计源于早期模型缺乏内在验证与回头修改的机制。而目前，推理型模型通过以下改进降低人工干预需求。

a. 反思微调（Reflection-Tuning）：模型通过对抗训练学会“自我质疑”。例如，生成合同条款时，它会并行运行两套逻辑——主线程负责创作，副线程则扮演“挑剔的审核员”，用内置的法律知识库检查条款合规性。

b. 上下文对齐机制：北大与 MIT 团队的理论研究表明[1]，自我纠错本质是通过上下文学习优化输出。就像学生做完试卷后对照参考答案自批自改，模型会将初始回答与评估标准（如司法解释时效性）进行比对，通过多轮迭代逐步逼近最优解。

当下，提示工程正在从“人工干预”走向“自主涌现”。传统技巧中，思维链技术被内化的长链推理取代，少样本引导转为零样本信任，而自我纠错则隐化为模型的底层能力。这场变革是通过释放模型的认知潜力，将人类角色从“逻辑脚手架搭建者”重塑为“目标与边界的定义者”。

1 机器之心：《NeurIPS 2024丨自我纠错如何使 OpenAI o1 推理能力大大加强？北大、MIT 团队给出理论解释》，载腾讯云开发者社区 2025 年 2 月 14 日，https://cloud.tencent.com/developer/article/2496333。

第二章

通用技巧

2.1 提示词通用技巧详解[1]

2.1.1 写出清晰的指令

在与大语言模型互动的过程中，提供清晰、直接的指示对于获取最佳结果至关重要。我们可以从以下几方面来保证自己提示词的清晰。

1. 提供详细的背景和说明

可以尝试将模型视为一位智力出众但缺乏工作流程认知的新员工，它需要依赖我们明确给出的指令来执行任务。正如我们指导新员工时所做的那样，详细解释我们的需求，提供充足的背景信息和具体细节，能够促使模型给出更加准确、贴切的回应。

示例：当我们只向模型输入："请从以下文本中删除所有个人身份信息：## 文本内容 ##"，此时模型虽然也能生成结果，但因为提示写得比较笼统，模型有可能无法始终如一地提供所需的输出，那么我们可以将其修改成更详细、更清晰的版本。

> 我需要通过删除所有当事人身份信息来匿名化一些文本。
>
> 请按照以下步骤操作：
>
> 1. 将所有姓名、住所地、出生日期、身份证号、法人名称、统一社会信用代码替换为"×××"。
>
> 2. 如果文本不包含当事人身份信息，请逐字复制，不要替换任何内容。
>
> 3. 只输出处理后的文本，不要添加任何额外的评论。
>
> 以下是要处理的文本：## 文本内容 ##

1 Anthropic, *Prompt engineering*, Anthropic User Guides (2024), https://docs.anthropic.com/zh-CN/docs/build-with-claude/prompt-engineering/overview.

此时相对于原先的提示，这份修改后的提示提供了模型当前的工作背景，定义了提示中涉及的概念（当事人身份信息包括哪些），给出了具体的、按步骤列明的任务执行方式。这样能有效帮助模型输出更符合我们需求的结果。

2. 使用编号列表或者项目符号

在任务简单时，我们可以通过简明清晰的陈述方便 AI 理解；但当任务复杂时，仅靠简单陈述可能也无法清晰表达任务流程。

最简单的方式就是通过编号区分好步骤，将长篇的要求分隔成简单清晰的每一步，从而让 AI 更容易遵循提示词，并确保满足所有要求。

示例：当我们仅向模型输入简略的提示（如“将这个判决书转换为案例分析报告”）时，模型可能由于信息不足而自行设计报告的结构，再基于用户提供的判决书内容生成报告。这可能导致最终生成的报告与用户期望的结果存在偏差，比如存在遗漏用户关注的核心内容或者重点偏移等问题。为避免此问题，我们可以将提示优化为包含编号步骤或项目符号的详细版本：

你的任务是将我提供的判决书文本转换为一份结构完整的案例分析报告。为了完成这个任务，你应该：

1. 阅读判决书文本后，提取案件基本情况，概括本案案情。

2. 根据判决书中对本案的事实描述，识别案件中涉及的主要法律关系，确定本案的争议焦点。

3. 根据总结出的争议焦点，检索其涉及的法律法规、司法解释，对这些法条完成基本的解读。

4. 结合判决书内容并基于上面完成的各个部分，最后进行法律分析：提出本案中值得探讨的主要法律观点；对每个观点进行论证，给出结论并提供支持理由；分析法院的裁判理由及其合理性。

5. 总结本案对法律实务的指导意义，探讨案件可能带来的法理影响或启示。

此时的提示相比于原先的提供了完整的操作步骤，大语言模型不仅会写得更详细，而且还能更好地按照用户的标准执行任务。

3. 黄金准则

最后，在尝试写出清晰的提示时，还有一个简单却非常有效的黄金准则：不妨找位朋友或同事，把你的提示展示给他们，并请他们按照指示操作，检验是否能精准达成你的预期结果。如果连他们都觉得一头雾水，那么大语言模型很可能也会有同样的困惑。

2.1.2 提供示例[1]

目前的大语言模型已经展现了惊人的零样本能力，即如上面的提示一样，仅仅告诉他们步骤，并不需要向它展示示例，模型通常就能很好地理解并输出相当不错的结果。

但在使用零样本设置时，仍有可能面临模型在更复杂的任务中表现不尽如人意的情况。此时，我们就可以通过在提示中提供示例，来引导模型发挥更好的性能，快速提高输出的准确性、一致性和质量。这种方式对于需要结构化输出或遵循特定格式的任务尤为有效。

这也被称为少样本提示（few-shot prompting，如果只提供一个示例，则称为单样本提示 one-shot prompting）。

在提示词中，示例可以被视作大语言模型的学习工具，使其在抽象的提示中学习到具体可执行的任务，从而准确演示用户期望的输出类型。在提示词中提供示例通常比简单地描述或提供说明更有效，就像人类在沟通时为了让对方更容易理解，常会说“打个比方……”一样，模型可以通过研究相关示例快速掌握需执行的任务流程。

有关样本提示，目前存在 Zero-Shot、One-Shot、Few-Shot 多种区分形式。

零样本提示（Zero-Shot）：顾名思义，指的是提示词中不提供示例让模型直接完成输出。

单样本提示（One-Shot）/ 少样本提示（Few-Shot）：one-shot 是在提示词中加入

---

1 Tom B.Brown, Benjamin Mann et al., *Language models are few-shot learners*, NIPS'20: Proceedings of the 34th International Conference on Neural Information Processing Systems, Article No.159, p.1877-1901(2020).

一个示例，few-shot 则是大于一个示例。

对于如何书写提示中的示例，我们可以从以下几个方面来考虑，以保证为模型提供的示例能最大限度发挥作用：

相关性：确保示例与自己期望大语言模型处理的输入和输出类型密切相关。示例与实际用例越相似，模型的表现就越好。

清晰性：和提示一样，在其中的示例也需要描述清晰、简洁且易于理解。除此之外还可以注意将示例与提示的其他部分区分开来，以防止模型将示例理解成提示步骤的一部分，并因此出现理解混乱。比如用特殊符号区隔，或是给模型提供关于它将遇到的示例类型的上下文，例如“以下是我写过的一些电子邮件示例”。

数量：虽然并没有最佳示例数量的硬性规定，但通常可以根据任务难度与自身情况选择提供多少示例。大多数情况下模型通过一个示例（one-shot）已经能够学会如何执行任务。如果对于更困难的任务，则可以提供 3—5 个示例作为起点，为模型提供坚实的基础。当模型的输出不符合期望时，还可以随时添加更多有针对性的示例。

代表性：单示例中，例子以能够代表或概括更广泛的概念或情境为佳。如果提供多个示例，则可以注意让不同示例涵盖不同场景、边缘情况和潜在挑战。这有助于模型更好地概括并处理更广泛的输入。

以下是一个使用示例来引导大语言模型响应的提示。

请按照以下示例格式，对给定的租赁合同进行分析。你的分析应包括合同的主要条款、潜在风险和建议修改的内容。

示例分析：

合同类型：商业房屋租赁合同

主要条款：

租赁期限：3 年，自 2023 年 1 月 1 日起至 2025 年 12 月 31 日止

租金：每月 10000 元，按季度支付

押金：相当于 3 个月租金，共 30000 元

用途：仅限办公使用

维修责任：日常小修由承租方负责，重大维修由出租方负责

潜在风险：

租金调整条款缺失，可能导致长期租金固定

未明确规定违约金，可能影响合同履行的约束力

缺少不可抗力条款，可能增加租户风险

建议修改：

增加年度租金调整机制，如与 CPI 挂钩

明确规定双方违约的赔偿标准

添加不可抗力条款，规定相应的权利义务

细化房屋交付标准和返还条件

现在，请按照上述格式分析以下租赁合同：

[在此处插入需要分析的租赁合同全文]

在此提示中，示例为大语言模型提供了对租赁合同的分析方式的指导，这便于后续模型学习，以用户所需的样式提取相关信息与生成分析，并将其格式化输出。

虽然示例非常强大，但同时也要注意潜在的陷阱。大语言模型有时可能会从我们的示例中提取意外的模式，导致过拟合或意外行为。例如，如果所有的示例电子邮件都以“Sincerely”结尾，模型可能会学会始终以这种方式签署它生成的电子邮件，即使它并不适用于每种情况。注意提供更多样化的示例正是为了缓解这种情况。

创建完美的示例集通常涉及迭代和改进。如果大语言模型的性能不完全符合期望，我们可以考虑从以下几点着手改进自己的提示词：

分析输出：寻找大语言模型的输出中偏离了自己期望的部分。这可以用于寻找示例中哪里有不清楚或误导的地方，或者再补充提供哪方面的示例可能有帮助。

添加更多示例：如果模型在某些类型的输入上存在困难，尝试提供专门解决这些场景的其他示例。

修改现有示例：有时即使对示例进行小的调整也可以产生很大的影响。尝试不同

的措辞、格式或结构，看看什么最有效。

2.1.3 将复杂的任务拆分为更简单的子任务

使用大型语言模型就像杂耍一样。在单个提示中让模型处理的任务越多，它就越有可能遗漏某些内容或在任一单项任务上表现得不够好。因此，对于需要多个步骤或子任务的复杂任务，我们可以将这些任务分解，每个子任务都更容易定义和执行，以确保在每个步骤中获得最高质量的表现。这其实和我们日常解决问题的基本思路如出一辙。当我们面对一个复杂的问题时，我们也往往会本能地将其分解成更小、更易管理的部分再逐块推进。

如何判断需要进行任务拆解？

（1）超出模型记忆上限：当一个任务过于冗长，模型会因为上下文限制对前面的内容发生遗忘，导致后续的输出容易出现缺失。

措施：可以提示模型定期总结。

（2）需要多个角色设定来分工协作：当任务具有复合性，在完成过程中无法以单一角色一次性完成，需要多种定位的角色进行分工。

措施：最简单的方式就是设定出总任务具体需要哪些定位的人去做什么事，然后通过不同的对话窗口，分别完成。

（3）单个提示词过长：超过单次输入的上限（常见的单次提示词输入限制在2000字左右）。

措施：分解成多轮对话，逐步要求模型完成。

从技术原理的角度来看，任务拆分利用了大语言模型的上下文理解能力和任务执行能力。通过将复杂任务分解为子任务，我们实际上是在为AI模型创建一个结构化的思考和执行框架。每个子任务都成为模型推理过程中的一个步骤，这不仅使得模型能够更专注于当前的具体目标，也使得整个任务的执行过程更加透明和可控。这种方法在某种程度上模拟了人类的思考过程，使得AI能够以一种更接近人类的方式来处理复杂问题。

适用情境1——分段输出

分段输出原则是用来应对单次输出长度限制的。当处理特别长的文本或复杂的问题时，要求模型一次性输出很可能出现文本中断，抑或前后文比重发生失调的情况。此时，我们可以引导模型采用分段的方式来逐步呈现信息。

我们在提示词中首先告知模型不需要一次性输出整个文本，可以分阶段进行。例如，可以先要求它输出文本的引言或概述，然后是主体部分，最后是结论或总结。通过这种方式，模型可以专注于每一部分的内容，确保每一阶段的输出都是精确和有深度的。

常见的相关提示词：

> 完成……，你需要分为 n 部分输出，这几部分分别为：……、……、……。先输出 x 部分，输出完毕后等待我回复“继续”指令，然后再输出下一部分，直至完毕。

适用情境 2——定期总结

由于模型的临时记忆（上下文）是有限的，随着对话的深入，它可能会遗忘之前的信息。这可能导致模型对指令理解发生偏差，或是输出质量显著下降的情况。为了解决这个问题，我们可以在对话的关键节点进行总结，这有助于模型刷新记忆，确保它能够准确把握对话的进展和要点。

总结时，我们应该提炼出对话中的关键信息，重申对话的目标和指令，这样可以帮助模型和用户都对对话方向有清晰认识，保持信息的准确传递和理解。

根据自己的对话主题，定期输入：

> 请对我们关于……的讨论进行总结

除此之外，任务拆分还适用于许多特定的情境。尤其对于那些涉及多个步骤、需要严格控制输出质量的复杂任务，这种方法尤其有效。例如，在法律文书起草、复杂案件分析、合同审查等场景中，这种技术可以帮助我们更好地控制 AI 的输出，确保结果的准确性和完整性。

同时，这种方法也适用于那些需要灵活调整部分步骤的场景。通过将任务分解为子任务，我们可以更容易地针对特定步骤进行修改或优化，而不需要重新设计整个流程。

2.1.4 给模型时间“思考”

1. 思维链 / 链式思考（CoT）[1]

思维链（Chain of Thought，CoT），是指在解决问题或进行推理时，将思维过程分解为一系列相互关联的步骤或环节，形成一个连续的链条。比如我们常见的数学运算其实也是思维链的一种，运算的每一步都可以视作链条的一环。

依此原理，我们也可以通过提示词激发模型使用步骤式的思考过程进行输出，从而提高逻辑推理能力，提升回答质量。

不同于任务拆分，链式提示更强调通过逻辑链条引导模型一步一步地推理并解决复杂问题。在任务拆分中，信息可能在子任务之间流动，但这种流动不是必需的。某些子任务可以完全独立处理，不同子任务之间也可以并行存在，但链式提示中，每个提示都直接依赖于前一个提示的输出，形成一个紧密相连的信息链，分步骤展示模型的思考过程。

在法律实践中，这两种技巧都有其独特的应用价值。例如，在处理一个复杂的诉讼案件时，我们可能会使用“任务拆分”技巧来分别处理事实认定、法律适用、诉讼策略等方面。而在起草一份复杂的合同时，我们可能会更倾向于使用“链式提示”，从基本框架开始，逐步细化各个条款，最后进行整体优化。

实际上，这两种技巧并不是互斥的。在很多复杂的法律任务中，我们可能会同时运用这两种技巧。例如，我们可能首先使用“任务拆分”将一个大型法律项目分解为几个主要阶段，然后在每个阶段内部使用“链式提示”来逐步完成具体工作。

在应用链式提示时，有几个关键的注意点需要牢记：

（1）保持子任务的独立性和关联性至关重要。每个子任务应该是一个相对独立的单元，能够独立完成，但同时又要与整体目标紧密相连。这就像是拼图的每一片，既是独立的形状，又能与其他部分完美契合。

（2）控制每个步骤的复杂度。如果某个子任务过于复杂，可能需要进一步拆分，

---

1 Jason Wei et al., *Chain-of-Thought Prompting Elicits Reasoning in Large Language Models*, NIPS’22: Proceedings of the 36th International Conference on Neural Information Processing Systems Article No.1800, p.24824-24837(2022).

以确保每个步骤都易于理解和执行。同时，我们需要确保信息在任务链中能够顺畅流动。这意味着每个子任务的输出都应该是下一个子任务所需的恰当输入，避免信息断层或冗余。此外，适当处理中间结果也是一个重要考虑因素。有时，某个子任务的输出可能需要人工审核或调整，以确保整个过程的质量和准确性。

掌握一些操作技巧可以大大提高链式提示的效果：

首先，明确定义每个子任务是基础。每个提示都应该清晰、具体，并与整体目标相关。比如，不要简单地说“分析数据”，而是应该具体到“使用描述性统计方法分析调查结果，重点关注年龄组间的差异”。这样的精确描述可以确保每个步骤都朝着正确的方向前进。

其次，控制上下文长度也是一个重要技巧。如果前面步骤的输出过长，可以要求总结关键信息。使用示例和模板也是一个有效的方法。通过提供期望输出的格式或示例，可以帮助 AI 更好地理解预期结果。

再次，增加验证和反馈步骤是确保质量的关键。在关键节点添加检查点，可以及时发现和纠正问题；同时学会灵活调整。根据中间结果调整后续步骤，可以保持整个过程的灵活性和适应性，就像导航系统会根据实时路况调整路线一样。

最后，对于需要人类判断的复杂情况，可以设计步骤让 AI 提供多个选项供人类选择。这就像在关键路口设置交通指示牌，提供多个方向选择，但最终决定权在决策者手中。这种方法既利用了 AI 的分析能力，又保留了人类判断的重要性。

放在法律领域，这个技巧本身就与法律工作有许多相似之处。律师们需要将复杂的案件分解为可管理的组成部分，如事实认定、法律适用、证据分析等，这与将复杂任务拆分为子任务的方法非常相似。法律推理也强调逻辑性和因果关系。每一个法律论点都需要有前提、推理过程和结论，这与链式提示强调逻辑连接是一致的。法律实践强调根据新信息和发展不断调整策略，链式提示同样强调根据每个步骤的结果动态调整后续步骤。以上种种，说明了在法律行业，很多时候大模型的使用，都是在保持自己的专业思考的前提下，通过对新工具的使用，更系统、更高效地处理事务，提升自我工作效率和质量。

2. 零样本 CoT 提示

想象一下，如果你被叫醒后立即被要求回答一系列复杂的问题，会有什么样的表现？而如果让你先花些时间思考答案，你的表现可能会更好，这同样适用于模型。

对大语言模型而言，没有输出就不可能发生思考，模型必须输出其思考过程才能真正“思考”。鼓励逐步思考的最简单方法是在提示中包含“逐步思考”这个短语[1]。比如我们只需要在提示中增加“think it step by step”或者“请逐步思考”，模型在输出时就会在提供最终答案之前分解其思考过程。

比如，当我们未增加该条短语提示，直接询问大语言模型：

> 用户：请告诉我民法的立法沿革
>
> 模型（字数所限此处已缩写）：
>
> “首先为了保护民事主体合法权益……制定了《中华人民共和国民法典》。
>
> 在施行前后，相继出台了……司法解释。
>
> 综上所述，民法的立法沿革在中国主要表现为《中华人民共和国民法典》的制定以及随后出台的相关司法解释，这些法律法规共同构成了我国现行的民事法律制度体系。”

模型会简单给出答案。而如果我们只是增加一个逐步思考的短语，则变为：

> 用户：请告诉我民法的立法沿革，注意要逐步思考
>
> 模型（字数所限此处已缩写）：
>
> “民法的立法沿革在我国经历了漫长而复杂的过程，以下是对其逐步的梳理和归纳：
>
> 一、清末民初时期……
>
> 二、新中国成立后至改革开放前……

1　Takeshi Kojima et al., *Large Language Models are Zero-Shot Reasoners*, NIPS’22: Proceedings of the 36th International Conference on Neural Information Processing Systems Article No.1613 p.22199-22213(2022).

三、改革开放后至今……

综上所述，我国民法的立法沿革经历了从清末民初的近代化开端，到新中国成立后的探索与挫折，再到改革开放后的快速发展与完善的过程。最终，《中华人民共和国民法典》的颁布实施，为我国民事法律制度的发展奠定了坚实的基础。”

可以看得出在使用提示词后，模型的输出全面了许多。

仅仅简单的一句话，模型的输出结果就会出现明显的区别，模型经过思考，回答会更富有逻辑，在一步一步的推理中，也能减少错误发生，增加关联知识，从而得出更优秀、结构更完整的输出结果。

但逐步提示短语因为过于简略，模型的推理过程依然是基于自身基础设定，其采取较为通用的逻辑链，也许会和法律的专业研究方式有所出入。

因此如果我们需要更贴合法律行业的思维链提示，可以进一步使用更细致的 CoT 提示。

3. 单样本、少样本提示 CoT

如果没有使用 CoT 设计提示词：

用户：金某的小额贷款公司缺少资金，金某决定向 A 银行申请贷款 100 万元，具有归还贷款的目的。在贷款过程中，金某采用伪造《建筑工程施工合同》的方式，编造了虚假贷款用途，且隐瞒了抵押物（某栋大楼）尚欠建筑工程款的情况。贷款发放后，金某将贷款用于向社会不特定人放高利贷。金某无法索回许多借款人的借款，导致无法按时向 A 银行还款。A 银行向法院申请执行抵押物拍卖款，但因该抵押物上尚有建筑工程款需优先受偿，未执行到任何款物，导致银行损失贷款本金。银行报案，警方通缉金某。

对金某的行为该如何处理？

此时模型得出的回答：

模型：金某的行为涉及贷款诈骗罪。

（因为认定罪名已经出错，模型分析过程略）

此时模型的推理能力较弱，虽然有正常的三段论形式输出，但题中“具有归还贷款目的”这一信息被遗漏了，导致认定罪名错误。

而当我们转变为使用思维链来设计提示词：

您是一位经验丰富的刑事法律专家。请仔细分析以下案例，并给出您的法律意见。在回答时，请严格遵循以下步骤，使用指定的格式：

=== 步骤开始 ===

[步骤 1] 案情概述

- 简要总结案件的关键事实

[步骤 2] 法律定性

a）列出可能涉及的犯罪

b）分析每项可能犯罪的构成要件

[步骤 3] 案情分析

a）逐一比对案件事实与犯罪构成要件

b）考虑可能的从重或从轻情节

[步骤 4] 法律依据

- 引用相关法律条文和司法解释

[步骤 5] 结论

- 给出最终的法律定性意见

[步骤 6] 量刑建议

- 如果构成犯罪，提供可能的量刑范围

=== 步骤结束 ---

在每个步骤中，请详细解释您的思考过程。使用“>>>”来标记每个具体的分析点。

--- 参考案例（仅供参考，不要直接套用）---

金某为了投资某个项目，向张某等多人借用身份证，告知想用张某等人的名义向银行贷款，张某等人答应。金某找到好友某银行工作人员银某，告知真相，希望贷款。银某明知金某的申请材料有假，不符合贷款条件，仍多次予以放贷，共计 100 万元。后金某投资失败，无法归还贷款，银行遭受重大损失。

参考案例分析：

>>> 金某构成盗用身份证件罪。盗用可以解释为冒用。

>>> 金某不构成贷款诈骗罪，因为不具有非法占有目的。

>>> 金某也不构成骗取贷款罪，因为没有欺骗银行工作人员银某。

>>> 银某构成违法发放贷款罪。

>>> 金某不构成违法发放贷款罪的教唆犯，因为申请贷款与发放贷款是对向关系，立法者在处罚发放者时没有处罚申请者。

--- 参考案例结束 ---

现在，请分析以下案例：

--- 案例开始 ---

金某为了给自己的小额贷款公司筹集资金，向 A 银行申请贷款 100 万元，具有归还贷款的目的。在申请过程中，金某伪造了《建筑工程施工合同》，编造虚假的贷款用途，并隐瞒了抵押物（某栋大楼）尚欠建筑工程款的情况。获得贷款后，金某将资金用于向社会上不特定人群发放高利贷。由于无法收回多笔借款，金某无法按时向 A 银行还款。A 银行申请执行抵押物拍卖，但因建筑工程款优先受偿，未能获得任何款项，造成贷款本金损失。银行随后报案，警方对金某进行通缉。

--- 案例结束 ---

请按照上述步骤分析这个案例，并给出您对金某行为的法律处理意见。注意严格遵循上述格式和步骤。

此时模型得出的回答：

=== 步骤开始 ===

[步骤 1] 案情概述

金某为了给自己的小额贷款公司筹集资金，伪造了合同并编造虚假贷款用途，同时隐瞒了抵押物的实际情况，向 A 银行申请并获得 100 万元贷款。金某将这笔资金用于高利贷活动，后因无法收回多笔借款而无法按时还款给 A 银行。A 银行在尝试执行抵押物拍卖后，未能获得任何款项，造成贷款本金损失。

[步骤 2] 法律定性

a）可能涉及的犯罪：骗取贷款罪。

b）骗取贷款罪的构成要件：1）以欺骗手段取得银行或者其他金融机构贷款；2）给银行或者其他金融机构造成重大损失或者有其他严重情节。

[步骤 3] 案情分析

a）金某通过伪造《建筑工程施工合同》和编造虚假贷款用途的手段，欺骗了 A 银行，取得了 100 万元的贷款。这符合骗取贷款罪的第一个构成要件。

b）金某无法按时还款，导致 A 银行在尝试执行抵押物拍卖后未能获得任何款项，造成贷款本金损失。这符合骗取贷款罪的第二个构成要件，即给银行造成了重大损失。

c）考虑到金某将贷款用于高利贷活动，这是贷款用途的违规性，可能被视为从重情节。

[步骤 4] 法律依据

《中华人民共和国刑法》第一百七十五条之一规定，以欺骗手段取得银行或者其他金融机构贷款、票据承兑、信用证、保函等，给银行或者其他金融机构造成重大损失或者有其他严重情节的，处三年以下有期徒刑或者拘役，并处或者单处罚金；给银行或者其他金融机构造成特别重大损失或者有其他特别严重情节的，处三年以上七年以下有期徒刑，并处罚金。

[步骤 5] 结论

金某的行为构成骗取贷款罪。

[步骤 6] 量刑建议

考虑到金某的行为给A银行造成了重大损失，并且其贷款用途具有违规性，建议对金某判处三年以下有期徒刑或者拘役，并处或者单处罚金。具体量刑应根据法院审理时的实际情况和相关法律规定进行裁决。

这时模型的输出更符合法律推理应有的逻辑思维链。

4. 解决方案比对

对于许多强调逻辑的问题，学会给模型时间思考是避免模型出现推理错误的好办法，除了上面提到的插入简单的引导性词语，我们还可以指示模型先制定自己的解决方案。

使用方式为在提示词最前端增加一段提示：

首先自己解决这个问题，然后将你的解决方案与我的解决方案进行比较，评估我提供的解决方案是否正确。在你自己解决这个问题之前，不要决定我的解决方案是否正确。

同时在问题中也附上自己的观点，让模型完成比对。

示例：当我们需要了解对罪名构成要件的分析是否正确时，如果直接询问：

请分析学生的回答是否正确。

案例描述：\< 张三得知富商李四家中现在只有 6 岁的李四女儿在家，便上门假称自己是珠宝商，与李四约定了在今天进行珠宝鉴定，于是李四女儿打开了门，张三进屋后当着李四女儿的面拿走了昂贵珠宝并假称需要带回去用特殊设备鉴定，随后离开 \>

问题：请分析张三犯了什么罪

学生分析：张三构成了盗窃罪，属于间接正犯。本案受害人是李四，但李四女儿作为受骗人，尚为没有行为能力的未成年人，没有处分受害人李四财物的权利能力。因此本案是张三出于非法侵占目的，以欺骗手段将李四女儿作为工具，将李四家中仍然为李四所占有的财物转移为自己占有，符合盗窃罪的犯罪构成要件，张三盗窃罪成立。

此时模型会输出学生回答的正确之处并告知该回答可以补充和完善的地方，但其实在这一情形中，难点在于区分该情形构成盗窃罪还是诈骗罪，而模型对于学生回答的修改上不会注意到这点，仅会针对回答本身提出建议。

因此我们可以将提示词修改为：

首先自行解答问题。然后将你的解答与学生的解答进行比较，评估学生的解答是否正确。在完成题目之前，不要判断学生的解答是否正确。

案例描述：〈同上〉

问题：请分析张三犯了什么罪

学生分析：〈同上〉

此时模型则会首先完成对盗窃罪的要件分析以及对间接正犯的认定，其次对盗窃罪与诈骗罪之间如何区分进行分析，最后再和学生回答进行对比，完成解答。

5. 让模型反思自己的推理过程

在长文本或者复杂问题场景下，模型第一次的输出往往容易出现遗漏，此时我们可以通过提示词引导模型自我反思，回顾输出，寻找是否有遗漏的地方。

假设场景：你上传了一个长文档，并要求模型对各部分进行整理分析。

［此处为上传的文件，以及要求模型整理的提示词］

［此处为模型第一次返回的结果］

那么我们后续可以提示：

整理得足够全面吗？注意不要发生重复；还要确保没有遗漏整理的部分。

结 语

从以上的示例可以体会到，提示模型思考，可以帮助模型更好地理解复杂任务，避免直接跳到结论而忽略中间推理过程。有助于提高模型输出的可解释性和透明度。当模型展示出每一步的推理过程时，用户可以更容易理解模型是如何得出结论的。这不仅增强了用户对 AI 系统的信任，还为识别和纠正潜在错误提供了机会。

再者，这种方法可以提高模型解决问题的准确性。通过将复杂问题分解成更小、更易管理的步骤，模型更不容易出错。每一步都可以被单独验证，从而降低了最终结果中的累积错误风险。此外，逐步思考技术可以促进模型的创造性和灵活性。通过鼓励模型探索不同的思路和方法，它可能会发现新颖的解决方案或见解，而不是局限于预设的答案模式。

总的来说，提示逐步思考的技术通过提高推理能力、增强可解释性、提升准确性、促进创新思维以及支持 AI 系统的改进，在提示工程中发挥着重要作用。这种方法不仅提高了 AI 模型的性能，还增强了人类对 AI 系统的理解和信任。

2.1.5 给大语言模型分配角色

大语言模型的对话功能十分强大，如果为模型分配角色，你可以引导它以特定的方式做出响应，提高其准确性和其他性能，并根据所需的上下文调整其语气和举止。这种技术也被称为角色提示（role prompting）。

角色提示的核心思想是通过角色设定来框定模型的输出范围和方向，这种方法巧妙地利用了大语言模型的上下文理解能力和多任务学习特性，使其更符合特定情境或专业领域的需求。大模型在训练过程中接触了大量的文本数据，包括各种专业领域的知识、不同类型的写作风格，以及各种角色和人物的典型表现。当我们给模型分配一个特定角色时，我们实际上是在激活模型内部与该角色相关的神经网络连接。具体来说，这个过程可以分为以下几个步骤：

角色激活：当模型接收到角色描述时，它会在其庞大的知识库中搜索与该角色相关的信息，包括专业知识、语言风格、行为模式等。

上下文理解：模型会分析角色描述中的具体细节，如经验、专长、所处情境等，以更精确地定位所需的知识和表现方式。

输出调整：基于激活的角色信息和理解的上下文，模型会调整其语言生成过程，以产生符合该角色特征的输出。

持续适应：在对话过程中，模型会不断参考初始的角色设定，确保其回答持续符合角色特征。

过程中容易出现的一些问题：

（1）角色一致性问题

角色一致性是指 AI 扮演的角色在对话过程中一直保持连贯和稳定。这体现在知识范围、语言风格、观点和立场、角色性格这几方面。在多轮对话中，如果角色一致性出现问题，可能会在交互过程中无法始终保持预设的角色特征，表现出与初始设定不符的行为。这种偏离可能源于多方面因素，包括训练数据的局限性、模型上下文窗口的限制、提示设计的不足，以及模型本身的泛化倾向等。

角色偏离可能以多种形式出现：

- 知识跳跃：上一轮回答中表现出某个领域的专业知识，而下一轮中就对相关问题表现得一无所知。

用户：作为一名专利律师，你如何看待软件专利？

AI：[提供了详细的专利法分析]

用户：那么，在专利侵权案件中，举证责任如何分配？

AI：对不起，我不太熟悉专利侵权诉讼的具体程序。

- 性格突变：回答风格可能突然改变，破坏角色的连贯性。

> 用户：请解释一下什么是“不可抗力”条款。
>
> AI:［提供了专业、正式的法律解释］
>
> 用户：能给个具体例子吗？
>
> AI：当然啦！比如说，如果外星人突然入侵地球，那绝对算是不可抗力啦，哈哈！

- 立场摇摆：AI 可能在不同的回答中对同一问题持不同立场。

> 用户：作为一名公司法律顾问，你如何看待公司高管的股票交易行为？
>
> AI：公司高管的股票交易应该受到严格监管，以防止内幕交易。
>
> 用户：但如果限制过多，会不会影响高管的积极性？
>
> AI：你说得对，高管应该有充分的自由来交易自己公司的股票，这有利于激励他们提高公司价值。

（2）角色限制 AI 能力

有时，过于狭窄或具体的角色设定可能不必要地限制了 AI 的回答范围，使其无法充分发挥潜力。例如：

> 用户：你是一位专攻公司法和证券法的资深律师，有 15 年的从业经验。你只提供与这两个领域直接相关的法律建议。
>
> 用户：作为我们公司的法律顾问，你如何看待我们最新的人工智能产品可能带来的法律风险？
>
> AI：作为公司法和证券法专家，我可以就 AI 产品对公司治理和信息披露方面的影响提供建议。然而，关于 AI 技术本身的法律风险，超出了我的专业范围。

在这段对话中，虽然提示词成功限定了 AI 在专业特定领域输出，但同时也过于限制 AI 本有的广泛知识。因此，在书写角色提示时，还需要注意如何平衡限制与灵活性。

在实际应用中，角色提示技术的操作方法包括以下几个关键步骤：

（1）精确定义用户希望大语言模型扮演的角色

包括提供具体的背景信息，如职业、经验、专长，同时还可以增加对角色的个性特征或价值观，以增加真实感。例如：

> 你是一位有 20 年经验的公司法专家，专攻并购和公司治理领域。你曾在多家跨国公司担任首席法律顾问，对国际商法有深入研究。你的风格严谨、精确，总是基于最新的法律法规和判例来提供建议。你特别注重道德和合规问题，并倾向于保守的法律解释。

基于想要提问的内容，设置模型扮演的角色所处的具体环境或面临的挑战，例如：

> 目前，你正在为一家科技初创公司提供法律咨询。该公司正考虑被一家大型跨国科技公司收购。作为他们的法律顾问，你需要评估这次并购的法律风险，特别是在知识产权保护、员工合同和反垄断法方面。

如果任务需要多方面知识，可以为角色添加跨领域背景。

> 你是一位有 20 年经验的公司法专家，专攻并购和公司治理领域。你曾在多家跨国公司担任首席法律顾问，对国际商法有深入研究；同时深度理解涉及 AI、大数据的跨境交易，精通 GDPR/CCPA 等全球数据隐私法规及知识产权战略。你的风格严谨、精确，总是基于最新的法律法规和判例来提供建议。你特别注重道德和合规问题，擅长将国际政策、贸易摩擦、制裁动态纳入合规框架，为跨境交易提供前瞻性风控，并倾向于保守的法律解释。

（2）设定明确的输出格式

可以指定期望的回答格式，如报告、对话、列表等，同时明确使用的语气和风格，如正式、随意、技术性等。这样可以确保模型的输出更加符合预期和实际需求。或者在提示中融入目标受众，当描述的目标受众发生变化，模型输出时的沟通风格也会随之变化。

例如，当告诉大模型目标受众是一个孩子，它的回答会更加通俗易懂；当告诉它受众是这个领域的专家，它会提供更加专业和深入的解释。

（3）加入一些引导性问题，从而让模型更好地进入角色

例如："作为公司法专家，你会考虑哪些因素？你过去的经验如何影响你的决策？"这种方法可以激发模型从角色的视角思考问题。

（4）在多轮对话中保持角色一致性

对此可以在后续提问中适时重申或提醒模型其角色身份，如果需要改变角色，则应明确指出这一变化。

（5）使用符合角色的语言风格

利用角色的专业术语可以增强对话的真实感和专业性。在描述中加入该领域的专业词汇，并鼓励模型在回答中使用适当的专业语言，这样可以使输出更加贴近真实场景。

（6）保持灵活性

在明确角色职业与知识范围的同时，也可以鼓励 AI 使用跨学科知识，用"但不限于""也可能了解"等词语，给角色设定多样化的经历或学科背景。同时可以在提示词中增加要求 AI 从多角度进行分析。

你是一位专攻公司法和证券法的资深律师，有 15 年的从业经验。虽然这是你的专长领域，但你也对其他相关法律领域有广泛的了解，能在必要时运用跨学科知识来解决复杂问题。

（7）定期角色提醒

AI 基于上下文长度的限制，可能“遗忘”之前的对话内容。因此在进行长对话时，可以定期重申或简要重复角色设定。

角色提示技术在多种场景下都能发挥重要作用，尤其在法律咨询、案例分析、法律文书起草等法律实务领域有着广泛的应用前景。例如，在法律咨询场景中，可以模拟不同法律专业领域的律师提供专业意见；在案例分析中，可以让模型扮演法官、检察官或辩护律师的角色，从不同角度解析案情；在法律教育培训中，可以模拟各种法律程序中的角色进行互动练习，如模拟法庭辩论。对于这些适用的场景，角色提示有其显著优势。它能够提高法律建议的专业性和相关性，增强法律分析的深度性和全面性，提升模型在法律文书起草中的表现，并有助于处理复杂的多步骤法律问题。

然而，在法律领域使用这项技术时，我们需要特别注意其潜在的局限性和风险。首先，模型可能会产生看似专业但实际上不准确或过时的法律意见，这在实际应用中可能导致严重后果。其次，过度依赖角色提示可能限制模型考虑法律问题的其他重要方面。此外，在处理敏感的法律问题时，还需要考虑保密性和道德规范。因此，在法律实践中使用角色提示技术时，人为监督和专业判断仍然是不可或缺的。

示例：假设需要一个大语言模型来协助处理一个复杂的商业法律案件。可以使用以下角色提示：

> 你是一位拥有 20 年经验的资深商事律师，专精于并购、合同法和知识产权。你曾在多家跨国公司担任法律顾问，并成功处理过数十起高额并购案件。你以严谨的逻辑思维、广博的法律知识和卓越的谈判技巧而闻名。
>
> 目前，你正在为一家科技初创公司提供法律咨询。该公司正考虑被一家大型跨国科技公司收购。作为他们的法律顾问，你需要评估这次并购的法律风险，特别是在知识产权保护、员工合同和反垄断方面。
>
> 请你从以下几个方面提供专业意见：
>
> 知识产权转让和保护的关键考虑因素
>
> 员工合同的处理和可能的劳资纠纷

潜在的反垄断问题及其解决方案

尽职调查过程中需要特别注意的事项

谈判策略和关键条款的建议

在回答时，请使用适当的法律术语，并引用相关的法律法规。同时，请考虑到客户是一家初创公司，可能需要更详细的解释和建议。

通过这个角色提示，大语言模型将模拟一个经验丰富的商事律师，提供专业、全面且符合实际情况的法律建议。这个示例展示了如何通过详细的角色和任务描述，引导模型生成针对性强、专业度高的法律建议。通过明确指定律师的经验、专长以及客户的具体情况，我们可以期待模型会提供更加个性化和实用的法律意见。

同时，这个例子也体现了在法律领域使用角色提示时需要注意的几个关键点：

（1）强调专业背景：通过详细描述律师的经验和成就，增加回答的可信度。

（2）提供具体情境：描述客户公司的具体情况，使建议更有针对性。

（3）明确问题范围：提出具体的法律问题，引导模型聚焦于相关的法律领域。

（4）要求考虑最新发展：确保建议反映当前的法律环境，特别是新兴技术领域。

（5）设定输出要求：指定回答的语言风格、长度和引用要求，确保回答的专业性和实用性。

另外，在使用这种方法时，重要的是要确保模型提供的法律建议仅供参考，并提醒用户在做出重要决定时应咨询合格的执业律师。同时，也要注意保护客户隐私，不在提示中包含任何可能识别特定个人或公司的信息。

2.1.6 其他提示技术

1. 最小化幻觉

尽管大语言模型有着丰富的数据库与强大的性能，但模型“幻觉”仍然是当前大语言模型在使用过程中最容易被感知也是最需要解决的问题之一。

关于模型幻觉，通常是指模型生成的信息与实际数据或真实情况不符。简单来说，幻觉是模型“编造”了不存在或不正确的事实。本书的实战篇对此作出了详细解释。

在本节，让我们探讨如何通过各种提示策略来最小化幻觉并提高大语言模型输出的准确性和可靠性。我们可以通过使用以下技巧，确保自己在使用模型的过程中获得更好的用户体验和更值得信赖的结果。

（1）允许模型回答“我不知道”

减少幻觉的一种有效方法是明确允许大语言模型说“我不知道”，尤其是在询问基于事实的问题时（也称为“给模型一个出口”）。这相当于允许模型在面对不确定、模糊或超出其知识范围的问题时，能够坦诚地承认自己的局限性，而不是试图生成可能不准确或误导性的回答。

简单操作方式——可以在正常询问的提示词前或尾部添加一句：

> 请尽你所能回答问题，回复必须基于事实。如果你不确定或没有足够的信息提供一个自信的答案，只需说“我不知道”或“我不确定”。

对于允许模型回答“我不知道”能够有效减少模型幻觉的原理，可以从以下三方面解释：

首先，基于大语言模型的基本设定，它们往往默认对用户提出的所有问题都生成回答，即使它们并不真正“知道”答案，这也被称为模型的过度自信。因此，当我们允许模型说“我不知道”时，可以有效减少这一倾向。

其次，从认知科学的角度来看，这个技巧模仿了人类的认知过程。人类在面对不确定或不熟悉的问题时，也会表达疑虑或承认无法回答。这种行为不仅体现了诚实，也是一种有效的信息交流方式。通过模仿这种行为，AI 系统可以更好地与人类用户互动，建立更自然、更可信的对话模式。

最后，从 AI 安全的角度来看，这个技巧能够避免模型在不确定的情况下猜测或编造信息，从而误导用户。

以下是一个鼓励大语言模型在不知道答案时承认的示例提示。

当我们询问一些时效性强的问题时，比较容易出现幻觉问题：

用户:《国务院关于同意在沈阳等 6 个城市暂时调整实施有关行政法规和经国务院批准的部门规章规定的批复》主要是允许了哪几个城市在哪几方面进行何种程度的暂时调整实施?

模型（错误输出）：主要是批准了沈阳、长春、哈尔滨、南京、合肥和青岛这六个城市……

虽然大语言模型的训练数据集囊括了互联网的大量信息，但有部分模型是无法实时访问互联网的，因此会产生数月甚至长达一年的数据时间差。所以如果询问依赖预先训练数据、未通过 RAG 技术实时联网的大语言模型有关近期发生的事件，模型的训练数据通常未能收录。正如上述示例所提及的文件。

允许模型回答“我不知道”后：

用户：请尽你所能回答以下问题。如果你不确定或没有足够的信息提供一个自信的答案，只需说“我不知道”或“我不确定”。《国务院关于同意在沈阳等 6 个城市暂时调整实施有关行政法规和经国务院批准的部门规章规定的批复》主要是允许了哪几个城市在哪几方面进行何种程度的暂时调整实施?

模型（错误输出）：对不起，我不确定具体内容。这个文件题目提到了沈阳等 6 个城市，但我没有足够的信息来准确说明具体涉及哪些城市以及允许调整的具体方面和程度。如果您能提供更多关于这个文件的细节，我可能会更好地回答您的问题。

像示例一般告知模型可以回答“我不知道”后，模型才会诚实输出并不了解相关内容。若删去这段提示，模型则容易输出过期或相似的混淆知识或者直接自行编造。

因此在专业领域，相比于可能出现“大而不深”情况的通用模型，更需要选择具有及时、准确、专业数据的行业模型。

比如同样的问题，询问小理法律大模型，就可以得出准确的答案（见图 1）。

图 1

（2）要求模型提供直接引用

在处理长文档时，要求大语言模型提取与特定问题相关的逐字引用可以帮助最小化幻觉。这种方法对较长的文档更有效。

首先，我们需要理解为什么这种方法会奏效。信息的即时可用性是这个技巧的一个核心优势。当我们在上下文窗口中提供长文本时，我们实际上是在为模型创建一个临时的、高度相关的知识库。这意味着模型不需要仅仅依赖其预训练数据，而是可以直接访问与当前任务直接相关的信息。这大大减少了模型需要"猜测"或"填补空白"的情况，因为所需的信息就在眼前。这种即时可用性显著降低了模型产生幻觉的风险，因为它可以直接引用和使用提供的具体信息，而不是试图从可能不完整或不准确的记忆中重构信息。

其次，上下文的具体性是一个关键因素。通过提供特定的长文本，我们为模型设定了一个明确的、受控的上下文环境。这种具体的上下文就像是为模型划定了一个明确的讨论范围，有效地防止模型偏离主题或引入无关的信息。例如，如果我们提供的是一篇关于环境法的文章，模型就更关注环境法的相关内容，而不会无故引入其他法律领域的内容。这种上下文的具体性不仅提高了输出的相关性，也进一步减少了模型生成不相关或错误信息的机会。

引用的约束作用是这个技巧的重要方面。当我们要求模型提供直接引用时，我们实际上是在给模型设置一个严格的“证据标准”。模型不能仅仅陈述信息，它必须找到并提供支持其陈述的具体文本证据。这种约束作用极大地降低了模型生成虚假或未经证实信息的可能性。因为每一个重要陈述都需要有文本支持，模型就不太可能“编造”信息。这在处理需要高度准确性的专业领域（如法律、医疗或金融）时特别有价值。

最后，这个技巧显著提高了输出的可验证性。通过要求模型提供直接引用，我们为每一个关键陈述都创建了一个直接的验证途径。用户可以轻松地回到原文，检查引用的准确性和上下文。这不仅提高了输出的可信度，也为用户提供了一种快速识别潜在错误或误解的方法。在实际应用中，这种高度的可验证性可以大大提高决策的信心，减少错误信息传播的风险。特别是在需要严谨和准确的专业环境中，这种可验证性是极其宝贵的。它不仅有助于确保信息的准确性，还能提高整个工作流程的效率和可靠性。

具体的提示思路如下：

准备相关文本：选择与问题直接相关的高质量文本。这可能是法律条文、学术论文摘要或权威报告的节选等。

插入上下文窗口：将准备好的文本插入对话的上下文窗口中。

构造明确的提示：在问题中明确要求模型使用提供的文本并给出直接引用。例如：

基于我提供的文本，请回答［具体问题］。在你的回答中，请提供直接引用，并指明引用的具体位置。

验证回答：仔细检查模型的回答，确保引用确实来自提供的文本，并准确反映了原文的含义。

以下是一个示例提示。假设我们想了解人工智能在法律领域的应用。我们可以提供一篇关于这个主题的学术文章摘要，然后这样提问：

> 基于提供的文本，请概述人工智能在法律领域的主要应用。在你的回答中，请提供至少两个直接引用，并指明这些引用在文本中的位置。

此时模型就能严格基于给定的文本进行回答，并为每个关键点提供了直接引用。这大大降低了产生幻觉的风险，同时提高了信息的可靠性和可验证性。

然而，使用这种方法时也有一些需要注意的点：①文本质量至关重要。提供的文本必须是准确、相关和最新的。劣质或过时的信息会导致劣质的输出。②合理使用引用。过度要求引用可能会限制模型综合信息的能力。要在直接引用和允许模型进行一些合理推断之间找到平衡。③仍需人工验证。即使采用这种方法，也不应完全依赖模型的输出。对于重要决策，始终需要人工专家的审核和验证。④注意版权问题。在使用他人的文本作为参考时，要注意遵守版权法规。

通过这种方法，我们可以显著提高 AI 模型输出的准确性和可靠性，特别是在法律、医疗、金融等对准确性要求极高的领域。它不仅有助于最小化幻觉，还能提高我们使用 AI 工具的信赖值。

（3）其他

最后，优化提示工程技术也能帮助减少角色偏离。使用诸如思维链（Chain-of-Thought）或少样本学习（Few-shot Learning）等先进技巧，可以增强模型保持角色一致性的能力。例如，你可以提供几个示例，展示角色应该如何回应不同类型的问题，然后要求模型遵循这种模式。

除了角色扮演，还可以使用“反例”。我们可以在提示中加入一些不好的例子，然后要求模型避免类似的错误。比如：“下面是一些不恰当的法律建议示例。在回答问题时，请避免犯类似的错误。”这种方法可以帮助模型更好地理解什么是应该避免的。

最后，我们还可以利用“元提示”（meta-prompts）来提高模型的自我监控能力。例如：“在回答每个问题之前，请先评估一下你是否有足够的信息和专业知识来回答。如果没有，请坦诚地说明，并建议咨询更专业的意见。”

2. 使用特定语法格式

目前推荐使用 Markdown 语法格式，这是一种轻量级标记语言，排版语法简洁，使用易读易写的纯文本格式编写，具有很高的通用性。

有关 Markdown 的基本语法，可以自行去了解。

使用特定符号作为分隔符。在与大语言模型交互时，使用分隔符是一项非常有效的技巧。

分隔符的核心原理是为大语言模型提供清晰的上下文边界。模型在处理输入时，会尝试理解文本的结构和意图。通过使用特定的符号或标记作为分隔符，我们可以帮助模型更准确地识别不同部分的信息，从而提高其理解和生成能力。

分隔符的作用类似于自然语言中的标点符号或段落分隔，但更加明确和强烈。它们为模型提供了明确的信号，表明某一部分文本的开始或结束，或者标记出特定类型的内容。

操作技巧：

①选择独特的分隔符。使用不太可能在正常文本中出现的符号组合，如“###”“< 开始 >”“[结束]”等。

②保持一致性。在整个提示中使用相同的分隔符样式，以建立模式和期望。

③明确标记内容类型。例如，使用“< 指令 >...</ 指令 >”来封装指令部分。

④使用成对的分隔符。开始和结束标记应成对出现，如“< 背景 >...</ 背景 >”。

⑤适度使用。过多的分隔符可能会使提示变得混乱，影响模型理解。

⑥指示分隔符的用途。在提示的开始部分，可以明确告知模型你将使用哪些分隔符，以及它们的作用。

以下是一个使用了分隔符的提示词示例：

请使用以下分隔符：

三重引号（"""）用于封闭法律条文

星号（*）用于标记关键事实

方括号（[ ]）用于标记分析步骤

案件描述：

甲方与乙方签订了一份房屋租赁合同

合同期为两年，自 2023 年 1 月 1 日起

合同约定租金每月 5000 元，每季度支付一次

乙方在第二个季度未按时支付租金

适用法律：

"""《中华人民共和国民法典》第七百二十二条规定：承租人未按照约定支付租金的，出租人可以请求承租人在合理期限内支付；承租人逾期不支付的，出租人可以解除合同。"""

请分析甲方的权利：

[步骤 1] 确定合同的有效性

[步骤 2] 分析乙方的违约行为

[步骤 3] 考虑甲方可采取的法律行动

[步骤 4] 评估解除合同的可能性和后果

在这个例子中，我们使用了多种分隔符来清晰地区分案件的不同部分，使模型能更准确地理解和分析问题。

3. 交互式收集更多上下文

让大语言模型通过提问来引出精确的细节和要求，直到它得到足够的信息来提供所需的输出。例如："从现在开始，我希望你问我……" 提问。

这种技巧基于以下几个关键概念：主动学习、迭代优化、上下文构建和个性化交

互。通过让模型主动提问，实际上是在激活模型的主动学习能力，通过模仿人类专家收集信息的方式，更全面地理解问题背景。在多轮对话的过程中，模型能够逐步完善其理解，并根据新获得的信息调整其问题方向。每个问题都基于之前的回答，形成一个连贯的信息网络，使最终的输出更加准确和相关。这种方法还允许模型根据用户的具体情况调整其行为，提供真正定制化的解决方案。

通过交互式收集更多上下文，能显著提高输出的准确性，创造更自然、更有参与感的人机交互体验，特别适合处理需要多方面信息的复杂任务。通过提问，模型能够引导用户思考他们之前可能忽视的重要方面，帮助用户更全面地理解问题。同时，这种方法也能够及时澄清潜在的误解或模糊点，确保信息的准确传递。

在实践中运用这种技巧时，有几个关键步骤需要注意。首先要明确目标，清楚地定义希望模型完成的任务。然后设定问题的范围，指定模型可以询问的问题类型。优先询问最关键的信息，并根据用户的回答动态调整后续问题。在对话过程中，注意引导模型方向，如果模型提出的问题偏离了重点，可以温和地引导它回到正确方向。以及如果认为模型遗漏了重要方面，也可以主动提供额外信息。另外可以设置适当的停止条件，可以是问题数量上限或信息充分度。最后，让模型总结收集到的信息并确认是否还有遗漏，这有助于确保信息的完整性和准确性。

然而，我们也要记住，尤其是在法律等专业领域，AI的输出应该被视为辅助工具，而不是替代专业人士判断的最终决定。AI 可以帮助收集和组织信息，提供初步分析，但具体的法律策略和行动仍然需要专业律师的判断和指导。

4. 互动式学习

要询问特定主题或想法或任何信息，并且想测试自己对此的理解，可以使用以下提示词：“教我‘任何定理 / 主题 / 规则名称’，并在末尾包含一个测试，并让我知道是否在我回答后，我的答案是正确的，不要事先提供答案。”

当使用这个提示词时，大语言模型会经历以下几个阶段：

- 教学阶段。模型会首先扮演“老师”的角色，为用户详细讲解所指定的主题。
- 出题阶段。讲解结束后，模型会转换为“考官”角色，设计一道与刚才讲解内容相关的测试题。

- 评分阶段。当用户回答问题后，模型会对用户的回答进行评估，并提供反馈。

这种多角色转换使得整个学习过程更加完整和互动，模拟了真实的教学场景。

在法律这样需要精确理解和应用的领域，这个技巧更加能够发挥效用。在设置提示词时，还可以注意以下几方面：

首先，需要明确主题。在法律学习中，明确指定想学习的具体法律概念或条款非常重要。例如，“教我民法典中关于监护人职责的规定”比简单地说“教我民法典”更有效。这样可以确保模型提供更加精准和有针对性的教学内容。

其次，可以设定难度。可以在提示词中说明“给我一个基础的测试”。随着学习深入，再逐步要求更复杂的案例分析。

另外，对同一法律概念也可以多次使用这个技巧，每次学习和测试不同的角度。例如，先学习要约的定义，然后学习要约的撤回，最后学习要约与要约邀请的区别。

但同时还需要注意法律法规的时效性与地域性。一方面，法律法规是不断发展的，因此可以在提示词中指定“根据最新的法律法规”；另一方面，法律在不同国家和地区可能有很大差异，书写提示词时可以指明关注的法律体系，如“根据中国大陆现行法律”。

在回答完测试题后，还可以继续就错误或不理解的地方提问。这有助于深化理解并澄清任何疑惑。

接下来请看一个具体的示例：

> 教我商标法中的“商标侵权”概念，并在末尾包含一个测试，并让我知道是否在我回答后，我的答案是正确的，不要事先提供答案。

大语言模型可能会这样回应：

> 商标侵权是指未经商标注册人的许可，在同一种商品或者类似商品上使用与其注册商标相同或者近似的商标，或者有其他侵犯注册商标专用权的行为。商标侵权主要包括以下几种情形：（1）未经商标注册人许可，在同一种商品上

使用与注册商标相同的商标;(2)未经商标注册人许可,在类似商品上使用与注册商标相同的商标,容易导致混淆;(3)销售侵犯注册商标专用权的商品;(4)伪造、擅自制造他人注册商标标识或者销售伪造、擅自制造的注册商标标识;(5)未经商标注册人同意,更换其注册商标并将该更换商标的商品又投入市场。

现在,请回答以下问题:

某服装公司在其生产的T恤上使用了一个与知名运动品牌极为相似的Logo,只是颜色略有不同。消费者很容易将两者混淆。这种行为是否构成商标侵权?请解释你的理由。

示例中不仅解释了“商标侵权”的概念及其主要情形,还提供了一个实际的案例来测试理解。这种方法能够帮助法律学习者更好地掌握商标法的核心概念,并学会如何将其应用到实际情况中。

第三章

提示词结构化

1.STAR 框架

这个框架适合于需要解决问题或完成特定任务的场景。

- Situation：描述当前的情况或背景。“我正在准备一个关于气候变化的演讲。”
- Task：明确需要完成的任务。“我需要一个引人入胜的开场白。”
- Action：指定 AI 需要采取的行动。“请为我写一个 30 秒的开场白。”
- Result：说明期望的结果。“开场白应该包含一个令人震惊的统计数据和一个引人深思的问题。”

使用示例：

“我正在准备一个关于气候变化的演讲（S）。我需要一个引人入胜的开场白（T）。请为我写一个 30 秒的开场白（A），应包含一个令人震惊的统计数据和一个引人深思的问题（R）。”

2.ICE 框架

这个框架适用于需要明确指示和具体示例的场景。

- Instructions：给出清晰的指令。
- Context：提供相关的背景信息。
- Examples：给出期望输出的示例。

使用示例：

“请帮我写一封简短的商务邮件（I）。我是一家软件公司的销售经理，正在联系一个潜在客户安排演示（C）。邮件应该简洁、专业，类似这样：‘尊敬的［姓名］，我是［公司名］的［你的名字］。我们开发的项目管理软件可能对贵公司有所帮助。我们是否可以安排一个简短的演示？’（E）”

3.TAG 框架

这个框架适用于内容创作和沟通策略制定。

- Task：描述需要完成的任务。
- Audience：指定目标受众。
- Goal：明确期望达成的目标。

使用示例：

“我需要创作一篇博客文章（T），面向 25—35 岁的年轻专业人士（A），目标是提高他们对个人理财重要性的认识（G）。”

4.PEAS 框架

这个框架适用于需要详细指导和特定要求的场景。

- Purpose：说明提示的目的。
- Expectations：阐明对输出的期望。
- Audience：指定目标受众。
- Specifics：提供具体的要求或限制。

使用示例：

“我需要创建一个 Instagram 帖子（P），希望能够吸引至少 1000 个赞（E），目标是 18—24 岁的大学生（A）。帖子应该是一张信息图，包含 5 个学习效率提升技巧，使用蓝色和白色为主色调（S）。”

5.AIM 框架

这个框架适用于需要特定行动和方法的任务。

- Action：指定 AI 需要采取的行动。
- Information：提供必要的背景信息。
- Method：说明期望 AI 使用的方法或方式。

使用示例：

“请分析以下数据集（A）。这是过去 6 个月我们电子商务网站的销售数据，包括产品类别、销售量和利润率（I）。请使用描述性统计和时间序列分析方法来识别 trends 并提出见解（M）。”

6.AIDA 框架

- Attention：使用引人注目的开场白或问题。
- Interest：提供相关的背景信息或有趣的事实。
- Desire：解释为什么这个任务很重要或有价值。
- Action：明确指出需要 AI 执行的具体行动。

使用示例：

“作为一位经验丰富的营销专家（A），你了解数字营销的最新趋势（I）。我们的公司需要提高在线知名度（D）。请制定一个详细的社交媒体营销策略（A）。”

7.PAS 框架

- Problem：清晰地陈述当前面临的问题。
- Agitate：强调如果不解决问题可能产生的负面后果。
- Solution：要求 AI 提供解决方案。

使用示例：

“我们的网站流量在过去三个月内下降了 30%（P）。如果这种趋势继续，我们可能会失去大量潜在客户和收入（A）。请提供五个可以快速提升网站流量的策略（S）。”

8.BAB 框架

- Before：描述当前的问题状态。
- After：描述理想的解决状态。
- Bridge：要求 AI 提供从“Before”到“After”的解决方案。

使用示例：

“目前，我们的客户服务响应时间平均为 48 小时（B）。我们的目标是将响应时间缩短到 12 小时以内（A）。请提供一个详细的行动计划，说明我们如何实现这个目标（B）。”

9.PREP 框架

- Point：明确陈述主要观点。

- Reason：解释这个观点的重要性。
- Example：提供一个具体的例子。
- Point：重申主要观点。

使用示例：

"我认为我们应该将公司的主要业务转向可再生能源领域（P）。气候变化正在成为全球关注的焦点，可再生能源市场预计在未来十年内将大幅增长（R）。例如，特斯拉通过专注于电动汽车和太阳能技术，在短短几年内成为市值最高的汽车公司（E）。因此，转向可再生能源不仅有利于环境，还能为我们公司带来巨大的增长机会（P）。请制定一个 5 年转型计划。"

10.RACE 框架

- Role：指定 AI 应该扮演的角色。
- Audience：明确回答的目标受众。
- Context：提供必要的背景信息。
- Execution：详细说明需要完成的任务。

使用示例：

"请扮演一位资深的儿童教育专家（R）。你需要为 5—7 岁的孩子的家长（A）提供建议。近期的研究表明，这个年龄段的孩子在家庭学习环境中更容易培养创造力（C）。请提供 10 个在家中培养孩子创造力的具体活动建议，每个建议应包括活动描述、所需材料和预期效果（E）。"

这些框架可以根据具体需求进行调整和组合。关键是要提供清晰、具体的指示，并包含足够的背景信息，以确保 AI 能够准确理解用户的需求并提供最佳的回答。

第四章

法律提示词的特殊考量

提示词在法律大模型中的应用具有其独特性，这主要源于法律行业的专业性和严谨性。法律从业者，尤其是律师，在使用法律大模型作为辅助工具时，其提示词的构建方式与普通用户有着显著差异。相比于通用情况，主要有以下几个方面的区别。

1. 精确性和专业性更高

在法律大模型的应用中，精确性和专业性是至关重要的。律师在构建提示词时，会注重使用准确的法律术语、引用具体的法条，并明确指出需要分析的法律问题。这种做法不仅能够确保 AI 模型的回答更加准确和有针对性，还能充分体现法律推理的逻辑性和严谨性。

例如，在处理一个房地产纠纷时，律师可能会这样构建提示词：

请依据《中华人民共和国民法典》第二编物权、第十三章宅基地使用权，《中华人民共和国土地管理法（2019 修正）》和《中华人民共和国土地管理法实施条例（2021 修订）》等相关法律法规，分析以下情况的法律问题：

甲（男，55 岁）是某村村民，在村集体土地上依法取得宅基地使用权并建有房屋。2020 年 1 月，甲与非本村村民乙（女，50 岁）登记结婚。2022 年 3 月，甲因病去世，未留遗嘱。甲育有一子丙（25 岁，非婚生子女，已被依法确认亲子关系）。

现就甲名下的宅基地使用权及其上的房屋产生以下争议：

1. 乙主张其作为甲的配偶，依法对宅基地使用权及房屋享有继承权。

2. 丙认为宅基地使用权具有特殊性，主张其作为本村村民的子女应当优先继承。

3. 村委会认为，根据村规民约，宅基地使用权不得继承给非本村村民，要求收回宅基地。

请就以下问题提供法律分析：

1. 宅基地使用权能否作为遗产由乙和丙继承？如能继承，应如何确定继承顺序和份额？

2. 甲生前建造在宅基地上的房屋应如何处理？

3. 村委会是否有权收回宅基地？如果不能收回，是否可以要求乙和丙补偿？

如果发生诉讼，法院可能会如何裁判？请结合以上内容完成分析。

这个例子充分展示了法律提示词所需的精确性和专业性：

（1）明确引用法律依据。提示词明确指出了需要参考的法律法规，包括《民法典》的具体编章和《中华人民共和国土地管理法》。

（2）使用专业法律术语。如“宅基地使用权”“遗产继承”“亲子关系确认”等，这些术语在法律语境中有明确的定义和适用范围。

（3）明确争议焦点。清晰地列出了各方的主张和争议点，有助于 AI 模型有针对性地进行分析。

（4）提出具体分析要求。不仅要求分析实体法问题，还要求考虑可能的诉讼结果。

相比之下，一般用户可能会简单地问：“农村的房子能不能继承给外村人？”这样的提问虽然直白，但缺乏必要的法律背景和具体情境，难以获得深入而准确的法律分析。

通过构建精确和专业的提示词，律师能够充分利用 AI 的能力，获得高质量的法律分析和建议。这种做法不仅体现了法律推理的严谨性，还能够确保 AI 输出的内容更加贴合实际法律实践的需求。

2. 更注重法律依据

法律提示词通常会更加注重法律依据。律师习惯性地在提示词中引用具体的法律条文、司法解释或相关判例。这种做法源于法律推理的基本原则，即任何法律观点都应当有明确的法律依据。这不仅能够确保 AI 模型的回答建立在正确的法律基础之上，还能够提高回答的可信度和实用性。

例如，通用提示词："工厂排放有害物质导致周边居民生病，居民该如何维权？"

律师提示词：

请依据以下法律法规以及其他相关的法律法规，分析一起因工厂排放有害物质导致周边居民健康损害的环境侵权纠纷案件：

《中华人民共和国民法典》第七编侵权责任、第七章环境污染和生态破坏责任中有关环境污染损害赔偿责任的规定；

《中华人民共和国环境保护法》第六章中关于违法排放污染物的法律责任；

《最高人民法院关于审理环境民事公益诉讼案件适用法律若干问题的解释（2020修订）》；

《最高人民法院关于审理生态环境侵权责任纠纷案件适用法律若干问题的解释》《最高人民法院关于生态环境侵权民事诉讼证据的若干规定》；

《最高人民法院关于审理生态环境侵权纠纷案件适用惩罚性赔偿的解释》。

请特别关注以下问题：

a）在本案中如何适用环境侵权的举证责任倒置原则；

b）原告如何证明其健康损害与被告排放的有害物质之间存在因果关系；

c）被告如何进行免责抗辩；

d）损害赔偿的范围和计算方法；

e）除赔偿外，法院可能裁判的其他民事责任承担方式。

这个专业的提示词体现了以下几个方面对法律依据的注重：

（1）明确列举了相关的法律条文，包括《民法典》和《环境保护法》中的具体条款。

（2）引用了最高人民法院的司法解释，这些解释对于统一法律适用标准具有重要意义。

（3）将法律依据与具体的法律问题相结合，要求分析举证责任、因果关系认定、免责事由等关键问题。

（4）通过引用不同层级的法律渊源（法律、司法解释），体现了全面的法律分析思路。

3. 情景描述更加详细

在法律大模型的应用中，情景描述的详尽程度直接影响了 AI 输出的质量和准确性。律师在描述案情时，往往会提供大量相关的事实细节，以确保得到全面而准确的法律分析。这种做法不仅能够帮助 AI 更好地理解案件的复杂性，还能确保分析建立在完整的事实基础之上。

例如，在一个复杂的商业纠纷案件中，律师可能会这样描述情况：

> 甲公司（一家在深圳注册的科技公司）与乙公司（一家在香港注册的投资公司）于 2022 年 3 月 15 日签订了一份技术开发合同。合同约定，甲公司将为乙公司开发一套人工智能算法，用于金融风险评估。合同总金额为 500 万元人民币，约定分三期支付：签约时支付 30%，完成初步测试时支付 30%，最终验收后支付 40%。
>
> 合同还约定了保密条款，要求双方对项目相关信息严格保密，违约金为 100 万元。此外，合同规定了知识产权归属，约定最终算法的知识产权归乙公司所有，但甲公司保留在其他非金融领域使用相关技术的权利。
>
> 然而，在项目进行到第二阶段时，出现了争议。乙公司声称甲公司提供的算法准确率未达到合同约定的 95%，拒绝支付第二期款项。与此同时，甲公司发现乙公司可能将部分技术信息泄露给其关联公司。
>
> 现在，甲公司考虑起诉乙公司要求支付第二期款项并赔偿损失，同时乙公司也威胁要起诉甲公司违约并要求退还已支付的款项。
>
> 请分析这个案件中可能涉及的法律问题，包括合同履行、知识产权保护、违约责任认定等方面，并就可能的诉讼策略提供建议。同时，考虑到案件涉及内地和香港两个法域，请说明可能的管辖权和法律适用问题。

这个例子展示了法律提示词中详细的情景描述如何涵盖案件的多个关键方面。它包含了合同签订的时间、地点、双方主体资格、合同主要条款、争议焦点等重要信息。这种详细的描述能够帮助 AI 模型更全面地理解案情，从而提供更加准确和有针对性的法律分析。

相比之下，一般用户可能会简单地问："两家公司因为一个技术开发项目产生了纠纷，该怎么办？"这样的提问虽然简洁，但缺乏必要的细节，难以得到深入而有价值的法律建议。

通过提供详细的情景描述，律师能够充分利用 AI 的分析能力，获得更加全面和深入的法律见解，这对于案件的准备和处理都具有重要的价值。同时，这种做法也体现了法律行业对细节的重视和对准确性的追求。

4. 更加注重保密性

律师在书写提示词时会更加谨慎，避免泄露客户隐私。这不仅是职业道德的要求，也是法律的明确规定。因此，即使在使用法律大模型工具时，律师也会谨慎处理涉及客户信息的内容，做到精确性与保密性的平衡。例如，在处理一起商业秘密纠纷案件时：

通用提示词："张三公司的核心技术被李四公司窃取并使用，应该如何处理？"

律师提示词：

请就以下匿名化的商业秘密纠纷案件进行法律分析：

当事人：

原告：A 公司（某新能源科技公司）

被告：B 公司（同行业竞争对手）和 C（B 公司现任技术总监，曾为 A 公司前员工）

案情概要：

A 公司发现其核心产品 X 的关键技术参数与 B 公司新推出的同类产品 Y 极为相似。

C 曾在 A 公司任职 5 年，负责 X 产品的研发，于去年离职加入 B 公司。

A 公司与 C 签有保密协议，但未签订竞业限制协议。

A 公司发现其内部数据库在 C 离职前后出现异常访问记录。

请基于以上信息，分析以下法律问题：

a）A 公司如何证明涉案技术构成法律意义上的商业秘密？

b）B 公司和 C 是否构成商业秘密侵权？如何评估？

c）缺少竞业限制协议对本案的影响。

d）A 公司可以采取哪些法律行动来保护其权益？

e）在诉讼策略上，如何平衡证据披露与进一步保护商业秘密的需求？

请在分析中避免使用任何可能识别具体当事人的信息，并考虑如何在法庭程序中保护 A 公司的商业秘密。

这个专业的提示词体现了以下几个方面对保密性的注重：

（1）使用匿名化处理：将具体公司和个人名称替换为 A、B、C 等代号，避免泄露实际当事人信息。

（2）概括性描述：对案情进行了概括性描述，避免提供过于具体的技术细节或可识别信息。

（3）行业泛化：仅提及“某新能源科技公司”这一宽泛的行业描述，而非具体的细分领域。

（4）产品代称：使用“X 产品”“Y 产品”等代称，而非实际产品名称。

（5）时间模糊化：使用“去年”这样的相对时间描述，而非具体日期。

（6）保密意识的强调：在分析要求中特别提到“避免使用任何可能识别具体当事人的信息”，以及考虑“如何在法庭程序中保护 A 公司的商业秘密”。

（7）关注保密与诉讼策略的平衡：要求分析如何在证据披露和保护商业秘密之间取得平衡。

5. 多角度分析要求

法律问题往往涉及多个法律领域，需要进行全面的分析。因此，律师在提出问题时，常常会要求从多个法律角度进行分析，以全面评估法律风险和策略。例如，在分析一起交通事故纠纷时：

通用提示词："一辆私家车与一辆出租车相撞，造成乘客受伤，该如何处理？"

律师提示词：

请从以下多个法律角度，分析一起涉及私家车与出租车相撞造成乘客受伤的交通事故纠纷：

侵权责任角度：

a）根据《民法典》第七编第五章机动车交通事故责任，分析机动车驾驶人的责任承担；

b）依据《民法典》运输合同规定，评估该案是否适用公共交通工具承运人责任。

保险法角度：

a）分析机动车强制责任保险在本案中的赔偿范围和限额；

b）评估商业第三者责任险对超出强制险部分的赔偿作用。

行政法角度：

a）根据《道路交通安全法》，分析交管部门在事故处理中的职责；

b）评估行政处罚对民事赔偿的影响。

民事诉讼法角度：

a）分析本案的管辖法院确定；

b）评估可能适用的举证责任分配规则。

合同角度：

a）分析出租车公司与乘客之间是否存在合同关系及其影响；

b）评估私家车驾驶员是否需要承担合同责任。

请基于上述角度，简要分析该交通事故纠纷中各方当事人的权利义务、可能的赔偿方案，以及潜在的法律风险。

6. 时效性和地域性更强

法律是随时间和地域而变化的，因此律师在提出问题时会明确指出适用的时间和管辖区域。这对于确保得到准确的法律建议至关重要。例如，在分析个人信息保护相关问题时：

通用提示词："公司如何合法收集和使用客户数据？"

律师提示词：

> 请基于以下时间背景，分析一家总部位于北京、业务覆盖全国的互联网公司在收集和使用客户个人信息方面的法律问题：
>
> 时间背景：(当前日期)
>
> 请考虑以下已生效的法律法规：
>
> 《中华人民共和国个人信息保护法》(2021 年 11 月 1 日生效)
>
> 《中华人民共和国数据安全法》(2021 年 9 月 1 日生效)
>
> 《网络安全审查办法》(2022 年 2 月 15 日生效)
>
> 《个人信息出境标准合同办法》(2023 年 6 月 1 日生效)
>
> 具体分析以下问题：
>
> a) 根据《个人信息保护法》，公司在收集和处理客户个人信息时需要遵守哪些基本原则？
>
> b)《数据安全法》对公司的数据分类分级管理有何具体要求？
>
> c) 如果公司处理的个人信息数量达到国家网信部门规定的标准，根据《网络安全审查办法》，公司需要履行哪些义务？
>
> d) 公司如果需要向境外传输个人信息，根据《个人信息出境标准合同办法》需要采取哪些措施？
>
> 请在分析中特别注意这些法律法规的生效时间，并指出它们给企业带来的新的合规要求。同时，也请考虑这些全国性法律法规如何影响公司在不同地区的业务开展。

这个专业的提示词体现了以下几个方面的时效性和地域性考虑：

（1）列明分析的时间点，这要求考虑到该时间点之前的所有相关法律更新。

（2）列举了具体的、已经生效的法律法规，并标注了它们的生效时间，体现了法律的时效性。

（3）包含了较新的法规，如2023年6月1日生效的《个人信息出境标准合同办法》，强调了近期法律变化的重要性。

（4）要求分析这些法规给企业带来的新的合规要求，体现了法律变化对企业实践的影响。

（5）涵盖了个人信息保护、数据安全、网络安全审查等多个方面，反映了近年来中国在数据保护领域的快速立法进程。

通过这种明确指出时间背景和相关法规的方式，律师能够确保基于最新、最相关的法律规定提供建议。这不仅能够得到更加准确和实用的法律分析，还能帮助律师快速了解特定时间点的法律环境。

7. 注重程序性问题

除了实体法问题，律师还会注意到法律程序和诉讼策略。这是因为在实际的法律实践中，程序问题往往与案件的最终结果息息相关，正确运用程序规则可以更好地保护当事人的合法权益，同时熟悉程序可以帮助律师更高效地推进案件进程。例如：

通用提示词："如何打赢这个案子？"

律师提示词：

> 在即将开庭的一起商业秘密侵权案件中，原告主张某前员工泄露了公司的客户名单。请分析举证责任分配，并就如何证明该信息构成法律意义上的商业秘密提出质证策略。

第二部分
PART TWO
法律场景化实务指南

第一章
DeepSeek+ 法律 AI 实现功能革新

1.1 DeepSeek+ 得理法律大模型

随着 DeepSeek-R1 的出现，大语言模型与相关 AI 应用踏入了新纪元。得理科技秉持“技术赋能法律”的使命，通过前瞻性的技术创新持续引领行业发展方向。目前，得理法律大模型与 DeepSeek R1 技术的深度融合，正在开创法律智能服务的新范式。得理坚持尝试突破传统法律工具的边界，将大语言模型的通用能力与法律专业场景深度适配，构建起覆盖法律实务全链条的智能支持体系。

DeepSeek 虽在逻辑推演方面表现出色，但在法律专业应用中仍面临三大核心挑战：一是“幻觉制造”，模型常在缺乏依据的情况下编造法条内容或案例；二是“数据缺失”，预训练数据缺少全面专业的法律语料；三是“专业失语”，缺乏对法律文本的专业预处理和标注训练，无法准确把握法律语境。

针对这些问题，得理法律大模型通过海量且全面的全域法律数据库，确保所有法规、案例等内容真实可查验，从源头上杜绝 DeepSeek 在法律引用中的幻觉问题。同时，专业模型经资深律师团队精心标注与深度指令微调，具备了精准的法律语义理解能力，能够高效把握各类复杂法律问题的核心要点，实现法律条款解读、案例深度剖析等专业操作。

在得理法律大模型与 DeepSeek R1 技术深度融合的架构下，法律实务场景的智能化改造正加速推进。通过构建“逻辑引擎 + 法律大脑”的双核驱动模式，小理 AI 既继承了 DeepSeek 强大的逻辑推理能力，又深度融合了得理科技多年积累的自有法律数据库，涵盖法规、案例等权威内容，提供真实可验证的数据环境，从根本上解决了通用大模型在法律场景中的三大顽疾：通过实时接入法律数据库杜绝法律条款的虚构风险，运用专业标注数据训练消除语义理解偏差，依托法律知识增强技术实现精准的裁判观点提炼。同时，结合 DeepSeek 强大的逻辑推理能力，升级后的小理 AI 能高效处理复杂法律问题，覆盖法律研究、合同生成等场景。这种技术整合保证了 AI 生成的内容具备严谨的法条引用和逻辑推演，兼顾效率与准确性。

1.2 实现的功能革新

1.2.1 法律检索：AI 类案检索总结

在司法实务的基础环节——法律检索领域，得理法搜推出的 AI 类案检索总结功能通过 AI 技术与海量法律数据的深度融合，为法律工作者提供智能化案件分析与检索支持。区别于传统关键词检索的机械匹配，用户只需输入自然语言描述的案情概要，系统即可通过语义理解自动关联相似案例，生成包含审判观点、争议焦点、法律依据的智能报告。特别值得关注的是其动态扩展机制：初始默认展示 5 个典型案例的深度解析，用户可根据需求灵活扩展至 10 个案例的对比分析，并支持一键导出 Word 格式报告，便于律师、法官、法务等快速获取裁判要点，为案件处理提供高效参考，使人工检索时间大大缩短。

1.2.2 法律分析：联网搜索

当法律研究需要突破封闭数据库时，得理法律大模型的联网搜索能力展现出独特优势。“法律研究”模块经过全面升级，重点强化了专业性与时效性。新功能严格遵循国际法律研究报告标准（ICAR），生成包含研究目的、法规案例引用、法律分析等模块的规范化报告，内容结构更系统、权威。系统接入外网数据资源，确保法律观点与案例实时更新，并支持点击链接直接跳转至原始资料页面，便于深度核查。研究报告可一键导出为 Word 或 PDF 格式，简化编辑与分享流程，实现团队信息高效同步。同时，底层技术优化显著提升了加载速度，查询响应更快，帮助律师、学者等用户快速获取前沿法律动态，缩短研究周期。此次升级通过结构化输出与实时数据联动，为法律实践提供更坚实的研究支撑。

1.2.3 法律文书：要素式起诉状

针对法院系统推行的新型要素式起诉状、答辩状，得理科技通过 AI 技术与官方文书模板的结合，解决了要素式起诉状填写过程中复杂、易出错的痛点，支持将传统起诉状自动转换为要素式结构。用户可输入案情概要或上传传统起诉状文件，系统通过 NLP 技术自动提取传统起诉状中的核心要素，并智能填充至对应的要素式起诉状表单字段。同时在网页端支持在线编辑，用户可在线检查修改后下载 Word 文档，既支持高效 AI 转化现有文本，也允许手动细化补充，兼顾效率与准确性，大幅降低操作门槛，帮助用户快速适应法院新规。更值得关注的是其持续进化机制——目前已支持民间借贷等主流诉讼案由的生成要素式起诉状，未来则将逐步覆盖更多案件类型。

1.2.4 文本分析：多文档上传解析

面对复杂的多场景法律业务需求，新增的“多文档解析”功能展现了强大的信息整合能力。利用 AI 技术实现多份法律文件的智能分析与跨文档比对。用户上传 PDF、Word 等格式文件后，系统可自动识别文档间的相似点与差异点，生成对比报告，并提炼核心事实、法律条文修订等关键信息。该功能支持批量上传 10 份文档，AI 引擎能自动拆分文档结构，生成包含时间轴、争议焦点等要素的结构化分析图谱。针对合同条款修订、司法解释版本更新等场景，系统还能对比文件差异，生成修订摘要，帮助用户快速捕捉风险点。此外，用户可选择案件梳理、观点总结等预设模式，或自由对话提问，分析结果支持 Word 导出与实时分享，大幅简化证据整合、文献速览等复杂操作，提升法律文件处理效率。

1.2.5 合同审查：现已上线数类常用合同审查

在合同审查标准化建设领域，得理科技依托法律科技深度应用，针对房屋租赁、买卖、借贷等五大高频民商事合同类型，构建起专业化智能审查体系。以房屋租赁合同为例，系统通过解析司法实践中常见的争议类型，建立涵盖租赁物交付标准、维修义务分配、转租效力认定等要件的结构化审查模型，实现对合同文本的多维度审查。同时采用动态学习机制，通过持续追踪最新司法裁判动向，及时更新合同条款的效力认定标准变化，使审查模型能够根据法律适用环境的变化自主优化预警规则，确保风险提示的时效性与准确性，力求为法律人提供具有司法公信力的智能审查服务。

第二章
AI 法律检索

2.1 功能一：法规检索

2.1.1 场景模拟

输入："你是一名法律专业的大二学生，正在和同学准备以商标侵权为主题的小组展示报告，需要梳理与商标侵权相关的法律法规。"

1. 传统检索方式

（1）搜索引擎检索

提问方式：与商标侵权相关的法律法规有哪些？

检索结果：检索结果以链接列表的形式展示。从链接来源而言，检索结果包括网友个人回答、企业账号发布的文章、文库文档以及政府文件等。

实际效果：检索结果根据回答的相关度强弱进行排序，但仍出现了许多偏离问题的响应，需要用户一个个点进链接阅读内容并进行判断。此外，这些回答的专业性、准确性难以保障，可能出现法规失效或不全面的问题，需要用户对信息来源进行核查。

（2）传统法规数据库检索

第一轮检索：

提问方式：需要确定检索关键词——"商标 侵权"

检索结果：根据字面匹配的原则，显示的检索结果前三项依次为：①《中华人民共和国刑法》（"商标"全文命中 10 次，"侵权"全文命中 2 次）；②《全国人民代表大会财政经济委员会关于第十三届全国人民代表大会第五次会议主席团交付审议的代表提出的议案审议结果的报告》（“商标”全文命中 16 次，“侵权”全文命中 1 次）；③《中华人民共和国广告法》（“商标”全文命中 2 次，“侵权”全文命中 1 次）。

实际效果：与检索需求相关度最高的《中华人民共和国商标法》仅位于检索结果的第八位，且并未标识与商标侵权相关的法律条款。需要用户调整关键词选词或组合进行二轮检索。

第二轮检索：

提问方式：调整检索关键词，取消分词——“商标侵权”

检索结果：《中华人民共和国商标法》位于检索结果第一项，并且能够定位包含“商标侵权”文本的条款。

实际效果：除了《商标法》外，其余排序靠前的法律文件包括：①《国务院办公厅关于印发第十次全国深化“放管服”改革电视电话会议重点任务分工方案的通知》（“商标侵权”全文命中 1 次）；②《国务院关于开展营商环境创新试点工作的意见》（“商标侵权”全文命中 1 次），等等，这些文件偶然匹配到检索关键词，命中次数不高，内容相关度也极低，检索的准确性有待提升。

2. 得理法搜

语义检索：除了关键词检索，得理法搜还支持自然语言和长文本检索——用户可以直接以自然语言提问：“请帮我梳理有关商标侵权的法律规定”。

智能分析：得理法搜的小理 AI 助手能够根据用户提问的内容，准确识别用户需求，自动整理与商标侵权相关的信息，包括但不限于商标侵权的定义、类型、法律责任和法律依据等。

高效呈现：检索结果根据法律法规的效力位阶排列展示：《中华人民共和国商标法》《中华人民共和国商标法实施条例》《最高人民法院关于审理商标民事纠纷案件适用法律若干问题的解释（2020 修订）》等法律文件，同时自动定位与商标侵权相关的具体条款。除此之外，左侧菜单栏可以对法律文件的效力、时效、发文机关、发文时间、实施时间等进行筛选（见图 2）。

图 2

2.1.2 其他使用方向

法律法规匹配：

提示词 1：我是一名律师，请提供与《建设工程工程量清单计价标准》（GB/T50500－2024）相关的法律法规。

提示词 2：请根据以下文件全文提供相关的法律法规（上传《建设工程工程量清单计价标准》GB/T50500－2024 文档）。

提示词 3：请提供《建设工程工程量清单计价标准》（GB/T50500－2024）制定所依据的法律法规。

作为法律专业大模型，小理 AI 相比传统检索方式，更能够从语义上理解用户需求。在律师需要对策、建议、可能的思考方向时具有一定优势，能够为律师提供可能的检索方向。

2.2 功能二：案例检索

场景模拟

输入：“郑先生的名下有一栋房屋，他将这栋房屋出租给了马女士，在签订合同之前，这栋房屋被有关机关鉴定为了 D 级危房，双方在签订合同之后，马女士作为承租人，对这栋房屋进行了相应的加固，但是在加固的过程中整栋房屋倒塌了。你是一名律师，客户郑先生就上述事实向你提出了疑问：他能否去向马女士索要赔偿呢？请检索相关案例作为参考。”

1. 传统检索方式

Step 1：需要先把案件事实转化为专业的法律问题，上述情形归纳为以下三个问题：①被鉴定为危房的房屋能否出租；②出租人与承租人明知房屋被鉴定为危房仍签订租赁合同，这份租赁合同的效力如何；③房屋在加固过程中倒塌，倒塌的原因如何确定，谁应承担房屋倒塌的责任？

Step 2：将一个完整的法律问题拆分成若干个关键词进行逐一检索：①关键词：“房屋租赁 危房”；②关键词：“危房租赁合同效力”；③关键词：“危房 加固 倒塌损害责任”。

上述关键词需要根据每轮检索结果进行相应调整，例如输入“被鉴定为危房”显示的结果更为精确，能够排除案件当事人名称中含有“危房”二字的，如广州市危房改造建设管理所。

Step 3：用户根据多轮检索结果，手动整理相关案例，形成类案分析报告。

2. 得理法搜

（1）语义检索：用户可以将整句的法律问题输入进行检索——“出租人与承租人

明知房屋被鉴定为危房仍签订租赁合同，这份租赁合同的效力如何”，或将案件基本事实陈述——“违反规章签订租赁合同将鉴定为存在严重结构隐患可能造成重大安全事故，应当尽快拆除的危房出租用于酒店经营”作为检索条件输入。

应对复杂案件，用户可以一键上传裁判文书、案例等 Word 或 PDF 格式的文档进行检索，能够极大地缩短检索流程，优化用户体验。用户不再需要通过关键词来适应搜索引擎的工作方式，而是自然语言式交互让搜索引擎以人性化方式来适应人类。

在检索的结果页面（见图 3）可以看到第一个为最高人民法院案例，案涉房屋被鉴定为 D 级危房，双方当事人签订的租赁合同用于可能会危及不特定公众人身安全的商务酒店经营，法院最终认定该案涉合同无效。该检索案例与上述案情概况具有较高匹配度。

图 3

（2）智能分析：小理 AI 助手能够根据用户提问的内容，准确识别用户需求，自动完成法律分析，如房屋倒塌的原因确定、责任承担以及相应的法律依据，为用户提供问题研究的思路与启发。此外，用户还能根据该回答进一步追问，实现多轮交互问答（见图 4）。

图 4

（3）高效呈现：

①检索页面可视化：检索结果可以选择根据相关性或裁判日期进行排列展示，提

供案件可视化图表，案件情况一目了然。左侧菜单栏支持对案件审理法院层级、地域、时间、案由、审理程序等类别进行筛选。与案情相关的法规、观点和资讯也能够一并呈现。

②案例数据可视化（见图 5）：

a. 智能摘要：AI 阅读裁判文书，基于案情快速生成摘要，一目了然诉讼请求、争议焦点、裁判依据、裁判结果等案件信息，快速掌握案件要点。

b. 裁判要点：基于裁判文书快速生成裁判要点，帮助用户更快了解法院的判决思路和法律适用原则。

c. 智能时间轴：通过数据可视化，AI 自动根据发生的时间和事件梳理案情，形成案件时间轴，帮助用户快速了解案件经过。用户可以点击编辑按钮来编辑时间轴，以便下次查看此案件。

d. 智能报告：智能抽取裁判文书的内容要素，一键生成结合 AI 检索总结的类案报告。

图 5

2.3 功能三：观点检索

场景模拟

输入："你是一名建设工程领域的律师，对于'建设工程价款优先受偿权能否随债权转让'，目前在司法实践中存在较大争议，并没有统一的意见。请就该问题检索相关法律观点。"

得理法搜

（1）语义检索：自然语言提问——"建设工程价款优先受偿权能否随债权转让？"

（2）检索结果：检索结果显示 8743 个优质观点，根据回答相关性排序展示：《建设工程价款优先受偿权是否随工程款债权的转让而转让》《金茂评论 | 建设工程价款优先受偿权相关问题研究（下）》《关于实际施工人主张建设工程价款优先受偿权探讨 | 德恒成都研析》等文章观点与用户提问高度契合，高效满足用户的检索需求。此外，用户还能够根据观点来源进行筛选，支持多元化视角（见图 6）。

图 6

第三章

AI 法律研究

3.1 功能概述

小理 AI 是一款基于先进的人工智能技术开发的工具，它拥有庞大的法律数据知识库，包括但不限于法律法规、司法判例、学术论文等。通过深度学习算法，小理 AI 能够进行智能分析，帮助用户快速获取相关信息，进行法律问题的初步分析，并提供解决方案建议。以下是法律 AI 的几个特色功能。

（1）信息提取与整合：从用户输入和法律问题或案情中提取并整合关键信息，为用户提供全面的概述。

（2）法律条文检索与匹配：通过关键词和语义匹配，快速提供与法律问题相关的依据。

（3）案例推理与类比：为当前案件提供类似解决方案和参考，帮助用户把握案件性质和法律责任。

（4）预测和风险评估：基于案例法规数据和法律知识，为用户提供案件结果预测和风险评估的决策支持。

3.2 使用指南

1. 有效提问

有效的提问应做到以下几点：

——清晰描述：简要描述与法律问题相关的背景和具体情况，但避免使用过于复杂的句子结构，便于小理 AI 抓住案件的核心问题和关键点。

——具体要求：在清晰描述了事件经过和背景信息后，就可以向小理 AI 具体说明希望获得的信息或建议。请注意提出的要求应尽可能具体、明确，避免模糊或泛泛而谈。

——结构化提问：可以使用序号或项目符号等方式分点列明您的问题，尤其是在处理复杂问题时，有利于小理 AI 理解和回答。

以下为一个简单的示例：

"我是一名员工，和公司签订了为期三年的劳动合同。近期，公司因业务调整，通知我以'经济性裁员'为由解除劳动合同，但没有提前三十日书面通知，也没有支付额外一个月工资作为代通知金。"

（1）请根据《中华人民共和国民法典》《中华人民共和国劳动法》等法律规定，分析公司是否满足经济性裁员的条件。

（2）公司没有提前三十日书面通知，也没有支付代通知金的行为属于违法解除吗？请帮我查找相关的法律依据和案例。

（3）我能否申请劳动仲裁来维护自己的权益，劳动仲裁的步骤、所需材料以及可能面临的法律后果是什么？

2. 追问与反馈

当小理 AI 给出的初步结果未能完全解答问题或对回答存在疑问时，可以向小理进行追问，目的在于进一步澄清问题、获取更详细的信息或纠正可能的误解。在追问时，需要注意以下几点：

针对性：追问应直接针对初步结果中的疑问点或不足之处进行。

明确性：追问的表述应清晰明确，避免引起新的歧义。

逻辑性：追问之间应保持一定的逻辑顺序和关联性，以便小理 AI 能够更好地理解用户的意图。

在接收到追问后，法律 AI 会重新分析并给出反馈。反馈的内容可能包括更详细的分析报告、相关法律条文、案例判决或专家意见等。在接收到反馈时，应注意以下几点：

——仔细阅读：认真阅读法律 AI 给出的反馈内容，确保全面理解其含义和逻辑。

——验证准确性：对反馈中的关键信息进行验证，确保其准确无误。

——综合评估：将反馈内容与案件实际情况相结合，进行综合评估和分析。

3. 整合与应用

在经过多轮对话获取了足够的信息后，获得了较为全面和准确的法律分析结果。接下来，需要将这些结果整理成一份完整的法律分析报告，以便为后续的诉讼策略制定提供有力支持。在形成法律分析报告时，需要注意以下事项：

——结果输出：小理 AI 输出的内容完整结构包括 AI 总结、法律分析、参考法规、参考案例、参考资料，可以根据实际需求整合相应信息。其中 AI 总结运用了 RAG 技术，接入外网数据资源，联网检索，总结生成，保证研究成果紧贴时代脉搏，反映最新法律观点与数据更新，为法律实践提供坚实支撑。法律分析则是基于得理法律大模型海量法律数据与专业向量库，结合深度学习算法，对问题进行系统化的推理和分析。这部分内容展现了模型对法律逻辑的深度理解和专业判断能力，为客户提供更具洞察力的法律见解。这两部分各有侧重、相辅相成：AI 总结确保了信息的时效性和广泛性，法律分析则体现了模型的专业推理能力。在实际应用中，可以结合这两部分内容，获得更全面和深入的法律解答。

——专业判断：虽然小理 AI 能够提供专业且庞大的数据信息，但因大语言模型的固有局限性，建议在形成法律分析报告或法律意见书前，通过其他渠道验证关键信息的准确性。请注意小理 AI 提供的信息是辅助性的，最终的法律分析和建议仍需依赖律师的专业判断。

——信息保密：在使用小理 AI 的过程中，应确保遵守客户信息的保密性，不泄露敏感信息。在上传文档或输入案情时，可以将涉密或敏感信息进行脱敏处理。

3.3 实战案例分析

在介绍完基本的使用方式后，来看一个更加深入的实战案例，展示得理 AI 如何在实际法律研究工作中发挥价值，大幅提升工作效率。

3.3.1 应用场景

在一起建设工程分包合同纠纷案件中，分包人与实际施工人达成了《结算协议》，双方确认分包人按业主结算总额的 90% 向实际施工人结算施工费，并在《结算协议》

第 8 条约定："若分包人付款出现逾期，则应按业主结算总额的 95% 向实际施工人结算施工费。"现分包人付款出现了逾期，但实际已支付完毕业主结算总额的 90%，实际施工人起诉要求分包人支付剩余 5% 款项。针对该协议第 8 条的性质该如何理解，双方产生争议。

在这一场景中，设定律师需代理分包人进行答辩应诉，案件核心争议焦点之一为"双方《结算协议》的第八条属于结算条款，还是违约条款"。该条款的定性将决定实际施工人诉请的款项是欠付工程款，还是过高的违约金，这对分包人的责任抗辩至关重要。

3.3.2 法律研究流程

在法律研究报告的创作过程中，律师团队应当坚持以 AI 分析为主、律师复核为辅的创作原则，主要通过律师初步分析、AI 产品选择与使用、律师最终筛选分析及复核等多个环节，形成法律研究报告。

1. 律师初步分析案件方向

首先，律师根据委托人与相对方的协议签署情况、委托人实际履行情况，以及相对方提出的诉讼请求等，初步分析确定本案的主要法律问题：《结算协议》第 8 条的约定内容应视为结算条款还是违约责任？

2. 选择可用的 AI 产品

为了获得更全面的分析视角，除了小理 AI 外，还选取了其他几款 AI 产品同时进行分析，彼此之间互为补充，为律师提供了更加全面的思考路径。

3. 输入指令进行法律分析

在确定指令内容环节，为避免 AI 分析结果因预设的角色定位而出现偏差，在使用 AI 进行案件分析时，未向 AI 明确己方立场。结合初步分析结论及案情，向 AI 输入如下指令：

> 当分包人与实际施工人达成《结算协议》，双方确认分包人按业主结算总额的 90% 向实际施工人结算施工费。并在《结算协议》第八条约定："若分包人

付款出现逾期，则应按业主结算总额的95%向实际施工人结算施工费”。现分包人付款出现了逾期，但实际已支付完毕业主结算总额的90%，实际施工人主张按95%结算，双方因此产生争议，则第八条的这一约定应视为结算条款还是违约责任？

4. 律师初步筛选分析结论

对于多款AI给出的初步答复，人工进行对比，可以发现所有AI产品均分析认为涉案协议内容属于违约责任的约定，尽管切入思路与论证框架有所不同，但具备大体上的正确性与可适用性。

在法律检索方面，各AI产品均给出了相关的法律依据，但经过律师判断，部分AI提供的法律依据存在已失效或未具体至条文的情况。比较而言，小理AI在《民法典》之外，还检索了《建筑法》和《最高人民法院关于审理建设工程施工合同纠纷案件适用法律问题的解释（一）》，展现了更全面深入的法规检索能力和更高的精准度。

5.AI分析类案检索文本

在类案检索方面，律师调整了提示词，要求大模型提供与该争议焦点有关的类案。由于AI提供的司法案例过于庞杂，团队使用小理AI对这些案例进行了进一步分析：

首先，将检索到的（2019）渝02民终2694号、（2019）最高法民终504号民事判决书分别上传至小理AI的文本分析栏，由AI对文本进行解析，提取出案件的基本信息和当事人信息。

随后，选择文本分析栏中生成的文本问答选项，小理AI能根据上传的文本涉及的争议焦点自动生成问题示例。根据生成的问题示例，律师在（2019）渝02民终2694号案例的对话框中选择指令，如“《工程项目目标承包合同》中的第十九条第一款约定是否属于违约责任条款？”“双方合同中有关按照已完工程量85%结算工程款的约定的性质是什么？”

针对（2019）渝02民终2694号案例，律师在对话框中输入指令：“请帮我梳理一审法院关于第十九条属于违约条款的观点”及“请帮我梳理二审法院关于第十九条属于违约条款的观点”。小理 AI 从文本中提炼观点，律师将 AI 生成的文字填入研究报告，修改部分语句，核对文稿后即可成稿。

针对（2019）最高法民终 504 号案例，律师在对话框中输入指令：“请帮我梳理最高院认为双方合同中有关按照已完工程量 85% 结算工程款的约定是违约条款的观点”，小理 AI 同样能从文本中提炼观点，使律师能够快速整理关键信息。

6.AI 分析需补充资料清单

在 AI 法律研究和案例研究的基础上，律师需要向客户拟定一份需要补充提供的资料清单，以便在正式形成研究报告前准确核实案件的基础事实情况。在这一环节，律师向小理 AI 输入了如下指令：

> 在一起建设工程分包合同纠纷案件中，分包人与实际施工人达成了《结算协议》，双方确认分包人按业主结算总额的 90% 向实际施工人结算施工费，并在《结算协议》第八条约定：“若分包人付款出现逾期，则应按业主结算总额的 95% 向实际施工人结算施工费。”现分包人付款出现了逾期，但实际已支付完毕业主结算总额的 90%，实际施工人起诉要求分包人支付剩余 5% 款项。该案中，我们需代理分包人进行答辩应诉。请你以律师的视角，拟定一份需要由分包人提供的资料清单。

得理 AI 给出的答复内容紧密结合了案情，且在此基础上进一步阐述了资料与案件的匹配度并提供了理由。相关结论可供律师直接使用，无须再调整指令内容重新分析。

7. 律师复核形成研究报告

根据 AI 得出的法律分析结论以及 AI 分析的类案检索文本，律师已经可以得出所研究问题的基本观点，及对应的法律分析过程、可供参考的司法案例。在此基础上，律师根据常规的研究报告形式，汇总形成案件研究报告，包括案件背景、条款性质的法律分析、类案汇总、法规汇总、研究结论和材料收集清单等内容。

在实际操作过程中，对于法律研究报告正文，也就是更侧重于直接生成实体结果、相关法规以及类案推荐这一部分内容，律师仅需在 AI 提供的信息基础上进行少量改动与筛选，主要是对已有信息的整合处理，以及根据法律知识与经验来筛选法规、类案中的可适用部分。这在传统寻找请求权基础与类案检索的方式方法上有了巨大的效率提升。

针对既具有程序性又需兼顾实体内容的材料清单文本，小理 AI 所生成的清单答复内容紧密结合了案情，答复内容清晰、准确且完整，并能明确阐述所收集材料的匹配度及收集理由，因此无需再进行任何人工修改，可直接使用。

整体而言，在报告生成过程中，AI 占比在 60%—70%，极大地提高了工作效率。

3.3.3 方法论总结与建议

通过上述实战案例的分析，可以总结出在法律研究过程中使用得理 AI 的几点方法论：

在 AI 法律分析方面，当前不同 AI 产品可能基于其检索范围、分析逻辑、功能定位等不同，就同一法律问题得出不同的分析结论。可以使用多个 AI 产品综合进行分析，并最终汇总整理不同 AI 得出的分析结论及相应依据，为实际工作的推进提供参考。在实际使用过程中，为避免 AI 因使用者为其设定的不同角色而出现分析误差，可避免设定具体的角色代表。同时，通过将案情进行凝练，并给 AI 提供具体的问题指令，有助于 AI 得出相对完善的分析结论。

在 AI 法律检索方面，目前大部分 AI 均支持协助进行法律检索，但是存在 AI 造法、引用失效法律法规等情况，对于 AI 提供的结论仍需注意其时效性。在实际检索过程中，通过限定法律检索范围，比如按照部门法进行检索，效果将更好；但仍需注意其他特殊法律规定。

在 AI 案例检索方面，受限于不同 AI 现阶段的检索能力，目前 AI 提供的部分参考案例相关性较弱，还需通过 AI 文本分析进行二次筛选。在实际检索过程中，可以不断调整输入指令，包括案件关键词、案情表述、争议焦点等，以提升 AI 检索案例的相关性及准确性。

3.4 其他实例展示

小理 AI 的标准输出通常包含主体内容（AI 总结、法律分析）及支撑材料（包括参考法规、参考案例、参考资料等）。为了使本指南内容更加精练，在后续的示例中，我们将主要展示主体内容部分，省略参考材料部分。读者在实际使用过程中，可以根据需要参考这些补充材料，它们对于验证答案的准确性和深入理解问题都有重要帮助。

• 场景模拟 1

用户：你是一名律师，现在客户向你咨询，隐名股东如何转让股权，请你为客户进行法律分析并给出初步方案思路。

【AI 总结】

一、确认隐名股东身份及股权份额

1. 隐名股东应首先确认自己在公司中的实际出资人身份，这通常依赖于与显名股东之间的协议，虽然该协议对公司不具有约束力，但可作为隐名股东与显名股东之间的有效约定。

2. 隐名股东还应确保自己未实际参与公司经营且无违法行为，以保持其身份的合法性。

二、股权转让步骤

1. 若隐名股东想要转让股权，应首先与显名股东协商，将股权转让给隐名股东，使其成为真正的股东。

2. 在隐名股东具备真正的股东资格后，可按照《公司法》的相关规定进行股权转让。具体来说，有限责任公司的股东之间可以相互转让其全部或者部分股权。股东向股东以外的人转让股权，应当经其他股东过半数同意。

3. 股东应就其股权转让事项书面通知其他股东征求同意，其他股东自接到书面通知之日起满三十日未答复的，视为同意转让。其他股东半数以上不同意转让的，不同意的股东应当购买该转让的股权；不购买的，视为同意转让。

4. 经股东同意转让的股权，在同等条件下，其他股东有优先购买权。两个以上股东主张行使优先购买权的，协商确定各自的购买比例；协商不成的，按照转让时各自的出资比例行使优先购买权。

三、注意事项

1. 在股权转让过程中，应遵循公司章程和《公司法》的相关规定。若公司章程对股权转让另有规定，应从其规定。

2. 若隐名股东直接将股权转让给第三方，应确保该转让行为经过公司其他过半数股东的同意，并且在公司全体股东放弃优先购买权的情况下进行。否则，公司的其他股东可依据《公司法》的相关规定主张该转让行为无效。

四、风险提示

在股权转让过程中，隐名股东应注意保护自己的权益，避免因股权转让而引发的纠纷。建议在股权转让前咨询专业律师，以确保整个过程的合法性和有效性。

【法律分析】

作为一名资深法律顾问，针对客户提出的隐名股东如何转让股权的问题，以下是我的法律分析以及初步方案思路：

隐名股东，即实际出资人，其股权通常是通过显名股东代持。由于隐名股东并未直接登记在公司的股东名册上，因此在股权转让过程中会面临一些特殊的法律问题。

- 股东身份确认。首先，隐名股东需要证明其实际的股东身份，这通常通过其与显名股东之间的代持股协议来体现。这份协议虽然对公司不具有约束力，但在隐名股东与显名股东之间是有效的。
- 股权转让程序。隐名股东转让股权通常需要通过显名股东进行。这意味着隐名股东需要与显名股东达成一致，然后由显名股东按照《公司法》和公司章程的规定进行股权转让。
- 优先购买权问题。在有限责任公司中，股东向非股东转让股权时，其他股东享有优先购买权。因此，在隐名股东通过显名股东转让股权时，需要遵守这一规定。
- 变更登记。股权转让完成后，需要向公司登记机关办理变更登记。由于隐名股东并未直接登记在股东名册上，因此这一步通常由显名股东完成。

初步方案思路

➢确认股东身份。首先，隐名股东应提供与显名股东之间的代持股协议，以证明其实际的股东身份。

➢与显名股东协商。隐名股东应与显名股东进行充分协商，就股权转让的数量、价格、支付方式等达成一致。

➢遵守《公司法》规定。在股权转让过程中，应严格遵守《公司法》和公司章程的规定，特别是关于股东优先购买权的规定。

➢办理变更登记。股权转让完成后，应及时向公司登记机关办理变更登记，以确保股权变动的合法性和有效性。

➢寻求法律支持。如果在股权转让过程中遇到任何法律问题或纠纷，隐名股东应及时寻求专业的法律支持，以保护自己的合法权益。

【注：在实际使用过程中，模型通常会在回答后提供“参考法规”“参考案例”“参考资料”等支撑信息。考虑到指南篇幅限制，后续示例中将省略这些部分。读者在实际使用时，可以参考这些补充信息来验证和深化对问题的理解】

• 场景模拟 2

用户：你是一名民商事领域的律师，请根据现行有效的法律法规分析：担保人去世，其继承人继承其财产后，是否继受担保合同中原担保人的担保义务？

【AI总结】

一、担保人去世后担保合同效力问题

根据《民法典》的规定，担保人去世后，其继承人如果选择继承担保人的遗产，那么同时也需要承担担保人之前的担保义务。这是因为继承人以所得遗产实际价值为限清偿被继承人依法应当缴纳的税款和债务，这包括担保债务。

二、继承人承担担保义务的范围

继承人承担担保义务的范围以其所继承的遗产实际价值为限。如果遗产价值不足以清偿全部担保债务，继承人无须承担超出遗产价值的债务。但如果继承人自愿偿还超出遗产价值的债务，则不受此限制。

三、继承人放弃继承的情况

如果继承人选择放弃继承担保人的遗产，那么也就无须承担担保人的担保义务。这是因为继承人的担保义务是基于其继承了担保人的遗产而产生的。

总结：担保人去世后，其继承人如果选择继承其遗产，则需要承担原担保人在担保合同中的担保义务，但承担的范围以其所继承的遗产实际价值为限。如果继承人放弃继承，则无须承担担保义务。

【法律分析】

担保人去世，其继承人继承其财产后，会继受担保合同中原担保人的担保义务，但仅以所得遗产实际价值为限。

1. 法律依据

根据《中华人民共和国民法典》第一千一百六十一条的规定，继承人以所得遗产实际价值为限清偿被继承人依法应当缴纳的税款和债务。这意味着，担保人的继承人在继承遗产的同时，也继承了担保人的债务，包括担保合同中的担保义务。但是，这种继承的债务清偿责任仅限于继承人所获得的遗产的实际价值。

2. 债务清偿范围

如果继承人继承的遗产价值不足以清偿全部担保债务，那么继承人无须承担超出遗产实际价值的债务部分，除非其自愿偿还。此外，如果继承人选择放弃继承，则对被继承人的债务（包括担保债务）可以不负清偿责任。

3. 特殊情况考虑

在分割遗产时，根据《中华人民共和国民法典》第一千一百五十九条，应当清偿被继承人依法应当缴纳的税款和债务，但也要为缺乏劳动能力又没有生活来源的继承人保留必要的遗产。这体现了法律在保护债权人利益的同时，也兼顾了部分继承人的基本生活需要。

综上所述，担保人的继承人在继承遗产后，会继受担保合同中原担保人的担保义务，但这种继受是有条件的，即以所得遗产实际价值为限。

• 场景模拟 3

用户：请结合我国法律法规分析，施工合同解除后，建设单位是否有权继续扣留质量保证金？

【AI 总结】

一、引言

施工合同解除后，建设单位是否有权继续扣留质量保证金是一个复杂且有争议的问题。本文将结合我国相关法律法规，对此问题进行分析。

二、质量保证金的概念与目的

质量保证金是建筑施工合同中常见的一种担保方式，其目的在于确保承包方在缺陷责任期内对建设工程出现的缺陷进行维修。它通常作为工程价款的一部分，由建设单位在支付工程款时扣留，待缺陷责任期结束后，再根据工程质量情况予以返还。

三、施工合同解除后质量保证金的处理

1. 法律依据

根据《民法典》的相关规定，合同解除后，尚未履行的部分应终止履行，已经履行的部分则根据履行情况和合同性质进行处理。对于施工合同中的质量保证金条款，若合同已明确约定了解除合同后质量保证金的处理方式，则应按照约定执行。若无明确约定，则需根据具体情况进行判断。

2. 司法实践

在司法实践中，对于施工合同解除后建设单位是否有权继续扣留质量保证金的问题，存在不同的裁判观点。一些法院认为，即使施工合同解除，建设单位仍有权扣留质量保证金，以确保已完工程部分的质量。而另一些法院则认为，施工合同解除后，质量保证金条款应终止履行，建设单位应返还已扣留的质量保证金。

四、分析结论

综上所述，施工合同解除后建设单位是否有权继续扣留质量保证金，需根据合同约定及具体情况进行判断。若合同中有明确约定，则应按照约定执行。若无明确约定，则需考虑已完工程部分的质量情况、双方当事人的过错程度等因素，以确定质量保证金的归属。在实际操作中，建议双方当事人在签订施工合同时，明确约定合同解除后质量保证金的处理方式，以避免后续纠纷。

【法律分析】

作为资深法律顾问，对于施工合同解除后建设单位是否有权继续扣留质量保证金的问题，我的分析如下：

首先，我们要明确质量保证金的主要目的是保证承包方在缺陷责任期内对建设工程出现的缺陷进行维修。根据《最高人民法院关于审理建设工程施工合同纠纷案件适用法律问题的解释（一）》第十七条，有几种情况下，承包人可以请求发包人返还工程质量保证金。但这条规定并未直接涉及合同解除后的情况。

接着，我们参考《中华人民共和国民法典》第五百六十六条，这一条款指出合同解除后，尚未履行的部分应终止履行，而已履行的部分则可根据情况请求恢复原状或采取其他补救措施。这意味着，如果施工合同被解除，那么未完成的工程部分将不再继续，但对于已完成且质量合格的部分，发包人应支付相应的工程价款。

再来看《中华人民共和国民法典》第八百零六条，它规定了在合同解除后，对于已经完成且质量合格的建设工程，发包人应按约定支付工程价款。这一条款暗示了即使合同解除，发包人仍有支付义务，但它并未直接说明质量保证金的扣留问题。

综合以上法律法规，我们可以得出以下结论：

1.如果施工合同因某些原因被解除，对于未完成的部分，双方应终止履行。

2.对于已完成且质量合格的建设工程部分，发包人应按照约定支付工程价款。

3.关于质量保证金，虽然相关法律法规没有明确说明合同解除后是否可以继续扣留，但从立法目的和质保金的性质来看，其主要是为了保证工程质量。因此，如果已完成工程的质量合格且没有需要维修的缺陷，那么发包人应返还质保金。反之，如果工程存在质量问题需要维修，发包人有权继续扣留质保金以确保维修工作的进行。

所以，施工合同解除后，建设单位是否有权继续扣留质量保证金取决于已完成工程的质量情况。

• 场景模拟 4

用户：你是一名律师，现 A 公司员工张某于工作期间受伤，请问 A 公司如何为员工办理工伤认定？

【AI 总结】

一、确认工伤认定条件

根据《工伤保险条例》的规定，员工在工作时间和工作场所内，因工作原因受到事故伤害的，应当认定为工伤。因此，A 公司首先需要确认张某是否在工作期间、在工作场所内，并因工作原因受伤。

二、及时报告和申请

1. 如果确认张某的情况符合工伤认定条件，A 公司应立即向所在地的工伤保险经办机构报告，并在规定的时间内提交工伤认定申请。

2. 申请时需要提供相关的证明材料，如张某的身份证明、劳动合同、医疗诊断证明、事故报告等。这些材料将有助于工伤保险经办机构对张某的工伤情况进行认定。

三、配合调查和认定

在工伤认定过程中，工伤保险经办机构可能会对事故现场进行调查，或者要求 A 公司提供更多的证明材料。A 公司应积极配合，确保提供的信息真实、完整。

四、承担用人单位责任

如果张某被认定为工伤，A 公司需要按照《工伤保险条例》的规定，承担相应的用人单位责任，包括支付张某停工留薪期间的工资福利待遇、协助张某进行工伤医疗和康复等。

总结：作为用人单位，A 公司在员工张某工作期间受伤后，应积极进行工伤认定申请，并配合工伤保险经办机构的调查和认定工作。同时，A 公司也需要明确自身的责任和义务，确保员工的合法权益得到保障。

【法律分析】

作为律师，针对 A 公司员工张某于工作期间受伤的情况，关于如何为员工办理工伤认定，建议A公司按照以下步骤操作。

1. 确认工伤情况

需要确认张某是否在工作时间和工作场所内因工作原因受到伤害，这是工伤认定的基本条件。

2. 及时申报

A公司应在张某发生事故伤害之日起30日内，向统筹地区社会保险行政部门提出工伤认定申请。这是根据《工伤保险条例》第十七条第一款的规定。

3. 准备相关材料

在提交工伤认定申请时，A公司需要准备相关证明材料，如张某的医疗记录、事故报告、证人证言等，以证明张某是在工作时间和工作场所内因工作原因受伤。

4. 特殊情况处理

如果遇有特殊情况，A公司可以向社会保险行政部门申请延长申请时限，但需经社会保险行政部门同意。

5. 逾期未申请的后果

如果A公司未在规定时限内提交工伤认定申请，那么在此期间发生的符合条例规定的工伤待遇等有关费用将由A公司自行负担。

6. 员工自行申请

如果A公司未按规定提出工伤认定申请，张某或其近亲属、工会组织也可以在事故伤害发生之日起1年内，直接向用人单位所在地统筹地区社会保险行政部门提出工伤认定申请。

综上所述，A公司应尽快按照上述步骤为张某办理工伤认定手续，以确保张某能够享受到应有的工伤保险待遇。

第四章

AI 法律咨询

4.1　功能概述

小理 AI 是一款专门面向法律领域的人工智能系统，它能够处理各种法律问题，从简单的法律概念解释到复杂的案例分析，完成深度理解和解答。相比于通用大模型，小理 AI 具有以下突出特点。

1. 强大的法律情境感知能力

小理 AI 经过专门的法律知识训练，能够准确理解法律术语、概念和上下文。它不仅能识别关键法律问题，还能考虑到案件的具体情境，提供更加精准和实用的法律建议。

2. 卓越的法规适应性

随着法律法规的不断更新，小理 AI 能够快速适应新的法律环境。它可以及时整合最新的法律修订、司法解释和典型案例，确保其提供的法律意见始终符合现行法律规定。

3. 克服幻觉问题

通用大模型在生成法条时可能会出现“幻觉”问题，即生成虚假或不准确的法律条文。小理 AI 通过严格的训练和验证机制，能够有效避免这一问题，保证其引用的法条和案例的准确性和可靠性。

4. 提供针对性强的法律意见

基于其强大的法律分析能力，小理 AI 能够为用户在案件准备和策略制定阶段提供高度针对性的法律意见。它可以分析案情要点，识别关键法律问题；罗列适用的法律条款和类案判例；推理可能的法律风险和结果；提供多角度的法律策略建议。

4.2 使用指南

1. 提问方式

为了获得最准确和有用的法律咨询结果，可以在提问时注意以下几个方面：

——清晰描述问题与信息：简要描述与您的法律问题相关的背景和具体情况。这有助于小理 AI 更好地理解您的情况并提供针对性的建议。

在法律咨询中，首先需要说明事件有几方当事人，自身在事件中的身份，以及其他角色的对应身份，例如，买卖关系中会存在买方、卖方，也可能存在担保、承运等第三人，上述有利于小理 AI 明确法律关系。同时需要向小理 AI 提供事件的关键信息，其中需要包括事件发生经过、时间线、各方已经采取的行动或沟通，以及可能影响案情的特殊情况，等等。

例如，“我是一名租客，2023 年 1 月 1 日，我与房东签订了为期一年的租房合同，但房东在 2023 年 6 月 15 日，突然电话通知我需要在 7 月 1 日前搬出，理由是他要出售房屋。我在电话中表达了强烈反对，但房东固执己见。”这句话明确了这是一个租赁合同纠纷的法律问题，咨询者为承租方，法律问题是出租人单方终止租赁合同。仅仅提供口语化的自然语言，小理 AI 就能自行理解并提取法律要点。

——明确列出具体要求：在清晰描述了事件经过和背景信息后，就可以向小理 AI 具体说明希望了解的法律问题。例如，分析事件、可采取的措施，提供相关的法条或类案，等等。在说明时，如果有多个想要了解的法律问题，可以以序号标记的方式分点列明。对于小理 AI 的回答格式或者结构，也可以在提问中提前指定好。例如，可以要求回答的详细程度如字数范围，也可以要求在回答中引用特定信息如法律法规和案例，对于输出格式也可以做简单指定，如要求以 markdown 格式输出回答。

例如：“我希望获得以下信息：相关的租赁法律条款，特别是关于提前终止合同的规定；我可以采取的法律行动的具体步骤；我可以如何维护自己的权益，法律上有什么规定能够支撑我的主张。”

——对复杂问题，建议分步骤提问：如果一次询问中有多个问题或者问题较为复杂，可以通过排列序号的方式将问题分步提出，这样有利于小理 AI 更快理解需求，从而输出结果更明晰的回答。

2. 交互操作

——支持自然语言输入

在向小理 AI 提问时，不必担心小理 AI 无法理解专业的法律术语或概念。小理 AI 作为垂直于法律领域的大语言模型，基于“500 万 + 法律大数据”精心训练，全面覆盖各类法律场景，能够完全理解并提供权威法律依据和专业分析建议，完全可以使用日常用语描述您的法律问题。无须使用专业的法律术语，小理 AI 就能够自行解读并提取关键信息，输出法言法语。

发送提问后，小理 AI 会进行分析和处理。根据问题的复杂程度，回答时间可能会有所不同。请耐心等待小理 AI 给出全面的回答。

——允许多轮对话，进行追问和澄清

如果认为首轮输出结果中有不满意的地方，可以跟进提出问题，或者补充更多信息、修改原提问中可能引发歧义的措辞后再提问一次。

提出跟进问题，可以要求小理 AI 解释法律术语、对某项分析结论提供更详细的论证，或是追问其他特殊情况，让小理 AI 作出更全面的回答。

——文件分析功能，可上传相关文件

小理 AI 附有文件分析功能，用户可以上传相关的法律文件，如合同、诉讼文书等。小理 AI 能够分析这些文件，提取关键信息，并结合用户的问题提供更准确的法律建议。

3. 结果解读

——理解模型给出的法律分析框架：小理 AI 通常会提供一个结构化的分析框架，包括问题概述、法律依据、分析过程和结论建议。仔细阅读每个部分，以全面理解 AI 的分析逻辑。

——注意模型提供的法律依据：关注 AI 引用的法律条文。这些依据是 AI 得出结论的基础，也是您进一步研究和验证的重要参考。

——关注模型建议的可能解决方案：小理 AI 提出的法律建议，仍然需要用户自己来仔细权衡每种方案的优缺点，考虑它们在特定情况下的适用性。

——将模型的回答作为参考，重要决策仍需咨询专业律师：尽管小理 AI 能提供有价值的法律分析和建议，但它不能替代律师的专业判断。对于重大法律决策，仍建议咨询有执业资格的律师。

得理平台同时提供了问律师渠道，当用户认为大语言模型不足以解决自身法律问题时，可以通过“问律师”，精准匹配相关领域的专业律师，使用律师咨询服务。

4.3 使用示例

1. 合同纠纷

用户：我在租房过程中遇到了房东不退还押金的情况，应该怎么办?

模型：

在租房过程中遇到房东不退还押金的情况，你可以采取以下步骤来解决问题：

核查租赁合同：回顾你的租赁合同中关于押金退还的条款。合同中应明确押金退还的条件和期限。如果合同中没有明确规定或者规定不明确，可以参考《中华人民共和国民法典》中关于租赁合同的规定。

与房东沟通：主动与房东沟通，了解其不退还押金的具体原因。如果是你的某些行为导致的损失，房东可能需要从押金中扣除相应费用。但如果是无理由拒绝退还，你可以依据租赁合同和法律规定来争取自己的权益。

寻求法律援助：如果与房东的沟通没有结果，你可以咨询律师或相关法律机构，了解自己的权利和可行的法律途径。例如，根据《中华人民共和国民法典》第七百二十二条的规定，如果房东无正当理由不退还押金，你可以通过法律手段来维护自己的权益。

提起诉讼或仲裁：在律师的建议下，如果必要，你可以提起诉讼或申请仲裁来解决纠纷。法院或仲裁机构会根据双方提供的证据和法律规定来作出公正的裁决。

保留证据：在整个过程中，务必保留好所有与租房和押金有关的证据，如租赁合同、押金收据、与房东的通信记录等。这些证据在解决纠纷时将起到关键作用。

综上所述，遇到房东不退还押金的情况，你应首先核查合同，然后与房东沟通。若无法解决问题，可寻求法律援助并考虑提起诉讼或仲裁。在整个过程中，保留好相关证据是非常重要的。

2. 刑事辩护

用户：一群小孩打架，其中一个失手把另一个小孩打死了，杀人的那个小孩的哥哥想帮他顶罪，这怎么判?

模型：

在这个问题中，涉及几个关键的法律点，我们逐一分析：

首先，关于失手打死小孩的行为：依据《中华人民共和国刑法（2023修正）》第二百三十二条的规定，故意杀人的，处死刑、无期徒刑或者十年以上有期徒刑；情节较轻的，处三年以上十年以下有期徒刑。由于这里描述的是“失手”打死，而非故意预谋杀人，因此在量刑时可能会考虑到这一点，但具体判罚还需根据案件的具体情况，如行为人的年龄、动机、手段、后果等因素综合判断。

其次，关于哥哥想替弟弟顶罪的行为：顶罪行为本质上是一种欺骗司法机关的行为，可能会构成伪证罪或其他相关犯罪。但在这个问题的描述中，并未明确哥哥是否已经实施了顶罪行为，如果仅是“想”顶罪而未有实际行动，那么在法律上可能不会直接对此进行处罚。然而，如果哥哥确实采取了行动，如向司法机关作伪证等，那么他将面临相应的法律责任。

再次，关于一群小孩打架的情况：依据《中华人民共和国刑法（2023修正）》第二百九十二条的规定，聚众斗殴的，对首要分子和其他积极参加的，处三年以下有期徒刑、拘役或者管制。但由于参与者都是小孩，所以在实际处理时，可能会考虑到他们的年龄因素，采取教育、感化等措施，而非直接进行刑事处罚。当然，这也要根据具体情况来判断。

最后，关于教唆犯的问题：在这个案例中，并未明确提到有教唆行为发生。如果有第三方教唆小孩打架或杀人，那么根据《中华人民共和国刑法（2023 修正）》第二十九条的规定，教唆他人犯罪的，应当按照他在共同犯罪中所起的作用处罚。但在这个问题的描述中，并未提及此类情况。

综上所述，对于这个问题中的杀人行为，失手打死小孩的一方将可能面临故意杀人罪的指控，但具体判罚需根据案件情况来定。而关于哥哥想替弟弟顶罪的行为，如果未有实际行动，则可能不会直接面临法律处罚；如果采取了实际行动，则将可能构成其他犯罪。对于小孩打架的情况，可能会采取教育、感化等措施而非直接刑事处罚。如果有教唆行为发生，则教唆者也将面临相应的法律责任。

3. 婚姻家事

用户：离婚后，老公不给钱，我怎么办？

模型：

在面临离婚后老公不给钱的问题时，你首先应当明确所涉及的是何种类型的金钱支付。若是指离婚后的财产分割、生活困难帮助或是共同债务的偿还，你可以依据《中华人民共和国民法典》的相关规定来维护自己的权益。

如果是生活困难帮助：根据《中华人民共和国民法典》第一千零九十条的规定，离婚时若你生活困难，而你的前夫有负担能力，他应当给予你适当帮助。具体办法可由你们双方协议，如果协商不成，你可以向人民法院提起诉讼，由法院作出判决。

如果是共同债务偿还：依据《中华人民共和国民法典》第一千零八十九条的规定，离婚时夫妻共同债务应共同偿还。若共同财产不足以清偿，或是财产已归各自所有，你们应协商清偿方式。如协商不成，同样可以向人民法院提起诉讼，由法院来裁决债务的分配和偿还方式。

在采取法律行动之前，建议你先与前夫进行沟通，尝试通过协商解决问题。如果协商无果，你可以咨询专业律师，了解自己的法律权益，并准备相应的证据材料，以便在诉讼过程中维护自己的合法权益。记住，法律程序可能需要一定的时间和费用，做好相应的准备是非常重要的。

4. 劳动争议

用户：我被无故辞退了，有什么维权途径吗？

模型：

如果您被无故辞退了，您可以通过以下途径来维权：

与雇主协商：您可以尝试与您的雇主进行沟通，了解辞退的具体原因，并尝试通过协商达成和解。如果双方能够达成一致，可以签订和解协议。

申请调解：如果协商不成或者达成和解协议后雇主不履行，您可以向调解组织（如劳动争议调解委员会）申请调解。调解组织会协助双方进行沟通，以达成调解协议。

申请仲裁：如果调解不成，或者您不愿意进行调解，可以直接向劳动争议仲裁委员会申请仲裁。在申请仲裁时，您需要提供相关证据来支持您的主张。仲裁委员会将根据事实和法律作出裁决。

提起诉讼：如果您对仲裁裁决不服，可以向人民法院提起诉讼。在诉讼过程中，法院将审理双方提供的证据，并依法作出判决。

请注意，在维权过程中，保留好相关证据非常重要，如劳动合同、工资单、辞退通知等。这些证据将有助于支持您的主张。同时，建议您在维权过程中保持冷静和理性，通过合法途径来解决问题。

5. 侵权责任

用户：某人侵犯了我的名誉权，我想通过司法途径解决，应该怎么做？

模型：

如果您的名誉权被侵犯，想通过司法途径解决，您可以按照以下步骤操作：

收集证据：您需要收集足够的证据来证明您的名誉权受到了侵犯。这可能包括书面或口头的侮辱、诽谤言论的记录，或者任何可以证明您的名誉受损的材料。

咨询法律专业人士：在采取法律行动之前，咨询一位律师或法律专家是很有帮助的。他们可以为您提供关于您的权利、可能的法律救济途径以及诉讼过程的详细建议。

发送律师函或警告信：在正式提起诉讼之前，您可以考虑通过律师向对方发送一封律师函或警告信，要求对方停止侵犯您的名誉权，并就可能已经造成的损害进行道歉和赔偿。这有时可以促使对方采取纠正措施，避免进一步的法律纠纷。

提起诉讼：如果对方无视您的警告或未能采取适当的纠正措施，您可以向人民法院提起诉讼。在诉讼中，您将需要提交证据来支持您的主张，并请求法院判令对方承担相应的法律责任，这可能包括停止侵害、消除影响、恢复名誉、赔礼道歉以及赔偿损失等。

遵循法院程序：一旦诉讼开始，您需要遵循法院的程序和指示。这可能包括参加庭审、提供证据和证词，以及遵守法院的任何临时或最终裁决。

重要的是要记住，《中华人民共和国民法典》第九百九十五条规定，受害人的停止侵害、排除妨碍、消除危险、消除影响、恢复名誉、赔礼道歉请求权，不适用诉讼时效的规定。这意味着，无论侵权行为发生多久，您都有权请求法律保护。

请注意，虽然司法途径可以提供一种解决名誉权纠纷的方式，但它也可能是一个耗时和复杂的过程。因此，在决定采取法律行动之前，请仔细考虑所有可用的选项，并寻求专业法律建议。

6. 消费权益

用户：培训机构欺骗消费者能否起诉要求退款？

模型：

培训机构欺骗消费者时，消费者可以起诉要求退款。

《中华人民共和国民法典》第一百四十八条规定，若一方使用欺诈手段使对方在与其真实意愿相违背的情况下进行民事行为，那么受欺诈的一方有权利向人民法院或仲裁机构申请撤销这一行为。此外,《最高人民法院关于适用〈中华人民共和国民法典〉总则编若干问题的解释》第二十一条进一步明确了欺诈行为的定义，包括故意告知虚假情况或故意隐瞒真实情况，导致当事人基于错误的认识做出决定。

因此，在培训机构欺骗消费者的情况下，消费者完全有权依据上述法律规定，向人民法院提起诉讼，要求撤销合同并退款。同时，消费者还可以考虑向消费者协会投诉或向相关行政部门申诉，以维护自己的合法权益。

综上所述，如果培训机构存在欺骗行为，消费者不仅可以要求退款，还可以通过法律途径追究其责任。

第五章
AI 法律文书

5.1　功能概述

小理 AI 的法律文书功能为法律从业者和普通用户提供了强大的支持。依托庞大的法律数据库和先进的自然语言处理技术，小理 AI 能够分析案件中的关键信息、法律要素及证据材料，从而协助用户快速起草各类法律文件，包括但不限于起诉状、答辩状、法律意见书、合同等，确保内容准确无误且符合最新的法律规定和司法实践要求。

1. 基于大数据的智能生成

小理 AI 的核心优势在于其庞大的知识库和强大的自然语言处理能力。通过吸收并整合大量的法律范本、案件判例和司法解释，小理 AI 建立了一个全面而动态的法律文书知识体系。这使得它能够根据具体案件情况，自动分析关键要素，并输出结构严谨、用词专业、论证有力的法律文本。

2. 高效高质的合规保障

在实际应用中，小理 AI 不仅能提高文书起草的效率，还能确保法律文书的质量和规范性。它能够自动检查文书中的法律引用是否准确，术语使用是否恰当，逻辑推理是否完整，从而大大减少人为错误。这不仅极大地提高了用户的工作效率，也为法律文书的标准化和高质量化提供了有力支持。例如，日常法律工作中最常见的起草合同，通过学习海量法律文书和合同模板，当用户输入合同的基本信息、条款要求及特定需求时，小理 AI 能够迅速理解并分析这些信息，生成结构清晰、逻辑严密、用词精确且符合行业习惯与法律规定的合同草案。

3. 个性化定制

此外，小理 AI 的法律文书功能还具有强大的定制化能力。它可以根据不同用户的需求和偏好，调整文书的风格和细节，既能满足专业法律人士的高标准要求，也能为法律小白提供易于理解的文本版本。

5.2 使用指南

1. 文书类型选择

——提供常见法律文书类型：小理 AI 可以生成合同、起诉状、尽职调查报告、答辩状、质证意见、证据目录及证据、代理意见等多项法律文书。

——允许用户描述需求，智能推荐合适的文书类型：如果用户不确定需要哪种类型的文书，可以描述自身的法律需求或情况。小理 AI 会分析用户的描述，并推荐最适合的文书类型。例如，用户可以输入："我需要起诉一家公司违约，请帮我生成对应的法律文书"，小理 AI 即能输出一份基础的民事起诉状草案。

2. 信息输入

——用户输入必要信息帮助文书生成：需要小理 AI 生成定制化程度更高的法律文书，用户需要输入足够的必要信息以帮助小理 AI。这可能包括：

基本信息：如当事人姓名、身份、事件立场等。

事实陈述：详细描述案件或法律事务的背景和经过。

法律依据：如果用户知道，可以提供相关的法律条款或判例。

诉求或目标：明确说明希望通过这份法律文书达成的目标。

特殊要求：任何需要特别注意或强调的点。

——发送前仔细核对所有输入信息的准确性：在所有信息输入完成后，用户可以最后再仔细核对一遍所有信息的准确性，因为信息如果存在问题，将会直接影响文书生成的质量。同时，用户也可以借此重新考虑是否还有需要完善和补充的信息。

——利用模型的解释功能理解特定条款的用意：对于复杂的法律条款或术语，用户可以随时请求解释。系统会提供通俗易懂的解释，帮助用户理解每个条款的含义和重要性。

3. 文书生成和编辑

——自动生成初稿：基于用户输入的信息，小理 AI 会快速生成一份初步的法律文书草稿。这个草稿会包含所有必要的法律要素和结构。用户可以立即查看并进行进一步的调整。

——支持人工智能辅助修改建议：在用户调整文书的过程中，还可以继续追问小理 AI 该法律文书的有关细节，小理 AI 可以根据内容的逻辑性、法律适用性及文书格式，针对文书提出智能修改建议，如改进措辞、补充法律依据或调整结构等。

——对于复杂或高风险文书，建议专业律师审核：小理 AI 会提醒用户，对于涉及重大利益或复杂法律问题的文书，最好请专业律师进行最终审核。

5.3 实战案例分析

5.3.1 重构程序性法律文书撰写流程

在传统模式下，程序性法律文书往往需要经历案情梳理、格式套用、文稿校对等多道繁琐工作流程。新技术应用中，AI 结构化输入和自动生成，使得文书生成效率大幅提升，从而进入“智能生成 + 人工精修”的新模式。AI 生成的基础框架将文书起草推进到“半成品”阶段，但关键诉请的法理证成仍需专业把控——这恰是律师不可替代的价值高地。

实例一：追加第三人申请书的智能生成

第一步：案情结构化输入。

律师在输入指令时只需提供简明的案情概述和任务描述，例如“帮我书写一份《追加第三人申请书》”，概述案情主体关系与争议焦点。例如：“2023 年 × 月 × 日，甲方与乙方签订买卖合同，丙方作为实际使用方参与验收。现因货物质量问题产生纠纷，需追加丙方为第三人。”

法律 AI 即可根据背景信息（如案件主体、争议焦点、诉请等）自动提取关键要素。

第二步：AI 生成文书。

小理 AI 在几秒钟内生成完整的申请书初稿。生成内容涵盖申请人、被申请人、申请事项、事实理由等，且能够自动识别法律关系并补充通常话术（如“此致［法院名称］申请人［日期］”及证据提示）。

第三步：律师复核与优化。

完成初稿后，律师对 AI 输出的内容进行核查，主要关注：（1）法律依据是否准确且及时;（2）事实陈述是否完整、逻辑是否严密;（3）程序衔接是否符合当前司法实务要求。

实例二：诉讼请求变更申请书的生成

基于小理 AI 的文档分析能力，对于既有起诉状的变更需求，律师只需要输入：“请在这份文件基础上书写一份《变更诉讼请求申请书》，……（需要变化的诉求描述）。”

法律 AI 能够自动识别“诉讼请求变更”意图，并完成以下工作：

（1）数据提取：对案件基本信息、当事人资料及诉讼标的进行准确提取，确保相关数据准确无误。

（2）自动调整诉讼请求：根据用户指令，调整诉讼请求的表述，并生成合理的申请变更理由，同时保持法律逻辑的连贯性。

（3）生成提示与后续优化：提示用户在复核时关注法律条款匹配、论证充分性等关键细节，确保最终文书经由专业律师审核后无疏漏。

5.3.2　使用 AI 制作答辩状全流程

在数字化时代的法律实务工作中，答辩状作为应对民事诉讼的关键文书，其撰写过程可通过 AI 技术得到显著优化。小理 AI 提供的答辩状生成功能遵循严谨而高效的流程，确保法律从业者能够在维持高专业性的同时大幅提升工作效率。

1. 制作答辩状流程

制作答辩状的流程首先需要导入案件材料，包括民事起诉状及证据目录等关键文件。这一步骤为 AI 分析案情提供了基础数据，确保生成内容的针对性和准确性。随后，用户可要求 AI 对案件材料进行初步分析，总结案情并提炼争议焦点，这有助于快速把握案件核心问题，为后续答辩做好准备。

（上传案件的民事起诉状，以及证据目录文件）

输入提示词：“请从被告公司的角度，输出总结答辩思路，研究争议焦点问题，准备证据目录。”

接下来的环节是细化分析争议焦点。在 AI 初步分析的基础上，结合案件实际情况和已掌握的事实，用户可引导 AI 进一步深入分析各个争议点。这一过程需要法律从业者凭借丰富的实践经验和专业判断，指导 AI 挖掘潜在争议点，形成更全面的答辩思路。在法律依据与案例检索环节，小理 AI 能够针对每个争议焦点自动查找相关法律依据和案例支持，为答辩提供坚实的法律支撑。

最后，在完成上述准备工作后，用户补充完善案件事实信息，要求 AI 草拟答辩状初稿。人工审查环节是确保答辩状质量的关键步骤，法律从业者需对 AI 生成的内容进行专业审核和调整，修正表述不当之处，确保答辩状的准确性和说服力。

2. 效果评价

为评估不同 AI 产品在法律文书生成能力上的表现差异，我们对市场上主流的几款 AI 产品进行了对比测试，包括 Kimi、得理、豆包、通义千问和文心一言。测试结果表明，这些产品在案件事实整理、争议焦点分析和法律依据检索等方面均表现出一定的能力，但专业性和深度上存在明显差异。

在具体事实整理和案件争议焦点分析方面，通用大模型和专业法律大模型均能提供包括管辖权异议、事实理由反驳、证据准备等多方面的答辩思路。但专业法律大模型如得理在针对性分析上表现更为出色，能够结合相关司法解释，给出更具针对性的反驳方向和依据。相比之下，多数通用大模型虽提供多个答辩思路，但在具体复杂情况的深入分析和案例支持方面存在不足。

在证据材料准备方面，各大模型均能准确指出合同文件、工程验收文件、付款记录等关键证据材料，体现出对建设工程施工合同纠纷案件证据重要性的准确把握。得理、Kimi 和文心一言所列举的证据与案件争议焦点紧密相关，如合同文件可直接关联到实际施工人身份认定问题。但普遍存在的不足是对证据来源未作明确说明以及证据关联性论证不足。

在特定争议焦点分析上，如实际施工人身份问题，部分 AI 能够主动提供分析，而另一些则需要手动输入指令后才能给出相应分析。在答辩状格式示例方面，得理和 Kimi 能够提供完整的答辩框架，包括答辩请求、事实与理由及证据清单等核心内容，而豆包和文心一言则仅能输出格式范本，缺乏对具体内容的生成能力。

从整体表现来看，专业法律大模型在法律专业性上普遍优于通用大模型。得理法律大模型在多个回答中均体现出较强的法律专业性，能够针对具体法律问题给出精确分析。Kimi 在案件分析和法律依据应用方面表现较好，但在细节深度上仍有提升空间。豆包和通义千问在基础分析上有一定能力，但在深度和专业性上有所欠缺。文心一言能结合法律法规提供有针对性的思路，但在案例支持和具体内容生成方面存在不足。

通过实践可以看出，AI 在法律实务中具有显著的应用价值。它能够在案件事实整理、争议焦点分析和法律依据检索等方面为法律从业者提供有力支持，节省大量时间和精力。尤其是专业法律大模型，其在法律专业性方面的表现更为突出，能够为法律从业者提供更有价值的辅助。

然而，我们也应该清醒认识到，无论是通用大模型还是专业法律大模型，都存在一定的局限性。它们在细节分析深度、案例支持、证据关联性论证等方面仍有提升空间。因此，在实际应用中，AI 只能作为辅助工具，法律从业者的专业知识和经验始终是不可替代的核心价值。合理利用 AI 技术，发挥其优势，同时由专业法律人士把控关键环节，才是提高法律实务效率和质量的最佳途径。

5.3.3　进阶法律文件：合同生成

如今，AI 合同生成能够基于预设的模板和大数据分析能力，快速识别用户需求，自动生成符合法律规范的合同初稿。这一过程几乎瞬间完成，大大节省了人工撰写的时间成本（见图 7）。

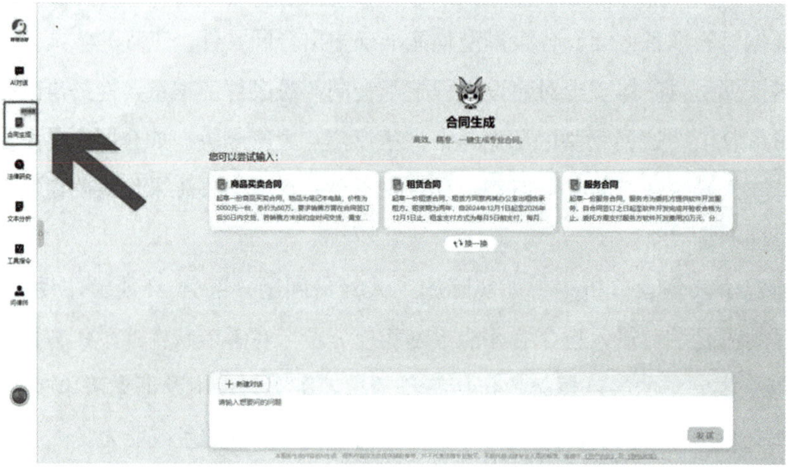

图 7

小理 AI 通过深度学习技术，能够理解和分析海量合同样本，从而根据用户的特定需求，提供个性化的合同定制服务。无论是租赁协议、劳动合同还是销售合同，都能精准匹配，满足用户的多样化需求。

——在小理 AI 界面，有合同生成专属入口。

——输入您想要生成的合同类型、明确您的合同要求等。

例如，起草一份租赁合同，租赁方同意将其办公室出租给承租方。租赁期为两年，自 2024 年 12 月 1 日起至 2026 年 12 月 1 日止。租金支付方式为每月 5 日前支付，每月租金 5000 元（见图 8）。

图 8

随着技术的不断进步和应用场景的持续拓展，AI 合同将成为法律行业数字化转型的重要一环。它不仅将极大地提升合同撰写的效率和准确性，还将推动法律服务向更加智能化、个性化的方向发展。

未来还可以期待小理 AI 在合同审查、合同比对、法律文书等多个领域发挥更大的作用，共同迎接新的变革的到来。

实战案例：建设工程合同草拟全流程

在建设工程领域，合同草拟工作往往因其专业性强、条款复杂而成为律师工作中的重点和难点。传统模式下，合同起草从条款撰写到反复修订，专业细节与个性化需求的处理往往耗费大量时间与精力。随着 AI 技术的发展，这一流程正在经历从传统到智能的革新。以下以建设工程领域的施工图审查合同为例，详细解析律师如何借助 AI 完成合同草拟的全流程。

第一步：明确合同需求并选择合适的 AI 工具。

在实际应用中，律师明确需要草拟的合同类型为施工图审查合同，并选择通用大模型作为辅助工具。值得注意的是，不同 AI 工具在法律专业领域的表现各有特色，选择适合的工具对提高工作效率至关重要。

第二步：下达初步指令，生成合同初稿。

律师可以向 AI 下达包含合同类型、合同主体情况、项目信息、服务内容、价格形式等关键信息的指令，例如："起草一份施工图审查合同的标准化范本，甲方委托乙方完成某工程勘察报告、方案设计、初步设计及施工图审查（含设计变更深基坑审查）事宜，合同价款实行固定总价包干。"AI 将根据指令内容迅速生成合同初稿。

第三步：优化合同内容，落实个性需求。

律师可根据客户需求、性质以及地位等情况下达个性化的优化指令，对合同相关内容进行完善。例如，考虑到客户是委托人，草拟的合同条款应有利于委托人，律师可以下达如下指令："请把第六条争议解决条款修改为向甲方所在地有管辖权的人民法院起诉""我们是合同甲方，请尽量减少甲方义务与违约责任，并细化乙方的违约责任"等。这些优化指令可以一次性提出，也可分多次提出，AI 将根据相关指令生成或修改相应合同文本。

第四步：利用 AI 强大文库，补充遗漏条款。

AI 背后具有强大的语料库，律师可通过下达指令，要求其明确此类合同的常见条款，提示原合同文本中可能遗漏的条款或信息，并根据实际需求选择是否予以补充。例如，律师可询问：“除了保密条款、知识产权条款和送达条款，还有哪些常见的合同条款需要添加？”AI 可能会提示不可抗力、合同变更与解除等条款属于合同常见条款，律师可根据项目实际情况选择添加相应条款。

第五步：理顺合同逻辑，细化有关条款。

针对 AI 生成的合同中条款顺序不合理或内容不完全符合需求的情况，律师可以结合建设工程专业经验，下达指令要求 AI 工具理顺合同逻辑、细化相关条款，确保合同整体框架合理以及条款准确完整。例如：“请根据现在的合同全文调整细化违约责任条款，并且将成果验收条款的位置移至价款支付条款之前”“请删除甲方的违约责任条款，并补充甲方有权更换不合格的审查人员的条款及相应乙方违约责任条款”。

第六步：人工审核修改，形成合同终稿。

鉴于目前 AI 工具仍存在局限性，即使生成的合同文本已经过数次修改与调整，仍可能存在缺陷，如建设工程专业术语使用不当、客户的特殊需求无法转化为适当的合同条款等。因此，人工审核修改仍是目前不可或缺的环节。在这一环节，律师可根据专业经验及客户需求，对 AI 生成的合同文本进行修改，如将不合理专业术语调整、增加对委托方有利的条款、根据客户需求修改知识产权归属主体等。

第七步：AI 提供风险提示，寻求解决措施。（如需）

在合同草拟完成后，客户可能要求律师对合同履行过程中的风险进行提示，并提出解决方案。律师可以向 AI 下达指令：“我们作为甲方，在合同履行过程中有哪些风险点，请全面提示并提出相应解决措施。”AI 将分析可能存在的风险点并提供相应解决建议。

综上所述，AI 工具能帮助律师实现合同草拟从传统到智能的转型，不仅能依靠强大的合同文本库生成合同，根据律师指令对内容进行修改和补充，还能进行风险提示并提供解决方案，提高律师工作效率。但需要注意的是，面对复杂法律问题或特殊客户需求，AI 工具可能无法在合同条款中做出妥善安排，仍需律师发挥专业优势、结合实务经验进行人工审查。

与通用大模型相比，法律专业大模型如小理 AI 在合同生成领域具有明显优势。它依托全域法律数据库，整合法律法规、司法案例、学术观点及行业法讯等多维度资源，能够突破通用大模型因缺乏权威法律数据支撑导致的信息真实性存疑、检索结果碎片化等局限，通过结构化数据库确保法律依据可溯源、可验证。同时，它还能依托法律垂直领域深度训练，补齐通用模型在专业术语理解、法律逻辑推演及实务痛点解析上的短板，提供兼具专业深度与落地价值的合同解决方案。

5.4 其他提示词展示

1. 合同生成常见提示词

你是律师助理，请帮我起草一份【合同】，合同主要内容是【合同重点要素】。

你是律师助理，这是一份【合同】，请你总结本合同重点，包括以下要点的概述：【要点】。

2. 尽职调查报告生成常见提示词

你是【领域】的律师，请根据【背景材料】，制作一份尽职调查报告。

3. 答辩状生成常见提示词

你是一名律师，负责处理一个【领域】的案件，案情是【简述案情】，对方的诉讼主张是【诉讼请求】，在这一案件中，我方的主要观点是【核心观点】，请针对该案件，写一份答辩状。

4. 质证意见生成常见提示词

你是一名律师，负责处理一个【领域】的案件，在这个案件中，对方出具的证据是【证据】，请针对对方的证据，撰写一份质证意见。

5. 证据目录生成常见提示词

你是一名律师，负责处理一个【领域】的案件，这个案件的材料有【案件材料】，在这个案件中，你方的核心观点是【核心观点】，请根据上述信息，制作证据目录及证据。

6. 代理意见生成常见提示词

你是一名律师，负责处理一个【领域】的案件，案情是【简述案情】，该案件已开庭，庭审上法官关注的问题是【关注问题】，请根据法官关注的问题，结合我方诉讼观点，撰写一份代理意见，请注意保持前后的逻辑一致。

7. 起诉状生成常见提示词

你是一名律师，现客户遇到了【法律问题】，案件背景是【案件背景】，请根据上述信息，起草一份起诉状。

第六章
AI 协助法律学习

6.1 功能概述

现有的法律大模型在法律学习方面提供了前所未有的便利和支持。它能够以高效、准确的方式，助力法律学习者提升专业素养和综合能力。

1. 全面的法律知识覆盖

小理 AI 通过训练大量的法律文本数据，包括法律法规、判例、实务观点等，能够提供全面的法律知识支持。这意味着用户可以轻松获取到关于不同法律领域的信息，这对于学习者来说是一个巨大的知识库。无论是初学者还是专业人士，都能够从中受益，快速找到所需的法律信息。

2. 互动式学习体验

小理 AI 与用户进行自然语言对话，使得学习过程更加互动和有趣。用户可以通过提问的方式获得即时反馈，模型能够解释复杂的法律术语、提供案例分析、指导文书写作等。这种交互式的交流方式有助于加深用户对法律概念的理解，同时也能够培养用户在实际情境中应用法律知识的能力。

6.2 使用示例

1. 法律翻译

用户：请帮我把“离婚冷静期”翻译成英文。

cooling-off period for divorce

用户：请将“合同履行抗辩权”翻译成英文。

right of defense for contract performance

用户：如何用英文表达“无过错责任”？

“无过错责任”的英文表达是“no-fault liability”或者“strict liability”。这种责任

是指无论行为人是否有过错，只要其行为与损害后果间存在因果关系，就应当承担责任。在法律语境中，这通常指的是一种严格的责任标准，不考虑个人的过错或疏忽。

2. 法律术语解释

用户：什么是“公司资本充实”？

公司资本充实是指公司在设立和运营过程中，确保其注册资本的真实性和充实性。具体来说：（1）注册资本的真实性：指公司的注册资本应与实际收到的出资额相符。无论是有限责任公司还是股份有限公司，其注册资本都应以股东实际缴纳的出资额为准。（2）注册资本的充实性：对于有限责任公司，全体股东认缴的出资额应在公司章程规定的期限内（自公司成立之日起五年内）缴足。而股份有限公司在发起人认购的股份缴足前，不得向他人募集股份。这确保了公司在运营过程中有足够的资本支撑。

综上所述，“公司资本充实”是公司稳定运营的基础，它要求公司注册资本真实且足额，从而保障公司的偿债能力和持续运营的能力。

用户：你是一名律师，客户向你提问“股东向公司借款是否会被认定为抽逃出资”，请你解释该术语并向客户提示风险。

首先，作为一名律师，我需要向您明确，股东向公司借款与抽逃出资是两个不同的概念，但它们之间的界限在某些情况下可能变得模糊。现在，我将详细解释这两个概念，并向您提示相关风险。

抽逃出资，根据《最高人民法院关于适用〈中华人民共和国公司法〉若干问题的规定（三）》第 12 条的规定，主要指的是公司股东在公司成立后，通过某些手段将出资转出，从而损害了公司的权益。这些手段包括但不限于制作虚假财务报表虚增利润进行分配、通过虚构债权债务关系转出资金、利用关联交易转移资金，以及其他未经法定程序转出资金的行为。

而股东向公司借款，在正常情况下，是一种合法的资金融通行为。但是，如果这种借款行为没有合理的商业理由，或者借款后未按照约定归还，尤其是当借款金额与股东的出资额相近时，这种行为有可能被视为抽逃出资。

风险提示：

（1）法律风险。如果股东向公司借款的行为被认定为抽逃出资，根据相关法律规定，该股东可能需要向公司返还出资本息，并可能承担由此产生的法律责任。

（2）信誉风险。此类行为可能影响股东和公司的信誉，对未来的商业合作和融资造成不利影响。

（3）税务风险。不规范的资金操作可能引起税务部门的关注，进而引发税务稽查和相关的税务风险。

因此，作为股东，在向公司借款时，应确保借款行为有合理的商业理由，明确借款期限和还款计划，并严格按照约定执行。同时，建议在公司章程或相关协议中明确规定股东向公司借款的条件和程序，以降低潜在的法律风险。

用户：请向我解释“独家商业开发权”这一法律术语。

“独家商业开发权”这一法律术语，通常指的是在特定区域或特定范围内，对某种商业项目进行独家开发的权利。这种权利具有排他性，即授权方在约定的范围内不会授予其他方进行同类商业开发的权利。以下是对“独家商业开发权”的详细解释：

（1）排他性。独家商业开发权的核心特征是排他性。获得此权利的开发者在特定区域内享有对特定商业项目的独家开发资格，其他开发者或公司不得在该区域内进行相同或类似的商业开发活动。

（2）区域限定。独家商业开发权通常在特定的地理区域内有效。这个区域可以是城市、地区、省份或国家等，具体范围取决于双方的合同约定。

（3）时间限制。独家商业开发权通常有一定的时间限制，即开发权的有效期。在有效期内，开发者享有独家开发的权利；有效期满后，该权利可能终止或需要重新协商续约。

（4）合同约束。独家商业开发权是通过合同约定的，合同中会详细规定双方的权利和义务、开发范围、时间限制、违约责任等条款。双方必须严格遵守合同约定，否则可能面临法律纠纷和赔偿责任。

（5）商业风险和机会。获得独家商业开发权的开发者在享有独家开发机会的同时，也承担了相应的商业风险。他们需要投入资金、技术和人力资源进行项目开发，并承担项目开发失败或市场效果不佳的风险。

（6）法律保护。独家商业开发权受到法律的保护。如果其他方侵犯了开发者的独家开发权，开发者可以通过法律途径维护自己的权益，要求侵权方停止侵权行为并赔偿损失。

综上所述，“独家商业开发权”是一种具有排他性、区域限定性、时间限制性的商业开发权利，通过合同约定并受到法律保护。获得此权利的开发者在特定区域内享有独家开发的资格和机会，同时也承担了相应的商业风险。

3. 法规释义

用户：请解释《民法典》中关于“撤销权”的相关规定及其适用条件。

首先，我们来解释一下《民法典》中关于“撤销权”的相关规定。在《民法典》中，撤销权主要出现在两种情况下：一是当债务人无偿处分财产或以不合理价格进行财产交易，影响债权人债权实现时，债权人可以请求法院撤销债务人的行为；二是民事法律行为的当事人因重大误解、受欺诈或胁迫等情况下，有权请求法院或仲裁机构撤销该行为。

接下来，我们重点讨论第一种情况，即债权人撤销权，并阐述其适用条件。根据《民法典》第 538 条和第 539 条的规定，债权人可以行使撤销权的条件包括：

（1）债务人实施了无偿处分财产权益的行为，如放弃债权、放弃债权担保、无偿转让财产等，或者以明显不合理的低价转让财产、以明显不合理的高价受让他人财产或者为他人的债务提供担保，且这些行为影响了债权人的债权实现。

（2）在债务人以不合理价格进行财产交易的情况下，除了上述影响债权人债权实现的条件外，还需要债务人的相对人（交易对方）知道或应当知道该情形。

此外，《民法典》第 152 条还规定了撤销权的消灭事由，主要包括：当事人在一定期限内没有行使撤销权、受胁迫的当事人在胁迫行为终止后一定期限内没有行使撤销权、当事人知道撤销事由后明确表示或以自己的行为表明放弃撤销权，以及自民事法律行为发生之日起五年内没有行使撤销权。

综上所述，《民法典》中关于“撤销权”的规定赋予了债权人在特定情况下请求法院撤销债务人行为的权利，以保护其债权不受损害。同时，也规定了撤销权的行使条件和消灭事由，以平衡各方当事人的权益。

用户：《刑法》中的“自首”制度是如何规定的？

《刑法》中的“自首”制度规定如下：

（1）自首的定义：犯罪以后自动投案，如实供述自己的罪行的，被认定为自首。

（2）自首的类型：①一般自首：指犯罪后，犯罪事实或犯罪嫌疑人未被司法机关发觉，或虽被发觉但尚未受到讯问、未被采取强制措施时，主动直接向司法机关投案并如实供述的情形。②特殊自首（准自首）：被采取强制措施的犯罪嫌疑人、被告人和正在服刑的罪犯，如实供述司法机关还未掌握的本人其他罪行的，也以自首论。

（3）自首的处罚原则：对于自首的犯罪分子，可以从轻或者减轻处罚。如果犯罪较轻，可以免除处罚。

（4）其他情形：犯罪嫌疑人虽不具有自首情节，但如实供述自己罪行的，可以从轻处罚。如实供述自己罪行，避免特别严重后果发生的，可以减轻处罚。

这些规定鼓励犯罪分子悔过自新，并给予他们改过自新的机会，体现了我国“坦白从宽，抗拒从严”的政策。

用户：请阐述《劳动合同法》中关于“经济补偿金”的支付情形和标准。

支付情形：

根据《中华人民共和国劳动合同法》的规定，用人单位在下列情形下需要向劳动者支付经济补偿金：（1）劳动者依照本法第 38 条规定解除劳动合同的；（2）用人单位依照本法第 36 条规定向劳动者提出解除劳动合同并与劳动者协商一致解除劳动合同的；（3）用人单位依照本法第 40 条规定解除劳动合同的；（4）用人单位依照本法第 41 条第 1 款规定解除劳动合同的；（5）除用人单位维持或者提高劳动合同约定条件续订劳动合同，劳动者不同意续订的情形外，依照本法第 44 条第 1 项规定终止固定期限劳动合同的；（6）依照本法第四十四条第四项、第五项规定终止劳动合同的；（7）法律、行政法规规定的其他情形。

支付标准：

经济补偿金的支付标准主要根据劳动者在本单位的工作年限来确定：（1）每满一年支付一个月工资的标准向劳动者支付。（2）六个月以上不满一年的，按一年计算。（3）不满六个月的，向劳动者支付半个月工资的经济补偿。

在计算经济补偿金时，月工资是指劳动者在劳动合同解除或者终止前 12 个月的平均工资。这个工资包括了计时工资或者计件工资以及奖金、津贴和补贴等货币性收入。如果劳动者的月平均工资低于当地最低工资标准，就按照当地最低工资标准来计算。如果劳动者工作的时间不满 12 个月，那么就按照实际工作的月数来计算平均工资。如果劳动者的月工资高于本地区上年度职工月平均工资的三倍，那么支付经济补偿的标准就按照职工月平均工资三倍的数额来支付，而且支付经济补偿的年限最高不能超过 12 年。

4. 法律制度研究

用户：请分析我国民事诉讼法中的“举证责任倒置”原则及其适用范围。

【AI 总结】

一、举证责任倒置原则的概念

1. 举证责任倒置指基于法律规定，将通常情形下本应由提出主张的一方当事人（一般是原告）就某种事由负担举证责任，转而由他方当事人（一般是被告）就某种事实存在或不存在承担举证责任。

2. 如果该方当事人不能就此举证证明，则推定原告的事实主张成立的一种举证责任分配制度。在一般证据规则中，“谁主张，谁举证”是举证责任分配的一般原则，而举证责任倒置则是这一原则的例外。

二、举证责任倒置原则的特点

举证责任倒置的特点表现在提出主张的一方或称为积极主张的一方，就某种事由（过错或因果关系等问题）不负担举证责任，而由反对的一方负担举证责任。

三、举证责任倒置原则的适用范围

1. 在一些特殊类型的侵权案件中，如生态环境损害赔偿、医疗责任损害赔偿、缺陷产品致人损害赔偿等，根据相关法律规定，举证责任倒置原则得以应用。

2. 在消费者权益案件中，如《消费者权益保护法》规定，对于机动车等耐用品和装饰装修等服务，消费者在接受商品或服务之日起六个月内发现瑕疵并发生争议的，由经营者承担有关瑕疵的举证责任。

3. 在公司案件中，如《公司法》规定，一人有限责任公司的股东不能证明公司财产独立于股东自己的财产的，应当对公司债务承担连带责任，这里也体现了举证责任倒置的原则。

四、举证责任倒置原则的意义

举证责任倒置原则是对“谁主张，谁举证”原则的补充和例外，它有助于保护弱势一方的权益，平衡诉讼双方的力量对比，确保诉讼的公平性和公正性。同时，它也有助于提高诉讼效率，减少诉讼成本，促进司法公正。

总结：举证责任倒置原则是我国民事诉讼法中的一项重要原则，它适用于一些特殊类型的案件，有助于保护弱势一方的权益，提高诉讼效率和促进司法公正。在具体应用中，需要根据相关法律规定和案件具体情况进行判断和适用。

【法律分析】

首先，我们来解释一下“举证责任倒置”原则。在民事诉讼中，通常的原则是“谁主张，谁举证”，即提出主张的一方需要承担提供证据的责任。然而，“举证责任倒置”则是一种特殊的举证责任分配方式，它指的是在某些特定情况下，原本应由提出主张的一方承担的举证责任，转由另一方当事人承担。如果另一方当事人不能提供证据来反驳对方的主张，那么将推定对方的主张成立。

接下来，我们分析“举证责任倒置”原则的适用范围：

1. 实行过错推定的侵权诉讼：在这类诉讼中，举证责任倒置原则适用。如因新产品制造方法发明专利引起的专利侵权诉讼，由制造同样产品的单位或者个人对其产品制造方法不同于专利方法承担举证责任；建筑物或者其他设施以及建筑物上的搁置物、悬挂物发生倒塌、脱落、坠落致人损害的侵权诉讼，所有人或者管理人需对其无过错承担举证责任；还有因环境污染或医疗行为等引起的损害赔偿诉讼，污染者或医疗机构需就法律规定的免责事由及其行为与损害结果之间不存在因果关系承担举证责任。

2. 实行因果关系推定的侵权诉讼：也适用举证责任倒置。如环境污染致人损害的侵权诉讼，加害人需就行为与损害结果之间不存在因果关系承担举证责任。

3. 难以收集证据，难以举证的诉讼：在此类诉讼中，由于原告很难收集到证据，因此也适用举证责任倒置。如共同危险行为致人损害的侵权诉讼，实施危险行为的人需就其行为与损害结果之间不存在因果关系承担举证责任。

4. 对方妨害举证的诉讼：在对方妨害举证的情况下，也可能适用举证责任倒置。

总的来说，“举证责任倒置”原则在我国民事诉讼法中是一个重要的原则，它有助于平衡当事人之间的举证责任，确保诉讼的公平和公正。在具体应用中，应结合相关法律规定和案件实际情况进行判断和操作。

用户：在我国刑法体系中，“认罪认罚”制度是如何规定的，其立法目的是什么？

【AI 总结】

一、“认罪认罚”制度在我国刑法体系中的规定

1. “认罪认罚”制度的定义：根据相关法律文件和解释，“认罪认罚”制度是指犯罪嫌疑人、被告人自愿如实供述自己的罪行，对指控的犯罪事实没有异议，并同意人民检察院提出的量刑建议，签署具结书，从而可以依法从宽处理的制度。

2. “认罪认罚”制度的法律基础：2018 年 10 月 26 日，十三届全国人大常委会第六次会议通过了《关于修改〈中华人民共和国刑事诉讼法〉的决定》，从立法上对“认罪认罚”从宽制度改革成果予以确认，正式设立了“认罪认罚”从宽制度。此外，“两高三部”还发布了《关于适用认罪认罚从宽制度的指导意见》，进一步细化了该制度的实施细节。

3. “认罪认罚”制度的具体内容：该制度包括“认罪”和“认罚”两个方面。其中，“认罪”是指犯罪嫌疑人、被告人自愿如实供述自己的罪行，对指控的犯罪事实没有异议；“认罚”则是指犯罪嫌疑人、被告人同意人民检察院提出的量刑建议，签署具结书。在满足这些条件的情况下，犯罪嫌疑人、被告人可以依法从宽处理。

二、“认罪认罚”制度的立法目的

1. 提高诉讼效率：通过“认罪认罚”制度，可以简化诉讼程序，减少庭审时间和成本，从而提高诉讼效率。这有助于缓解我国司法资源紧张的状况，实现司法资源的优化配置。

2. 体现宽严相济的刑事政策：该制度充分体现了我国宽严相济的刑事政策精神。对于自愿认罪认罚的犯罪嫌疑人、被告人，依法给予从宽处理，既体现了法律的公正性，又体现了法律的人性化关怀。这有助于引导犯罪嫌疑人、被告人积极认罪、悔罪，促进社会和谐稳定。

3. 保障人权和司法公正：在“认罪认罚”制度中，强调了犯罪嫌疑人、被告人的自愿性和律师的参与性，这有助于保障犯罪嫌疑人、被告人的人权和合法权益。同时，该制度还规定了严格的程序要求和监督制约机制，以确保司法公正的实现。

综上所述，“认罪认罚”制度在我国刑法体系中具有明确的规定和重要的立法目的。该制度的实施不仅有助于提高诉讼效率、体现宽严相济的刑事政策精神，还有助于保障人权和司法公正的实现。

【法律分析】

在我国刑法体系中，“认罪认罚”制度的规定和立法目的可以归纳为以下几点：

1.“认罪认罚”的定义：“认罪”指的是犯罪嫌疑人、被告人自愿如实供述自己的罪行，对指控的犯罪事实没有异议。“认罚”则是指犯罪嫌疑人、被告人真诚悔罪，愿意接受处罚。当犯罪嫌疑人或被告人同时满足“认罪”和“认罚”的条件时，可以依法从宽处理。

2. 从宽处理的适用范围：认罪认罚从宽制度适用于所有刑事案件。在程序上可以从简处理，在实体上可以从宽处理。这意味着，如果犯罪嫌疑人或被告人自愿认罪认罚，他们可能会面临较轻的刑罚或者更快速的审判过程。

3. 签署认罪认罚具结书：犯罪嫌疑人自愿认罪，并同意量刑建议和程序适用的，应当在辩护人或者值班律师在场的情况下签署认罪认罚具结书。但也有一些特殊情况下，不需要签署认罪认罚具结书，如犯罪嫌疑人是盲、聋、哑人或者尚未完全丧失辨认或控制自己行为能力的精神病人等。

4. 立法目的：认罪认罚制度的立法目的主要是提高诉讼效率，节约司法资源，并促进犯罪嫌疑人、被告人的悔罪和改造。通过给予自愿认罪认罚的犯罪嫌疑人、被告人一定的从宽处理，可以鼓励他们积极认罪、真诚悔罪，从而有利于社会的和谐稳定和法治的推进。

综上所述，“认罪认罚”制度在我国刑法体系中有着明确的规定和重要的立法目的。它旨在通过给予自愿认罪认罚的犯罪嫌疑人、被告人从宽处理的方式，提高诉讼效率并促进他们的悔罪和改造。

用户：请研究我国刑事诉讼法中的“非法证据排除规则”是如何实施的？

【AI 总结】

一、非法证据排除规则的实施概述

我国刑事诉讼法中的“非法证据排除规则”主要是通过排除非法取得的证据，以保障人权和确保司法公正。

二、非法证据的分类

根据《刑事诉讼法》第五十四条的规定，“非法证据”主要分为三类：采用刑讯逼供等非法方法收集的犯罪嫌疑人、被告人的供述；采用暴力、威胁等非法方法收集的证人证言、被害人陈述；采用不符合法定程序方法收集的物证、书证，且可能严重影响司法公正，且不能补正或者作出合理解释的证据。

三、非法证据的排除方式

1. 对于言词证据，如犯罪嫌疑人、被告人供述、证人证言、被害人陈述，一旦认定为非法证据的，采取绝对排除的方式，一律排除。

2. 对于物证、书证等实物证据，采取有条件的裁量排除方式，即由审查主体权衡该实物证据是否严重影响司法公正并且无法作出补正或合理解释，进而裁量是否予以排除。

四、实施程序

1. 在侦查、审查起诉、审判时发现有应当排除的证据的，应当依法予以排除，不得作为起诉意见、起诉决定和判决的依据。

2. 人民检察院接到报案、控告、举报或者发现侦查人员以非法方法收集证据的，应当进行调查核实。对于确有以非法方法收集证据情形的，应当提出纠正意见；构成犯罪的，依法追究刑事责任。

3. 法庭审理过程中，审判人员认为可能存在非法方法收集证据情形的，应当对证据收集的合法性进行法庭调查。当事人及其辩护人、诉讼代理人有权申请人民法院对以非法方法收集的证据依法予以排除。

总结：我国刑事诉讼法中的“非法证据排除规则”是通过明确非法证据的定义和分类，以及规定排除方式来实施的。这一规则的实施旨在保障人权，确保司法公正，并防止因非法取证导致的冤假错案。在具体实施过程中，侦查、检察和审判机关都有责任对非法证据进行排除，并确保合法证据的采纳。

【法律分析】

作为一位资深的法律顾问，根据我国刑事诉讼法及相关规定，“非法证据排除规则”的实施主要包括以下几个方面：

首先，非法证据排除规则明确禁止了刑讯逼供和以威胁、引诱、欺骗等非法手段收集证据。这体现了对犯罪嫌疑人权益的保护，确保了证据的合法性和真实性。

其次，在审查逮捕、审查起诉期间，若犯罪嫌疑人及其辩护人申请排除非法证据，并提供了相关线索或材料，人民检察院有责任进行调查核实。这一规定保障了犯罪嫌疑人及其辩护人的权利，使得非法证据的排除成为可能。

再次，人民检察院在审查起诉过程中，若发现侦查人员采用非法方法收集证据，应依法排除相关证据，并提出纠正意见。必要时，人民检察院还可以自行调查取证，这显示了检察机关在非法证据排除中的积极作用。

对于被认定为非法的证据，人民检察院应予以排除，不得将其作为批准或决定逮捕、提起公诉的依据。被排除的非法证据需随案移送，并明确标注为依法排除的非法证据，这一流程确保了非法证据不会被误用。

最后，如果侦查人员的非法取证行为尚未构成犯罪，人民检察院应向其所在机关提出纠正意见。对于需要补正或作出合理解释的情况，应提出明确要求。若非法取证行为涉嫌犯罪并需追究刑事责任，应依法立案侦查。

综上所述，“非法证据排除规则”在刑事诉讼中的实施涉及多个环节和主体，包括犯罪嫌疑人及其辩护人、人民检察院以及侦查机关等，共同确保了证据的合法性和诉讼的公正性。

6.3 实战案例分析

AI 在法律学习领域的应用不仅限于基础知识获取和互动式问答，还可以作为法律工作者获取行业动态、撰写法律文书的智慧助手。以下将通过实际案例展示 AI 如何在法律学习和工作中发挥更深层次的价值。

案例一：AI 辅助法律专业文章创作

法律专业文章写作是律师提升专业影响力的重要手段，但也往往面临资料收集繁琐、文章结构组织困难等挑战。AI 可以在这一过程中提供全方位辅助，大幅提升写作效率。

以“施工单位拒不配合竣工验收情况下，房屋建筑安全性鉴定报告能否作为替代资料办理竣工验收备案”为主题的法律专业文章创作为例，文章分为三部分，第一部分为相关法律规定，第二部分为相关案例，第三部分为结论。AI 可以协助完成从框架构建到内容充实的全过程。

律师可以要求 AI 生成初步文章框架，包括相关法律规定、案例分析和结论等部分。AI 随即生成《建设工程质量管理条例》核心条款、地方创新性规定（如穗建改〔2024〕5 号文）及司法裁判要旨的基础框架。

指令示例：

①关于法律规定部分，请结合文章主旨及内容，区分不同情形，创建小标题，进行创作；

②请检索房屋建筑安全性鉴定报告可以替代相关验收资料进行竣工验收备案的相关规定；

③请继续补充相关规定或处理办法；

④相关法律规定部分，请在文章中适当引用规定原文。

针对各部分内容进行逐步完善，如要求 AI 检索相关规定原文、补充案例并引用裁判文书等。在这一过程中，AI 不仅能够快速生成文章初稿，减少文字输出时间，还能有效检索到相关规定和案例，减轻律师的检索工作压力。此外，AI 还可以在文章创作之初帮助拓展思路，在完成时协助查漏补缺，使文章更加完整和专业。

指令示例：

①相关案例部分，请在文章中适当引用裁判文书原文；

②请检索针对这种情况，法院作出特殊处理的案例；

③请继续检索相关案例；

④请给出具体案号；

⑤请修改完善此文章：相关案例部分，案号在正文中体现，小标题总结观点，在正文中，案情简介和法院裁判观点可以结合为一段，要求语言流畅自然。

复核阶段则凸显专业工具价值。原因在于通用大模型缺少法律数据，且缺乏验证机制，因此无法避免编撰法条、虚构案例的情况。得理法律大模型拥有全域法律数据，相较通用大模型可最大限度减少幻觉问题。法规、案例点击一键跳转原文，确保数据真实可验。

综上所述，在律师写作法律专业文章时，利用 AI 工具可以极大提升写作效率。不过，使用 AI 进行法律文章创作也面临一些挑战，如观点提炼不够精准、编造规定或案例、语言表达机械等。这需要律师在使用过程中保持警惕，对 AI 生成的内容进行认真复核和人工调整。这也说明 AI 是辅助而非替代律师进行法律创作的工具，律师的专业判断和经验仍然是不可或缺的。

案例二：法律政策与行业信息整备

法律行业特定领域往往规范体系复杂、政策更新频繁，律师需要耗费大量时间精力搜集相关政策、项目及热点信息。以城市更新与土地整备领域为例，AI 可以协助律师完成法律月报的制作，实现对行业动态的实时观测和高效整合。

1. AI 法律月报创作过程

步骤一：发布指令。

指令示例：请帮我搜集国家、广东省、深圳市以及深圳各区 2024 年 11 月与城市更新和土地整备业务、房地产业务相关法律法规、政策，并按照“文件名称、文号、发文时间、发文机关”的内容逐一列举。

步骤二：校核初步生成内容的准确性、全面性。

追加指令示例：请补充深圳各区在 2024 年 11 月发布了哪些与城市更新和土地整备业务、房地产业务相关的法律法规、政策（需包含文件名称、文号、发文时间、发文机关）。

步骤三：将校核后的文字内容转化为具备高可读性的表格形式。

指令示例：提供文字版政策内容，并输入“请将以上文件内容转换为 Word 版表格并提供 Word 文件，标题行包含序号、发文时间、政策名称、文号、发文机关”。

2. AI 撰写当月重点政策解读

步骤一：发布指令。

指令示例：请对《自然资源部关于运用地方政府专项债券资金收回收购存量闲置土地的通知》（自然资发〔2024〕242 号）进行政策解读，关注政策发布背景、政策亮点、政策发布后对市场的影响等，字数不限。

步骤二：对解读初稿内容进行准确性确认，并结合律师法律服务经验，进一步要求聚焦、完善相关重点内容。

追加指令示例：请扩充一下第二大点的内容：（1）把相关内容所依据的具体条文序号列举出来；（2）把现有的要点化形式扩充为完整的段落；（3）语言表述要更具有法律专业性和严谨性。

3. 使用 AI 获取当月项目动态数据

步骤一：发布指令。

指令示例：请帮我根据深圳市政府、规划和自然资源局、城市更新局官网，以及深圳市各区政府、规划和自然资源局区管理局、区城市更新局官网、各区街道办宣传公众号发布内容，分别统计 2024 年 11 月深圳市拆除重建类城市更新单元计划公示、计划公告、规划公示、实施主体确认等项目数及面积。

步骤二：项目数据复核、增补，并进行可视化。

4. 月报类法律服务成果输出范式化

随着这种工作模式的推广，一系列标准化指令模板也逐渐形成。律师可通过选用有效的初始指令及追加指令，实现工作流程及输出内容标准化，将“AI+ 法律创作”

模式推广应用于法律服务领域月报 / 周报 / 政策解读 / 专业推文等场景。

（1）政策搜集指令

请帮我搜集【时间】内【层级 / 机关 / 领域等】发布的政策，须包含政策完整名称、发布机关、发布时间、文号（如有），并附上原文链接。

（2）政策解读指令

综合类政策。请帮我写一篇政策解读，须包含发布背景、主要原则、主要内容，并就重点内容逐项进行解读，字数为【××】。

实施细则类政策。请帮我写一篇政策解读，主要梳理工作流程、主管部门工作职责，字数为【××】，并根据工作流程画一张【思维导图 / 流程图等】。

经验清单类政策。请帮我按【地区 / 时间 / 主要类别等】归纳经验清单，写一篇字数为【××】的解读。

对比类政策解读。请帮我对比【正式稿—征求意见稿 / 修订前政策—修订后政策等】，以表格形式输出二者区别内容，并解读重点修改内容，字数为【××】。

（3）热点资讯搜集指令

请帮我搜集【时间】内【领域】相关的【×】条热点新闻、重要事件，逐条列出，每条为【××】字，并附上引文链接。

（4）数据分析指令

请帮我搜集【时间】内【提供官方网站链接】发布的【领域】项目信息，并按照【地区 / 类别 / 项目节点等】分类统计数量，并将统计结果绘制成【条形图 / 饼图 / 表格】。

小　结

从创作时效和质量来看，经过对月报各板块内容进行 2—5 次的 AI 指令调试、补充追问后 AI 模型可实现快速生成有效可用信息；此后，律师主要对政策、项目信息搜集准确性和完整性进行确认，并就措辞妥当性、解读专业性和论述深度进行修改提升，实现相关工作流程优化集中，人力及时间成本有效压缩。

从 AI 辅助创作的收效来看，城市更新法律服务体系具有一定入门门槛及知识积累要求，初级律师可能无法独立、深度识别或预测政策发布对于市场的影响，并准确关联到历史政策、相关领域政策等，政策搜集及后续解读过程中可能偏离法律服务和市场关注重点。以 AI 月报成果为基础，可有效辅助初级律师快速聚焦重点内容，建立知识体系，提高法律服务专业和熟练程度。

第七章

AI 助力个人营销

7.1 功能概述

在当今竞争激烈的法律服务市场中，个人营销对律师的职业发展至关重要。AI技术为律师的个人营销提供了前所未有的助力，使律师能够更加高效地提升个人品牌影响力、拓展专业网络和获取潜在客户资源。

法律 AI 在个人营销方面的功能主要体现在以下几个方面：

多样化内容创作支持：AI 能够协助律师生成各类专业营销内容，包括法律讲座材料、培训课件、专业文章、社交媒体推文等。通过多模态大模型，AI 可以帮助律师创作更具吸引力和针对性的内容，提高内容质量和传播效果。

营销材料高效制作：AI 工具能够快速生成专业、美观的营销材料，如讲座海报、培训 PPT、宣传图文等。这些工具通常提供丰富的模板和智能设计功能，大大降低了制作门槛，让律师无须专业设计知识也能制作出高质量的营销材料。

个人品牌建设辅助：AI 可以通过分析市场趋势，为律师提供个人品牌定位和建设策略的建议。同时，AI 还能够协助律师维护在各平台上的专业形象，确保品牌传播的一致性和专业性。

7.2 实战案例分析

场景：AI 辅助律师专业培训全流程

面向客户、社区、高校等法律、非法律专业人士开展讲座及法律培训，是律师时常需要面对的营销宣传、提升影响力的业务场景。在 AI 时代，律师可以通过多种 AI 工具完成从前期准备到后期宣传的整个培训流程，实现个人专业价值的有效传播。

1. 讲座海报制作

使用创客贴等 AI 设计工具，律师只需 15 分钟左右即可完成专业水准的海报制作。

具体步骤包括：在创客贴智能设计页面中找到适合的场景模板，输入讲座主题、时间等信息并上传主讲人照片，点击“智能生成设计”获得多种海报模板，选择合适的进行编辑，添加 Logo、二维码等元素后下载即可。

在这一过程中，AI 生成占比约 70%，人工填入与修改约占 30%。AI 生成的海报能够快速提供设计基础，包括布局、颜色搭配和基本元素，而人工部分主要是输入特定内容、选择风格并进行最终校对。

2. 法律研究与案例检索

以“新《公司法》背景下董监高履职问题”为例，律师可利用 DeepSeek、小理 AI 等工具高效完成法律研究和案例检索。

在法律研究方面，使用 DeepSeek 的步骤主要包括：首先确定基本思路和框架，如“董监高人员具体范围—新《公司法》修订背景—新《公司法》对董监高职责的修订内容—董监高人员如何切实履职”。其次分步输入指令，如“我是一位律师，想了解新修订的《公司法》对于董高监人员责任的规定，请问董高监人员的具体范围是什么”等；检查生成的内容并进行调整，如输入“列出具体法条规定”以核实原文依据，或要求“以表格形式呈现”使新旧对比更清晰。最后将所有内容整合成完整文稿并进行人工校正。

在此过程中，AI 生成与人工参与比例大概为 4 ∶ 1。AI 能够根据指令生成结构化的文档集合，帮助律师快速了解不熟悉的领域，并补充相关法规和案例，节省检索时间。人工部分主要是形成检索框架、提出细化指令以及进行信息核对。

在案例检索方面，小理 AI 和 DeepSeek 各有优势。小理 AI 背靠法律数据库，数据来源可信度高，能够直达法条和案例，提供具体案号，并允许直接复制判决内容，便于律师核实和引用。DeepSeek 等通用 AI 虽无专门法律数据库，但能提供更多研究视角，并具有较强的理解能力，尤其擅长根据问者的上下指令优化答案。不过，DeepSeek 引用的法规和案例需要律师自行复核确认准确性。

3.PPT 制作与演示

律师可通过 WPS 等带有 AI 功能的办公工具快速生成专业培训 PPT。具体步骤包括：将演讲内容以文字稿形式上传或粘贴到对话框，使用“贴近原文”功能生成 PPT 大纲，对大纲进行必要修改，选择适合的 PPT 模板，最后对生成的 PPT 内容进行精细调整。

AI 在 PPT 制作中的优势是能自动抓取信息、分页并匹配合适的图片，一键生成完整 PPT，节省大量筛选和排版时间。但 AI 也存在局限性，如处理冗长内容时无法提取关键信息，导致页面文字过于密集，影响观看体验，需要人工修改。

4. 培训后的宣传推广

培训结束后，律师可利用 DeepSeek 等 AI 工具快速制作公众号推文等宣传材料。只需向 AI 输入如“你负责某律师事务所的对外宣传事务，现在要写一篇关于某律师事务所合伙人 × 律师在 2025 年 1 月 20 日前往某国企开展主题为‘新公司法下的董高监责任’的法律讲座的通稿”等指令，AI 即可生成完整的活动通稿。再通过秀米等工具完成自动排版，即可发布到社交媒体平台。

整个过程耗时相比以往大大缩短，既节省了律师的写作时间，又能确保宣传内容的专业性和吸引力，有效扩大培训影响力并进一步提升个人品牌。

7.3　应用建议

虽然 AI 在个人营销中展现出强大的辅助功能，但要充分发挥其价值，律师仍需注意以下几点：

首先，明确个人定位和营销目标。在使用 AI 工具前，律师应当明确自身的专业优势和目标受众，确保 AI 辅助创作的内容能够准确传达个人品牌价值。

其次，保持内容的真实性和专业性。AI 仅是辅助工具，律师应确保最终呈现的内容真实反映自身的专业水平和行业洞察，避免过度依赖 AI 而忽略内容质量。

再次，持续学习和优化 AI 使用技巧。不同 AI 工具各有特点，律师需要不断探索和优化使用方法，如提炼有效指令、组合使用多种工具等，以获得更好的辅助效果。

最后，关注隐私和数据安全。在使用 AI 进行个人营销时，律师应注意保护客户隐私和敏感信息，避免在 AI 平台上分享涉及保密义务的内容。

总体而言,AI 为律师的个人营销提供了强大助力，能够显著提高营销效率和质量。但 AI 始终是辅助工具，律师的专业知识、实践经验和个人洞察仍是个人品牌价值的核心所在。通过合理运用 AI 技术，律师能够更加高效地展示个人专业价值，建立稳固的个人品牌影响力。

第八章

法律大模型提示词模板

8.1 通用

8.1.1 法律研究

1. 你是一位法律研究助理，请针对【法律问题】的问题，收集相关案例，并总结法院审理相关案件的思路。

2. 你是一名法律研究员，请问法院对【法律问题】，通常会考虑哪些方面?

3. 关于【法律问题】的法律规定有哪些?

4. 你是一名法学专家，请问【法律概念】是什么意思?【法律规定名称】中有对应的条文吗?

5. 请帮我收集关于【法律问题】的案件。

6. 请比较【法律制度 A】和【法律制度 B】的异同。

7.【法律制度】的主要特点和挑战是什么?

8. 关于【法律问题】最新的法律规定有哪些?

9. 请向我介绍【法律法规】的修订亮点和重点内容。

10. 请简要概括【《法律法规名称》】这一法规的重点内容。

11. 你是一名资深律师，现在一家公司向你咨询:【法律问题】，请你给出初步的应对思路。

12. 你是一名律师，现在你需要为一家顾问单位提供【法律服务内容】的法律服务，请简要进行方案设计。

13. 请分析国内外在【法律制度】领域的立法实践，并给出相关建议。

14. 你是一名民法学专家，请问【某域外法律概念 / 法律制度】和【我国某法律概念 / 制度】在【内涵 / 适用 / 具体规定方面】有何区别?

15. 你是一名法律实务专家，请向我介绍【法律问题】。

16. 请根据相关法律法规，列举【法律问题】的情形？

17.【陈述案件基本事实】，请基于以上案件事实总结争议焦点。

18. 请问对于【基本案情】的情形，是否适用【法律制度】？

19. 请问【基本事实】是否影响【另一基本事实】？

20. 你是一名律师，需要就【法律问题】起草一篇法律研究文章，请起草提纲及文章要点。

21. 你是一名律师，请问在司法实践中，如何认定【法律问题】？

8.1.2 法律文书

1. 你是律师助理，请帮我起草一份【合同名称】合同。

2. 你是一名律师，负责处理一个【纠纷类型】的案件，请作为【原告 / 被告】，起草一份【文书】。

3. 请帮我起草一份起诉状 / 仲裁申请书，基本案情是【基本案情】。

4. 你是一名律师，现客户遇到了【法律问题】，案件背景是【案件背景】，请根据上述信息，起草一份起诉状 / 仲裁申请书。

5. 你是律师助理，请帮我起草一份【合同类型】合同，要求符合【法律】的相关规定。

6. 你是一名律师，现在你的常年法律顾问单位向你咨询【法律问题】，请你给出初步意见。

7. 你是一名律师，现在你的常年法律顾问单位向你咨询【法律问题】，请你起草一份【法律文书】。

8. 你是一名律师，现在客户拟【法律事务】，请你起草一份【文书】。

9. 你是一名律师，作为【客户】代理律师，请对【仲裁请求】，初步草拟一个答辩意见。

10. 你是一名律师，负责处理一个【领域】的案件，在这个案件中，被告方存在【问题】的情形，请针对该情况，起草一份【法律文书】。

11. 你是一名律师，请帮我起草一份管辖权异议，异议理由为【异议内容】。

12. 你是一名律师，正在办理一起【案由】，需要向法院申请【申请事项】，请基于这一基本事实拟定一份【调查取证申请书】。

8.1.3　法律分析

1. 请问【咨询问题】相关的法律风险有哪些？

2. 请根据【案件情况】这一案件基本情况，为【客户】制定诉讼策略。

3. 请根据【案件情况】这一案件基本情况，为【客户】设计一套诉讼方案。

4. 请根据【具体案情】这一案件基本情况，为【客户】制定答辩方案。

5. 你是一名律师，现接到一个【案由】案件，对方认为【观点】，作为【客户】代理人，请针对该观点进行答辩。

6.【法律问题】，保证【客户】利益最大化的方案是什么？

7. 请帮我总结律师对【法律问题】的抗辩思路。

8.【输入案件背景】，作为【哪一方】代理人，请问可以提供哪些证据去证明【证明内容】？

9. 你是一名律师，请针对【基本案情】案件，作为【客户】代理人，应该提供哪些证据？

10. 你是一名律师，现在你的顾问单位向你咨询【法律问题】，请你给出初步的方案，帮助客户规避法律风险。

11. 你是一名律师，现在你的顾问单位向你咨询【法律行为】可能存在哪些潜在的风险，请你给出比较全面的回答。

12. 你是一名律师，现在你的客户被起诉【法律责任】，请你为客户进行法律分析应诉方案。

13. 你是一名律师，现在你的客户向你咨询【法律问题】，请你为客户进行法律分析，并给出初步方案思路。

14. 你是一名律师，现在客户咨询【法律问题】，请你就该咨询问题提供法律建议，并提供可行的路径。

15. 请分析【法律问题】的情形，并为【客户】提供合规建议。

16.【基本案件信息】。现你是一名律师，应该建议当事人【采取何种救济途径/

选择某种救济途径】，请列明具体法律依据并详细说明原因。

17. 你是一名【细分领域】的律师，请问针对【基本案情】，能否主张【诉请】？请详细分析，并列明具体法律依据。

18. 你是一名法官，请回答法院审理【案件类型】，重点关注哪些事实因素？

19. 你是一名【细分领域】法律专家，请根据【法律法规】的规定，回答什么情况下可以【作出某种法律行为 / 提出某种诉请】？

20. 你是一名律师，发生【具体案情】，请问【当事人】应该如何【操作 / 补救 / 争取权利等】？

21.【先进行案情描述】；你是一名律师，请根据法律规定回答以下问题：【定性问题】；【实体法律问题】；【程序性法律问题】。

22. 你是一名律师，现客户遇到【法律问题】，请总结【法律问题】认定标准。

23. 你是一名律师，负责处理【法律问题】，总结损失赔偿认定标准。

8.1.4 法律程序

1. 申请【法律程序】，需要提供什么材料？

2. 申请【法律问题】，需要向哪个部门提交申请？

3. 申请【法律问题】，需要完成哪些流程？

4. 申请【法律问题】的具体程序是什么？

5. 请问【事项】需要履行哪些程序？

6.【法律问题】的诉讼时效是多久？

7. 法院对【法律问题】的受理范围是什么？

8. 法院对【法律问题】的管辖规则是什么？

9. 请问【案由】案件，如何确定管辖？

10. 请问在【案由】案件中，是否适用【管辖原则】管辖原则？

11. 请问因【基本案情】引发的争议，是否属于人民法院 / 仲裁院受理案件的范围？

12. 对于【主体 A】与【主体 B】之前因【原因】发生的【案由】案件，作为【哪一方】的代理人，如何列当事人？

13. 请问人民法院受理【案由】案件后，当事人可否要求【具体请求】?

14. 请问证明【法律问题】的举证责任由谁承担?

15. 法院审理【案件类型 / 审理程序】，一般需要多长时间?

16. 你是一名律师，你的客户向你咨询【法律问题】，应当向哪个法院提起诉讼?

17. 你是一名律师，你的客户向你咨询【法律问题】，应当提交哪些材料?

18. 你是一名律师，你的客户向你咨询【法律问题】，应当采取哪些措施?

19. 你是一名律师，你的客户需要【法律需求】，请你协助起草完成。

20. 你是一名律师，你的客户需要【法律需求】，请你检索相关的【法律规定】。

21. 你是一名律师，你的客户需要【法律问题】，请你检索相关的【法律规定】并给出建议。

22. 你是一名法学专家，请问【诉讼类型】中，【当事人】在诉讼中是什么诉讼地位? 根据民事诉讼法，其如何加入诉讼?

8.1.5　法律术语

1. 你是法学研究领域专家，请帮我解释【法律术语】这一法律术语。

2. 你是法律英语专家，请帮我把【法律文本】翻译为中文 / 英文。

3. 请告诉我【法律术语 1】和【法律术语 2】之间的区别有哪些。

4. 你是一名律师，请你用通俗易懂的语言向你的客户解释【法律术语】的内容及流程。

5. 你是一名律师，你的客户现在面临【法律问题】，请你向客户解释潜在的风险及应对措施。

6. 你是一名律师，请为客户解释【法律问题】，并【法律措施】。

7. 你是一名律师，客户向你提问【法律问题】，请你解释该术语并向客户提示风险。

8.2　细分领域

8.2.1　合同

1. 法律文书

（1）你是一名律师，请帮我起草一份【合同类型】，合同标的物为【标的物】，合同需要包含【需强调的条款、内容】，注意双方权利义务平等。

（2）你是一名律师，请代表【合同一方】起草一份房屋租赁合同，适用于【租赁物业类型】。

（3）你是一名【细分领域】领域的律师，请帮我起草一份【协议名称】协议，要求【某一条款内】列举多种可行的【执行模式 / 交易方式】供合同当事人选择。

（4）你是一名【细分领域】的律师，请帮我写一份【协议类型】协议，要求条款合法有效，并规定【具体要求】。

（5）你是一名【细分领域】的律师，请帮我在【协议类型】协议中拟定一条详细的【某一具体条款】条款，充分列举【条款需重点强调的内容】。

（6）你是一名律师，代理的【具体案情】案件，【当事人】拟起诉要求【被告承担的法律责任】。请根据上述信息，起草一份起诉状，主张【相关诉请】，并列明【具体法律名称】中可适用的具体法律条款。

（7）请结合【某地区】现行有效 / 最新的【规定内容】相关规定和政策，帮我起草一份【合同类型】合同。

2. 法律分析

（1）你是法学研究领域的专家，请回答【合同类型一】和【合同类型二】之间存在什么区别？拟【进行某类型交易 / 达成某法律效果】，应该【选择哪种类型 / 采取哪种方式】？

（2）【具体合同条款】，请你作为【合同一方】的法律顾问，分析该条款可能存在的法律风险。

（3）你是一名【细分领域】的律师，现【基本案情描述】。请分析【n】个问题：【可提法律行为 / 合同性质分析问题】；【可提法律效力问题】；【可提法律后果预测或救济措施分析问题】。

（4）你是公司的法律顾问，在【最新法律法规名称】颁布后，【合同类型】的拟定需要注意哪些风险点？

（5）【先进行案情描述】；你是一名律师，请根据法律规定详细分析【法律行为 / 合同】的性质和效力，并回答【具体法律问题】。

（6）你是一名律师，请审查【合同条款】是否存在风险？

8.2.2 刑事

1. 法律研究

（1）你是一名【细分领域】的律师，请帮我梳理【罪名A】和【罪名B】的相关规定，并回答二者在【构成要件/量刑】上的区别。

（2）你是一名法学专家，请问【法律概念】是什么意思？我国刑法体系有类似制度吗？

（3）你是一名学者，请详细梳理我国【刑法规定/规则/制度等】。

2. 法律文书

（1）你是一名律师，请你依据【基本案情】起草一份辩护词，并列明法律依据。

（2）你是一名律师，【当事人】涉嫌【罪名】，现受害人欲签订谅解书不予控告，请起草一份谅解书。

（3）你是一名律师，因【案件情况】，请起草一份【申请内容】申请文书。

3. 法律分析

（1）你是一名刑法学专家，请回答在【基本案情】中，【当事人】是否构成【罪名】？

（2）你是一名公诉人员，【基本案情】中，【当事人】涉嫌【罪名】，应该收集哪些证据？

（3）你是一名律师，案件基本情况为【基本案情】，请分析【当事人甲、乙、丙等】各自是否构成犯罪及其犯罪地位。

（4）你是一名法官，请分析【具体案情】是否属于【罪名】？

4. 法律程序

（1）你是一名律师，请帮我总结针对【案件类型】法院的审理程序和普通案件相比有何区别？

（2）你是一名律师，请问【法律程序】向谁申请？具体的程序和时限是什么？请列明具体法律规定。

8.3　公司场景

8.3.1　公司经营

1. 公司注册变更

（1）你是公司老板，现在想【在地域（如需）】注册创立一家【企业类型】/ 现公司计划【分立 / 合并 / 改制】，请问需要满足什么条件？

（2）你是公司老板，现在想【在地域（如需）】注册创立一家【企业类型】/ 现公司计划【分立 / 合并 / 改制】，请问【设立 / 分立 / 合并 / 改制】的方式有哪些？

（3）你是公司老板，现在想【在地域（如需）】注册创立一家【企业类型】/ 现公司计划【分立 / 合并 / 改制】，请问应在哪个登记机关进行登记，登记的主要内容是什么？

（4）你是公司的法务，现公司计划【分立 / 合并 / 改制】，请问【具体问题】应如何处理？

（5）请问【公司类型 A】和【公司类型 B】有什么区别？

2. 股东权利

（1）作为【公司类型】的股东，在【具体事件】情况下，是否具有【权利】？

（2）作为【公司类型】的股东，在【具体事件】情况下，是否需要承担【责任】？需要承担什么法律责任？

（3）作为【公司类型】的股东，在【具体事件】情况下，是否构成【法律后果】？

（4）请问【股东权利 A】和【股东权利 B】有什么区别？

3. 公司高管责任

（1）请问担任【企业类型】的【职务】，任职条件是什么？

（2）作为【企业类型】的【职务】，在【具体情况】下存在什么法律风险？

（3）作为【企业类型】的【职务】，享有的权利和应承担的义务有哪些？

（4）作为【企业类型】的【职务】，在【具体情况】下需要承担什么法律责任？

（5）作为【企业类型】的【职务】，存在【具体行为】是否合规？

（6）你是公司的法务，请问【具体情况】下是否具有任职【职务】的资格?

4. 公司税务

（1）你是公司的财务管理人员，请问【具体情况】需要注意什么税务风险?

（2）你是公司的财务管理人员，请问【具体情况】的税务成本有哪些?

（3）你是公司的财务管理人员，请问【具体情况】的税务筹划需要考虑哪些问题?

（4）你是公司的财务管理人员，企业针对【具体情况】有什么税务处理方法?

8.3.2 知识产权

1. 商标

（1）你是公司的法务，请问【具体情况】是否可以作为商标申请注册?

（2）你是公司的法务，请问使用 / 转让 / 变更【商标】的法律风险有哪些?

（3）你是公司的法务，请问【行为】是否侵害商标权?

2. 专利

（1）你是公司的法务，请问【行为】是否构成专利侵权?

（2）你是公司的法务，请问【具体情况】是否享有【专利权利】?

（3）你是公司的法务，请问【具体情况】是否属于职务发明?

（4）你是公司的法务，请问【具体情况】是否属于职务发明?

（5）你是公司的法务，请问专利【转让 / 许可 / 转化】的法律风险有哪些?

（6）你是公司的法务，请针对【具体情况】帮我拟定专利转让合同。

3. 著作权

（1）你是公司的法务，请问【具体情况】是否构成侵犯著作权?

（2）你是公司的法务，请问【具体情况】是否受著作权法保护?

（3）你是公司的法务，请问【具体情况】下著作权属于谁?

（4）你是公司的法务，请针对【具体情况】帮我拟定著作权使用许可的条款。

8.3.3　劳动用工

1. 劳动关系

（1）你是公司的法务，请问在【具体情况】下，企业与劳动者的劳动关系如何认定？

（2）你是公司的法务，请问在【具体情况】下，劳动关系是否解除？

（3）你是公司的法务，请问在【具体情况】下，劳动关系是否解除？

2. 劳动合同

（1）你是公司的法务，现公司招聘【职位】，请帮我草拟一份劳动合同，需明确员工职责、薪酬待遇、保密义务及劳动关系解除情形。

（2）你是公司的法务，请问劳动合同的审核要点是什么？

（3）你是公司的法务，请问劳动合同约定【具体情况】存在什么风险？

（4）你是公司的法务，请问在【具体情况】下，公司能否解除劳动合同？

（5）你是公司的法务，请帮我拟定一份劳务派遣协议。

3. 劳动保障

（1）你是公司的法务，请问【具体情况】下，公司是否需要承担工伤保险责任？

（2）你是公司的法务，请问【具体情况】下，是否符合工伤认定的条件？

（3）你是公司的法务，请问【具体情况】下，公司是否可以拒绝向劳动者【支付工资 / 颁发奖金 / 买社保 / 批假 / 调薪……】？

（4）你是公司的法务，请问【具体情况】下，企业存在什么法律风险？

8.3.4　合同文本

1. 通用合同

（1）你是公司的法务，现公司就【事项】与客户达成合作，请帮我草拟一份【合同类型】合同。

（2）你是公司的法务，请问审核【合同类型】的要点是什么？

（3）你是公司的法务，请帮我拟定【合同类型（如需）】的【条款】。

（4）你是公司的法务，请问【合同类型】约定【具体情况】存在什么风险？

（5）你是公司的法务，请问如何认定【合同类型】的效力？

2. 投资协议

（1）你是公司的法务，请帮我拟定一份投资协议，需明确投资金额、回报方式、投资方收益、投资方退出条件。

（2）你是公司的法务，请问审核投资协议的要点是什么。

3. 劳动合同

（1）你是公司的法务，现公司招聘【职位】，请帮我草拟一份劳动合同，需明确员工职责、薪酬待遇、保密义务及劳动关系解除情形。

（2）你是公司的法务，请问劳动合同的审核要点是什么？

（3）你是公司的法务，请问劳动合同约定【具体情况】存在什么风险？

（4）你是公司的法务，请问在【具体情况】下，公司能否解除劳动合同？

（5）你是公司的法务，请帮我拟定一份劳务派遣协议。

4. 购销合同

（1）你是公司的法务，现公司就采购 / 销售【货物】与客户达成合作，请帮我草拟一份采购 / 销售合同。

（2）你是公司的法务，请问采购 / 销售合同的审核要点是什么？

5. 借款合同

（1）你是公司的法务，现公司计划向【对象】借款 / 提供借款，请帮我草拟一份借款合同。

（2）你是公司的法务，请问借款合同的审核要点是什么？

6. 保密协议

（1）你是公司的法务，请帮我拟定一份保密协议，需明确保护商业机密、技术信息的义务及后果。

（2）你是公司的法务，请问保密协议的审核要点是什么？

7. 股权转让协议

（1）你是公司的法务，请问股权转让协议的审核要点是什么？

（2）你是公司的法务，请问股权转让协议约定【具体情况】存在什么风险？

（3）你是公司的法务，请帮我拟定一份股权转让协议。

8.3.5 公司规章制度

1. 文件管理

（1）你是公司的【职位】，请帮我制定一份【文件】。

（2）你是一家【企业类型】的【职位】，请问制定一份合法有效的【文件】，需要经过什么程序？

2. 公司组织架构

（1）在【具体事件】情况下，【会议类型】的决议是否有效 / 无效 / 可撤销？

（2）请问【企业类型】召开【董事会 / 监事会 / 股东（大）会】需要满足什么条件 / 流程是什么？

（3）请问【董事会 / 监事会 / 股东（大）会】通过【表决事项】需要获得多少比例？

第三部分
PART THREE

其他 AI 工具

第一章

内容创作与办公效率工具

1.1 PPT 生成工具

大语言模型作为生成式人工智能，在语言生成方面的能力有得天独厚的优势。这个能力也为 PPT 的制作带来变革性的变化。同时，大语言模型目前因性能提升所逐渐发展出的多模态融合，还在带来更多可能。大语言模型在 PPT 自动生成中主要可以应用于以下几个方面：内容生成、页面结构设计、数据可视化、图像生成、多语言支持等。

1.1.1 AiPPT

AiPPT，是一款将 AI 大模型与 PPT 场景深度结合的产品。根据向 AI 提问需求，AiPPT 便能快速生成完整、专业的 PPT。目前已为国内数万家企业的白领人群提供了 AI 一键生成 PPT 的服务。同时，AiPPT 也推出了专属企业定制版和 API 开放平台，为企业级客户提供专业、高效、性价比的专属服务。

目前 AiPPT 已入驻 Kimi 官方推荐，作为 Kimi+PPT 助手，向更广大用户提供智能 PPT 生成服务。

功能：

（1）一键生成：全流程智能生成，只需输入一句主题，快速生成大纲以及具有专业外观的演示 PPT。

（2）文档导入：多种格式文档导入无忧，支持 DOCX、XMind、Freemind、Markdown 文件导入直接生成 PPT。

（3）思维导图：拆解内容思维导图，在线直观预览内容、支持在线预览、编辑，可一键下载为文本或图片格式。

（4）在线演示：无须下载，在线即可无忧演示 PPT，字体、设计、表格等无差别演示，无须担心下载格式转换。

（5）在线编辑：生成结果在线编辑调整，支持文本、图片、表格、图表、主题、模板等，全内容编辑调整，更可一键替换整套模板。

1.1.2 笔灵 PPT

笔灵 AIPPT 是笔灵推出的一款在线智能 PPT 生成工具，通过 AI 技术帮助用户快速创建高质量的演示文稿，用户只需要输入主题内容，系统可自动生成 PPT 大纲，进一步生成完整的 PPT 和千字演讲稿。支持多种场景，如工作汇报、商业计划等，并提供安全存储及加密传输，确保用户信息安全。

功能：

（1）智能生成大纲：输入 PPT 主题内容，即可生成千字大纲。

（2）多场景设定：预设多种场景，梳理对应解决方案。

（3）生成自述稿：根据大纲，AI 自动生成完整 PPT 与对应的自述稿。

1.1.3 讯飞智文

基于讯飞星火的 AI 原生应用——讯飞智文，支持 PPT 一键生成，精细打磨内容，提供 AI 速读与段落精写。还可以随意切换的精美模板和多语种，满足个性化需求。排版一站式解决、内容秒速级生成。它具备 PPT 文本生成大模型、AIPPT 编排创作引擎、AIPPT 在线编辑模组三大技术模组，让智能 PPT 迈向更自由个性、更专业有料的进阶之路，进一步释放 PPT 创作者的创意潜能。

功能：

（1）文档一键生成：一句话主题、长文本快速生成 PPT、Word 文档，多种文稿类型供选择，更专业，更垂直。

（2）AI 撰写助手：支持多达十几种 AI 文本编辑操作，快速完善生成后内容，提高改写效率。

（3）多语种文档生成：支持英、俄、日等 10 种外语文本生成，多语种文本互译，无缝衔接翻译功能。

（4）AI 自动配图：根据文本内容，自动生成 AI 文生图提示词，只需要一次点击，即可生成多张 AI 图片供选择。

（5）模板图示秒切换：随时可切换的内容排版及模板配色，文档内容排版更灵活更多样，省去模板图示优化时间。

1.1.4 iSlide

iSlide——作为一款幻灯片（PPT）高效设计辅助工具，已帮助千万职场人士做出改变，有效提升了幻灯片文档的设计效率和专业水准。它针对于企业 / 组织应用，通过区块存证技术，保护文档领域的原创模板 / 作品，并与 VCG 合作共建正版素材库，为企业 / 组织提供可商用的授权许可保障，规避版权风险。

功能：

（1）Word、脑图转 PPT：支持 7 种常用文档导入，自动解析生成大纲，一键输出 PPT。

（2）文字、图片 AI 编辑：AI 文本润色，帮助改写、扩写、翻译、分析；PPT 一键换肤，单页美化，素材自适应匹配。

（3）海量正版模板素材：千万量级 PPT 模板 / 素材，包括模板、图片、图表；100+ 热门行业场景，原创设计正版保障，无商用风险。

（4）支持企业模板上传：生成 PPT 自适应模板配色版式，统一专业；多项团队功能，方便设计模板管理。

1.1.5 Gamma

Gamma 由一家成立于洛杉矶的创业企业开发，产品致力于替代传统的幻灯片烦琐制作，打造创意展示的全新方式。通过人工智能的支持，用快速、简便的方式来分享和展示工作成果，创建引人入胜的演示文稿、文档、网页，方便讨论与同步共享。一切都可以在网页上完成。

功能：

（1）基于 NLP 直接生成完整的 PPT、Word 和网页内容。

（2）与 AI 聊天，获取对当前 PPT、Word 以及网页的建议，优化与自定义 PPT。

（3）基于 NLP 生成配图，提供多种图表模板实现数据可视化。

（4）内容编辑模块化，图像、视频等其他交互元素可直接插入，调整、删除。

（5）多设备支持，在移动端提供友好型内容，内置高级分析功能跟踪参与情况。

1.1.6 Mindshow

功能：

（1）现有文档直接导入，自动生成 PPT，自动配图、排版。

（2）主题布局，点击随意切换。

（3）演示内容结构化显示，后续修改更简单。

（4）支持导出为 PDF、PPTX 文件，或在线演示。

1.2 写作与笔记工具

1.2.1 Effie——沉浸写作软件

Effie 是一款注重极简美学与创作效率的全平台码字软件，其设计理念是为用户提供一个专注的写作环境。它支持思维导图和大纲的混排，Markdown，统计字数 / 阅读时长等功能来辅助内容创作，拥有沉浸式界面设计，特别适合需要长篇写作的用户。近期上线 Effie AI，助力写作全流程。

1.Effie AI

（1）高效总结：智能总结摘要，生成大纲，提取关键信息并进行结构化分析，以快速概括文章的主旨和核心内容。可以通过 AI 快速缩写、扩写、续写，高效处理文本，从简短的提示到完整文章都可以轻松生成。

（2）内容优化：通过 AI 进行润色，灵活转换风格，应对多种场景。另外支持中英互译、错别字和语法纠正，确保语言间的流畅和准确性。

（3）AI 问答：写作过程中随时可向 AI 提问，做到轻松答疑解惑、出谋划策，让 AI 成为创意引擎，一起头脑风暴，迸发奇思妙想。

2. 随心记录

（1）不受设备限制：手机、平板、电脑，设备随心。多设备、多平台支持，自动云端同步。

（2）不受地点限制，支持离线本地存储。

3. 沉浸创作

（1）简洁易用的写作环境：遵循最小阻力原则，没有任何多余的按钮。

（2）采用标记语法：轻松锁定格式，两分钟即可上手，无须伸手够鼠标。

4. 整理逻辑

（1）大纲功能：大纲实现以有逻辑的方式展示列表，同时支持文字大纲自由混排，纵览全局也不错过细节，让思绪轻松归位。

（2）一键转换思维导图：以图形化的方式展示思维和写作，使其更直观清晰。思维导图也可添加、删除或移动节点，便于调整结构。

5. 轻松输出

（1）多格式支持：支持导出 PDF、DOCX、Markdown、EffieSheet 等格式文件。

（2）导出多风格图片形式：多种视觉风格，使内容更加赏心悦目，适用于多样应用场景。

1.2.2 幕布——极简大纲笔记

幕布是一款大纲笔记类产品，其主要定位是解决高效率人士在职场或者生活中的效率问题，提炼整理笔记，梳理思维，独立创作以及任务管理等。界面简单直观，主要以大纲的形式梳理呈现结构化内容，并且支持思维导图模式，可以一键把大纲结构的文本内容转化成思维导图。以上特性使得它特别适合用于头脑风暴、项目规划或学习笔记等场景。

功能：

（1）文档编辑：支持 Latex 公式、支持 Markdown 输入，全场景快捷键支持，千万字大文档秒开。另外支持双向链接，多维度构建知识网络。

（2）思维整理：可快速整理思路，一键查看思维导图，还能不断拆分细化每个主题，便于进行思维碰撞与头脑风暴。

（3）协作编辑：发送链接，团队共享，即刻开始协作。

（4）丰富的模板库，满足多场景记录。

（5）多格式导出：幕布支持 OPML 格式和思维导图格式文件的导入和导出，也支持多种其他格式（PDF、Word、HTML，图片以及 .MM）导出。

（6）多平台适应：在幕布上写的内容可以保留样式复制粘贴到印象笔记、简书、微信公众号等第三方写作平台。

1.2.3 Flomo——卡片式笔记

Flomo 是一款独具特色的轻量级笔记应用，以“卡片笔记法”为核心理念，为用户提供了一个极简而高效的思想捕捉平台。它的界面设计简洁明了，让用户能够专注于快速记录灵感和想法，而不被烦琐的功能所干扰，是一个非常适合碎片化信息收集和个人知识管理的理想工具。

功能：

1. 快速记录

（1）无压记录：像聊天一样无压力记录，无须格式、无须排版、无须分类，通过微信、App、网页、插件等方式随时随地记录。

（2）多种方式：支持微信输入 、诸多第三方插件输入。

（3）云端同步：全平台免费同步（PC/Mac/Web/App），无数量限制。

（4）API 支持：使用 API 可以方便导入微信读书、得到读书、即刻动态等，打造个人工作流。目前已和数十款产品进行联动。

2. 更好回顾

（1）多级标签：使用多级标签管理内容，灵活又便捷。

（2）每日回顾：通过桌面小部件、推送、微信提醒等多种方式进行回顾。

（3）相关笔记：帮助探索笔记间隐藏的联系，扩展深度启发新视角。

（4）快捷搜索：使用标签和丰富且强大的搜索功能，瞬间找到想要的内容。

（5）建立连接：通过批注建立卡片之间连接。

（6）量化记录：通过可视化热力图等方式量化记录习惯，用户可直观看到自己的记录频率、数量等，有助于培养持续记录的习惯。

第二章

商业信息与数据分析工具

2.1 工商查询工具

2.1.1 天眼查

天眼查成立于 2014 年 10 月，作为自主研发产品，是国家中小企业发展子基金旗下、致力于助力诚信社会建设的商业安全工具。

天眼查的核心功能为：查公司、查老板、查关系。

基于政府公开等数据，在独有核心技术图数据库的基础上，构建了完备的集数据采集、数据清洗、数据聚合、数据建模、数据产品化于一体的大数据解决方案。 在线提供全国 3.4 亿家社会实体（含企业、事业单位、基金会、学校、律所等）300 余种数据维度的信息，涵盖企业背景、实际控制人、对外投资、融资历史、股权结构、裁判文书等角度，还可以实时监控所关注的企业变更。天眼查系列产品不仅可以可视化呈现复杂的商业关系，还可以深度挖掘和分析相关数据，预警风险等，实现了从洞察风险到预警风险的全方位把控，针对个人、企业、政府都有相应的解决方案。

2.1.2 企查查

“企查查”是企查查科技股份有限公司旗下的一款企业信用查询工具，旨在为用户提供快速查询企业工商信息、法院判决信息、关联企业信息、法律诉讼、失信信息、被执行人信息、知识产权信息、公司新闻、企业年报等服务。

依托其研发实力，公司拥有大数据挖掘、数据建模、行业标准定义和可视化分析技术，同时在北京、上海建立了研发团队。核心团队成员有十多年互联网专业知识，通过在实践中不断创新、持续迭代，为顾客提供最优质的服务。

2023 年 5 月 20 日，企查查正式发布全球首款商查大模型——“知彼阿尔法”。该模型基于企查查覆盖的全球企业信用数据进行训练，相较当前 AIGC（生成式人工智能）领域其他模型，“知彼阿尔法”大模型的亮点在于用垂直领域的海量数据进行训练，保证信息的精准度，基于“知彼阿尔法”大模型的相关产品上线后可为司法、金融、风控、政务等人士提供多维度数据服务。

2.1.3 启信宝

启信宝是上海生腾数据科技有限公司旗下的一款企业征信产品，旨在为用户提供快速查询企业工商信息、法院判决信息、关联企业信息、司法拍卖信息、失信信息、被执行人信息、知识产权信息、公司新闻等服务。它能通过多模式查询，多选项筛选，让查询结果更准确，查询内容更详细。

启信宝汇集境内 3.1 亿家的超过 1000 亿条实时动态企业大数据，提供包括工商、股权、司法涉诉、诚信及失信、舆情、资产等 1000+ 个数据维度，可对数据进行深度挖掘，为客户提供企业关联图谱、舆情监控（情感及语义分析等）、风险监控（经营异常、司法涉诉等）、商标及专利信息、深度报告（信用报告、投资及任职报告、股权结构报告）等多种数据查询、挖掘和智能分析服务。启信宝主要面向泛金融、泛法务、泛商务、政务等行业的职场用户，提供企业查询、商业尽调、风险管理、智能营销、企业服务等场景下的数据服务。

B 端业务启信宝企业版是集企业风控管理和营销拓客为一体的 SaaS 平台，提供以智能文字识别、商业大数据为核心的基础技术服务、标准化服务和场景化解决方案，解决合作企业改善风控、高效获客、降本增效的业务痛点，具有较高的技术附加值。相关产品现已在银行、保险、证券、基金、汽车金融、供应链金融、政务、制造、物流、地产等近 30 个行业实现成熟应用。

第三章

语言处理与翻译工具

3.1 翻译工具

大语言模型（Large Language Model，LLM）作为自然语言处理（NLP）技术的最新成果，正在深刻地改变着翻译的方式和效果。相比传统的统计机器翻译（SMT）和早期的神经机器翻译（NMT）系统，基于大语言模型的翻译系统在流畅度和准确性上都有了质的飞跃。一些先进的大语言模型甚至可以同时处理100多种语言之间的互译，大大扩展了翻译服务的覆盖范围。另外，通过微调，大语言模型还可以胜任法律、医疗、科技等专业领域的翻译任务。

大语言模型在技术上对机器翻译产生了多方面的重要帮助。

1. 提高翻译准确性

（1）更好地理解上下文：大语言模型可以通过对大量文本的学习，理解词语、句子在不同语境中的含义，从而在翻译时更准确地把握源语言的意思，避免歧义。例如，“bank”一词有“银行”和“河岸”等意思，大语言模型能依据上下文确定其准确含义并给出恰当的翻译。

（2）处理复杂语言结构：对于一些复杂的语法结构、长难句，大语言模型能够更好地分析句子成分和逻辑关系，进行更准确的翻译。比如处理带有嵌套从句、并列结构等复杂句式的句子时，能更合理地安排译文的语序和结构，使翻译更符合目标语言的表达习惯。

2. 增强语言表达能力

（1）生成更自然流畅的译文：大语言模型学习了大量高质量的文本，掌握了丰富的词汇和多样的表达方式，所以能生成更自然、通顺、地道的译文，避免翻译腔，使译文读起来更流畅、自然，更符合目标语言使用者的语言习惯。例如，翻译一些具有文化特色或修辞手法的句子时，能更好地传达原文的韵味。

（2）提高对专业术语和词汇的翻译质量：在特定领域的机器翻译中，大语言模型可以通过学习相关领域的专业文本，更好地理解和翻译专业术语，提高专业词汇翻译的准确性和一致性，减少错误翻译或生僻翻译的情况。

3. 提升多语言翻译能力

（1）实现零样本或少样本翻译：大语言模型具有很强的泛化能力，在面对一些没有见过的语言或缺乏大量训练数据的语言时，也能基于已有的语言知识和学习能力进行一定程度的翻译，实现零样本或只需少量样本的翻译，大大拓展了机器翻译的应用范围，降低了特定语言对大量标注数据的依赖。

（2）同时处理多种语言：一些大语言模型可以同时处理多种语言，在多语言翻译任务中表现出色，能够方便地进行不同语言之间的转换和翻译，为多语言交流和跨语言信息处理提供了更便捷的解决方案。

4. 优化翻译流程和效率

（1）辅助翻译人员：大语言模型可以为翻译人员提供参考译文、翻译建议和词汇选择等帮助，减轻翻译人员的工作负担，提高翻译效率。翻译人员可以借助大语言模型的输出进行修改和完善，减少人工思考和查找资料的时间。

（2）加速模型训练和优化：在机器翻译模型的训练过程中，大语言模型可以作为预训练模型或提供初始化参数，加速训练过程，提高模型的收敛速度和性能。同时，还可以利用大语言模型对翻译结果进行评估和分析，找出翻译中的问题和不足，为模型的优化提供方向。

综上所述，目前的通用大语言模型对于主流的外文语言，都已经能发挥出色的翻译效果。

3.1.1 大模型翻译

1. 有道智云

功能：提供多种语言的翻译服务，能满足基本的文本翻译需求。

亮点：

（1）深度结合语境：基于其大语言模型，在翻译时能更好地理解文本的上下文语境，给出更符合语境、更地道的翻译结果，避免翻译的生硬和歧义，提升翻译的准确性和流畅性，比如在翻译一些具有文化背景或特定语境的句子时，能更好地传达原意。

（2）辅助语言学习：除了翻译功能外，还能提供语法讲解、词汇拓展等辅助学习功能，帮助用户在翻译过程中同时提升语言能力。

2. 腾讯翻译君

功能：支持多种语言的翻译，包括主流外语和一些小语种。具备文本翻译、拍照翻译、AR 翻译、同声传译等功能。

亮点——丰富的翻译模式：

（1）拍照翻译：方便快捷，用户无须手动输入文字，直接通过拍照或导入图片即可进行翻译，适用于翻译路标、菜单、说明书等场景。

（2）AR 翻译：利用增强现实技术，对摄像头识别到的外文进行实时识别、翻译并替换为翻译后的文字，为用户提供了更加直观的翻译体验，比如在旅游时查看外文标识等场景非常实用。

（3）同声传译：支持实时的语音识别与翻译，可应用于面对面交流、国际会议等场景，并且通过文字旋转按钮可切换到面对面模式，方便两人在同一屏幕中查看与操作。

（4）练习与学习功能：设有“练听说”栏目，提供精选的英美电影片段，有听力与口语两种模式，让用户可以边刷视频边学英语；“看世界”栏目则有英文短视频和英语达人的学习经验分享，有助于用户在轻松的氛围中提升英语水平。

3. 百度翻译

功能：支持多语言互译，能进行文本翻译、文档翻译等。

亮点：

（1）广泛的语言覆盖：支持众多语言的翻译，包括中文、英文、日文、韩文、法文、德文、俄文等常见语言以及一些其他语种，满足不同用户对于多种语言翻译的需求。

（2）知识图谱辅助：拥有庞大的知识图谱，在翻译过程中能够结合知识图谱中的信息，对文本进行更深入的理解和分析，提供更准确、全面的翻译结果，尤其在处理一些涉及专业知识或特定领域的文本时具有优势。

（3）多样化的文本处理能力：除了普通文本翻译外，还支持文本摘要功能，可根据用户输入的文本生成简洁明了的摘要，帮助用户快速获取文本的核心内容；同时具备一定的问题回答能力，能以较为丰富的信息回答用户提出的问题。

4. 阿里云（通义千问）

功能：能够实现创作文字、编写代码、语言翻译、扮演角色进行对话等。

亮点：

（1）多领域服务集成：作为阿里云的大语言模型，通义千问可以与阿里云的其他服务和技术进行深度集成，为用户在不同领域的应用提供“一站式”的解决方案，比如在跨境电商、国际物流等领域，能结合相关业务数据进行更精准的翻译和语言处理。

（2）长文档处理能力：2024 年 3 月 22 日升级后，向所有人免费开放 1000 万字的长文档处理功能，这对于需要处理大量文本内容的翻译任务非常有帮助，如翻译长篇小说、专业文献、大型报告等。

（3）可定制化服务：针对企业用户或特定行业用户，可以提供定制化的翻译服务，满足不同用户在不同场景下的个性化需求。

5. 讯飞

功能：支持多种语言的文本、语音和图片翻译。

亮点：

（1）强大的语音交互：在语音翻译方面表现突出，结合其在语音识别和语音合成领域的技术优势，实现语音到语音的实时翻译，方便用户在交流场景中直接使用语音进行翻译，例如，在国际商务谈判、旅游导览等场景中，用户可以通过语音输入进行翻译，无须手动输入文字。

（2）高精度翻译：具备较高的翻译准确性和可靠性，能够处理复杂的语言结构和专业术语，在翻译一些专业领域的文本时，如科技、医学、法律等，能提供较为准确的翻译结果。

（3）多模态翻译支持：不仅支持文本翻译，还能对图片中的文字进行翻译，拓展了翻译的应用场景，方便用户对包含文字的图片内容进行理解和翻译。

3.1.2 DeepL

DeepL 翻译是一项于 2017 年 8 月由德国科隆的 DeepL GmbH 推出的免费神经机器翻译服务。这家公司由 Linguee 支持。许多评论认为它的翻译比 Google 翻译更准确、更自然。

DeepL 专注于开发新一代神经网络（NN），通过创新设计，它能够精准捕捉句子的细微含义，并将其以独特的方式翻译成目标语言。这使得它的机器翻译质量在业内领先，超越了许多大型科技公司。

DeepL 不仅与全球顶尖的深度学习公司保持同步，还在神经网络的数学和方法上不断创新，设定了新的标准。2020 年和 2021 年推出的新模型，大幅提升了翻译的准确性，甚至成功应对了特定行业的专业术语挑战。

一些常见的使用场景包括：

网站翻译：本地化网站内容，以便更有效地进入新市场，即使是动态内容较多的电商和新闻媒体行业。

企业通信：将 DeepL 的翻译技术整合到公司系统中，使国际团队能够在确保数据安全的同时无缝交流。

多语言产品开发：实时翻译聊天对话，连接用户，消除语言障碍；通过简单操作即可将评论和产品评价本地化。

缺点：中国大陆用户无法订阅 DeepL。

3.1.3 沉浸式翻译

沉浸式翻译是一款双语对照网页翻译插件，适用于桌面端浏览器，同时支持 iOS Safari、安卓 Kiwi 浏览器等移动端浏览器。

可用于实时翻译外语网页，PDF 翻译、EPUB 电子书翻译、视频双语字幕翻译等。还可以通过 API 方式自由选择接入 OpenAI（ChatGPT）、DeepL、Gemini 等人工智能引擎来翻译内容。

功能：

（1）网页翻译：沉浸式翻译插件通过智能识别网页主内容区域进行双语对照网页翻译，降低对原网页的“侵入性”，成功地在数百万用户中普及了双语外文网页阅读的体验；内置了包括 DeepL、OpenAI（ChatGPT）、谷歌翻译在内的 10 余种业界顶尖的翻译引擎。

（2）视频字幕翻译：沉浸式翻译插件支持包含 Youtube、Netflix、Udemy 在内的 60 多个国外的主流在线视频网站的实时双语字幕翻译。

（3）多格式文件翻译：配合人工智能 AI 翻译引擎，可以在保留原文档排版的情况下翻译 PDF 文档，支持自由选择下载单译文或者原文 / 译文双语对照版本的 PDF。具备一键式 EPUB 电子书翻译功能，能够快速将外语 EPUB 电子书翻译成精美的双语版或单目标语言版，无缝兼容各类电子书阅读器。另外还支持 HTML/TXT 文件双语翻译、SRT/ASS 字幕对照翻译、Word 文件双语翻译。

（4）鼠标悬停翻译：仅需将鼠标停留在任意网页的任意段落上，同时按下预设的快捷键（如 Ctrl），相应的译文就会立即出现在段落下方。段落在【沉浸式翻译】的设计理念中被视为最小单位，保留其上下文，方便理解并学习外语。

3.2 录音转文字

大语言模型在录音转文字技术（即语音识别）方面也提供了一些帮助。以下是一些主要的应用：

（1）语言模型改进：大语言模型可以作为更强大的语言模型，帮助语音识别系统更准确地预测和选择可能的文字序列。这可以提高识别的准确性，特别是对于复杂或模糊的语音片段。

（2）上下文理解：大语言模型能够理解更广泛的上下文，这有助于在转录过程中消除歧义。例如，它可以根据整个句子或段落的含义来选择正确的同音字。

（3）领域适应：通过微调，大语言模型可以适应特定领域的语言和术语，提高特定场景下的识别准确率。

（4）后处理改进：在初步转录之后，大语言模型可以用于纠正错误、添加标点符号、修正大小写等，使最终文本更加准确和可读。

（5）多语言支持：由于大语言模型通常具有多语言能力，它们可以帮助开发更强大的多语言语音识别系统。

（6）非标准语言处理：对于方言、口语或非标准表达，大语言模型可以帮助系统更好地理解和转录这些内容。

（7）命名实体识别：在转录过程中，大语言模型可以帮助识别和正确拼写专有名词、地名等。

需要注意的是，尽管大语言模型在这些方面有潜力，但目前的语音识别系统主要还是依赖于专门为语音识别任务训练的模型。大语言模型更多地是在辅助和改进方面发挥作用。

3.2.1 讯飞听见

讯飞听见是科大讯飞旗下软件，依托其语音识别技术，支持多语种翻译、云会议、智能硬件等多种功能。可满足日常办公会议、授课演讲、媒体采访、心得写作等多场景下的录音转文字及翻译需求。支持在线录音实时转写及翻译，外部音频上传转文字等功能。文字结果支持角色分离、智能分段、字音同步编辑，重点标记、高效分享等，全面提升工作效率。

功能：

（1）实时语音转写及翻译

录音实时转文字：一键启动录音，多种语言自由转写。

多语种实时翻译：高效精准翻译，多国语言随心互译。

会议纪要：根据原文一键生成 AI 会议纪要，全文概要、会议重点、待办事项一目了然。

会议助手：可即时解决会议中的问题，如发言大纲、头脑风暴、获奖感言等。

（2）录音文件获取文字结果

机器快转：1 小时录音 5 ~ 10 分钟出稿，准确度高可达 98%。[1]

人工精转：专业语音标注团队，多轮校验准确度更高。

适配设备：支持与讯飞智能录音笔 /M2 等硬件连接，便捷获取文字结果。

3.2.2 飞书妙记

飞书妙记是飞书旗下新一代智能会议工具，可在会议、培训、访谈、课堂等不同

1 准确率98%结果由安徽电子产品监督检验所评测所得，载“讯飞听见”官网产品页，https://www.iflyrec.com/zhuanwenzi.html。

场景，将音视频内容转录为搜索便捷、重点高亮、互动多样的智能文字笔记。

功能：

（1）实时语音转写

精准快速输出逐字稿：视频会议、本地音视频、云盘文件，无须人工即可实现精准转为逐字稿。

通过搜索快速定位信息：关键词智能提炼，选取或输入关键词，帮你一秒定位关注信息。

智能翻译实现“母语办公”：一键翻译内容，支持将语言翻译成 19 种常用语言。

（2）会议智能纪要

自动总结会议纪要：基于整场会议输出的高度提炼，方便快速把握整体讨论内容。

结构化呈现章节纪要：清晰展示会议脉络，便捷查看自己关注的细化内容。

识别后续待办任务：无须人工记录，智能总结待办，对应讨论的责任人。

（3）团队分享协作

文字加入讨论：可以通过评论功能在会后发表观点，再次展开讨论。

分享妙记素材：支持将妙记导出为视频、文档，或创建特定片段，在分享时可一键修改权限范围。

第四章

知识管理与团队协作工具

4.1 协同笔记与知识库

4.1.1 飞书文档——协同办公笔记软件

飞书文档是一款强大的在线文档工具，由字节跳动推出。它致力于为团队和个人提供高效、便捷的文档协作体验，打破传统文档的局限性，让文档创作与协作变得更加智能、流畅。无论是在办公室、家中还是旅途中，用户都可以通过飞书文档随时随地进行文档的创建、编辑和分享，极大地提高了工作效率和团队协作能力。

功能：

（1）文档功能

丰富的文本格式设置：支持字体、字号、颜色、加粗、斜体等多种格式，可让文档排版美观大方。

多样化的元素插入：能够插入图片、表格、链接、图表等元素，使文档内容更加丰富生动。

强大的公式编辑：满足数学、科学等领域的文档需求，为专业人士提供便利。

多人实时协同编辑：多人可同时在一个文档中进行编辑，内容实时同步，避免版本冲突。

评论与 @ 提及：方便团队成员之间进行沟通交流，提高协作效率。

历史版本查看与恢复：随时查看文档的历史版本，可轻松恢复到之前的版本，确保文档准确性和完整性。

分类与标签管理：对文档进行分类和标签管理，便于快速查找和整理。

权限设置：可设置文档的权限，控制谁可以查看、编辑和分享文档，保障文档安全。

导入导出：兼容多种文档格式，如 Word、Excel、PDF 等，方便与其他工具进行交互。

（2）表格功能

数据录入与编辑：轻松输入和编辑各种数据，支持多种数据类型。

公式计算：提供丰富的公式函数，可进行复杂的数据计算。

数据筛选与排序：快速筛选和排序数据，方便查找特定信息。

多人协作：与文档类似，多人可同时在表格中进行编辑，实时同步。

图表生成：根据表格数据自动生成图表，直观展示数据趋势。

数据保护：可设置表格的权限，防止数据被误操作或篡改。

（3）思维笔记功能

大纲式呈现：以大纲的形式展示内容，可快速展开和折叠，便于整理思路。

记录灵感：方便用户随时记录灵感和想法，不会遗漏任何重要信息。

转换为文档：思维笔记可以轻松转换为文档，方便进一步整理和分享。

协作与分享：支持多人协作编辑，可与团队成员共享思维笔记，共同完善。

亮点与优势：

（1）协作能力

实时协作：飞书文档支持同时在线编辑文档，内容实时同步更新，能清晰地看到其他协作者的编辑操作和光标位置，极大提高团队协作效率，比如团队共同撰写方案、编辑报告时，成员可随时交流修改，无须反复传递文件。

权限管理：飞书文档提供细致的权限管理设置，管理员可精确控制成员对文档的查看、编辑、评论、分享等权限，保证文档的安全性和保密性，适用于企业等对数据安全要求高的场景。

沟通交流：飞书文档内置评论、@ 提及等功能，方便团队成员在文档内直接进行讨论和交流，无须切换到其他通讯工具，使协作更加紧密高效。

（2）功能集成度

与办公套件集成：飞书文档与飞书的其他办公功能（如即时通讯、日历、任务管理等）深度集成，形成一站式的办公平台，方便用户在一个应用内完成多种工作任务，无须在多个工具间切换，提高工作效率。

丰富的内容格式支持：飞书文档不仅支持常见的文本、图片、表格等格式，还能插入流程图、UML 图、视频、音频等多种元素，并且支持嵌入外部服务（如 Figma 设计稿），一个文档可呈现多种内容形式，方便知识的整合与展示。

（3）使用便捷性

简洁的界面：飞书文档拥有简洁直观的界面设计，符合大众用户的使用习惯，易于上手和使用，减少了用户的学习成本。无论是新手还是有经验的用户，都能快速找到所需功能，专注于文档创作和协作。

跨平台使用：飞书文档支持多平台（包括网页、桌面客户端、移动应用等），用户可以在不同设备上随时随地访问和编辑文档，保持工作的连续性。

（4）数据安全与稳定性

数据安全保障：飞书文档由字节跳动提供强大的技术支持和安全保障，采取多种安全措施（如数据加密、访问控制等）确保用户数据的安全，对于企业用户尤其重要，能保护敏感信息不被泄露。

服务稳定性：飞书文档拥有可靠的服务器和稳定的服务，保证用户在使用过程中不会遇到频繁的卡顿、掉线等问题，确保工作的顺利进行。

4.1.2 Notion——个人知识库管理

Notion 是一款集笔记、知识库、数据表格、看板、日历等多种能力于一体的应用程序，它既可供个人使用，也可以与他人进行跨平台协作。Notion 的设计理念是为用户提供一个灵活的工作空间，可以根据不同需求进行自定义，包括项目管理、个人维基百科、文档、人工智能、团队协作等类型。

功能：

（1）全能型页面块（All-in-one Blocks）

Notion 的核心优势在于其独特的“块”概念。每个页面元素都是一个可自由移动、嵌套和转换的块。这使得用户可以在同一页面无缝混合文本、待办事项、数据库等不同类型的内容；轻松将简单的待办事项转换为复杂的数据库；创建动态和交互式的文档，远超传统的静态文档。

（2）关联数据库（Linked Databases）

Notion 允许在不同页面间链接和嵌入数据库视图，这个功能特别强大：可以在多个位置展示同一数据，保持信息的一致性；支持创建复杂的信息架构，如项目管理系统中的任务与团队成员关联；允许根据不同场景自定义数据视图，提高信息的可读性和实用性。

（3）无限层级和互联（Infinite Hierarchy and Interlinks）

支持无限嵌套页面，可以创建复杂的知识体系；强大的双向链接功能，允许在不同页面间建立关联，形成知识网络；这种结构特别适合构建个人知识管理系统或团队 wiki。

（4）公式和回滚（Formulas and Rollups）

在数据库中，Notion 提供了强大的公式和回滚功能：可以进行复杂的数据计算和条件格式化；支持跨数据库的数据聚合和计算。这些功能使 Notion 在处理复杂数据分析时比传统的文档工具更胜一筹。

（5）Notion AI（新功能）

最近推出的 Notion AI 为平台带来了全新的智能化体验：

智能写作辅助：可以根据简单提示生成文章、报告、创意等；支持多种写作风格，如正式、随意、说服性等；能够扩展、缩短或改写现有内容。

智能分析和总结：可以快速总结长文档或会议记录；提取关键点和行动项；将非结构化信息转化为结构化数据。

智能问答：基于页面内容回答问题，帮助快速检索信息；可以解释复杂概念或提供额外背景信息。

代码辅助：生成代码片段或解释已有代码；帮助调试或优化代码。

创意激发：提供头脑风暴的想法和建议；帮助克服创作瓶颈。

个性化学习：AI 可以根据用户的使用习惯和偏好不断优化输出。

Notion AI 的加入使得 Notion 从一个强大的生产力工具升级为一个智能化的工作伙伴。它不仅提高了工作效率，还能激发创意，辅助决策，使 Notion 在竞争激烈的生产力工具市场中更具优势。

亮点与优势：

（1）高度灵活性和可定制性

Notion 的“块”结构和丰富的功能使得用户可以根据自己的独特需求和工作流程构建个性化的工作空间，无论是个人的知识管理系统，还是团队的协作平台，都能通过 Notion 进行定制化搭建，适应各种不同的使用场景。

（2）All-in-One 的集成能力

将笔记、任务管理、知识库、数据库等多种功能集成在一个应用中，避免了用户在不同工具之间切换的麻烦，提高了工作效率和信息管理的便捷性。用户可以在一个平台上完成多种工作，如在记录笔记的同时管理任务、整理项目资料等。

（3）活跃的社区和丰富的资源

Notion 拥有活跃的用户社区，用户之间可以分享模板、技巧和经验，这为其他用户提供了丰富的灵感和资源，也使得 Notion 的使用方式不断拓展和创新。用户可以从社区中获取各种新颖的模板，应用到自己的工作和学习中，提高效率和创造力。

（4）美观的界面和良好的用户体验

Notion 的界面设计简洁美观，操作流畅，易于上手。无论是文字编辑、内容排版还是数据管理，都能给用户带来舒适的使用体验，让用户更愿意使用该软件进行工作和学习。

（5）持续更新和改进

Notion 的开发团队不断推出新的功能和改进，以满足用户的需求和适应市场的变化。例如，最近推出的 Notion Sites 功能，允许用户在 Notion 里制作页面并作为网站发布到网络上，进一步扩展了 Notion 的应用范围。近期 Notion 也上线了官方中文版，对于中国用户来说能获得更好的使用体验。

缺点：Notion 服务器在海外，可能存在网络不稳定的情况。

同类型应用：FlowUs、Wolai。

4.1.3 思源笔记——双向链块式笔记

思源笔记是一款隐私优先的双向链块式笔记软件。数据本地保存且支持端到端加密同步，保障隐私安全。它融合块级引用、双向链接与 Markdown 编辑等功能，能高效组织知识。内置丰富元素，满足多样排版需求，还具备间隔重复算法助力记忆。可多设备使用。无论是知识记录、整理还是关联复习，思源笔记都能为用户打造专属的知识管理空间，是追求高效与隐私保护的用户的理想选择。

功能：

（1）块式编辑

Block 编辑模式：在思源中，最重要和核心概念是内容块。通过排版格式即可形成内容块，用户能在块级粒度上对思绪和知识进行整理，同时也能方便长文阅读和输出。

多种元素：内置 20+ 种类型的块元素和 10+ 种行级元素。丰富的元素满足常用排版需要，更多特性化的需求可通过挂件块进行扩展。

聚焦：进入块中聚焦，让我们更专注于当前块的内容。所有块都支持聚焦，通过面包屑导航在上下文中轻松切换。

支持百万字编辑：超大文档编辑亦可行云流水。通过动态加载技术，在配置普通的电脑上也能流畅编辑百万字级别的大文档。

（2）闪卡、数据库和 AI

闪卡：使用 FSRS 算法（Free Spaced Repetition Scheduling Algorithm，自由间隔重复调度算法），提高记忆效率，调节学习效果，优化时间分配，增加学习动力。通过有效地回顾所学内容，发现自己的进步和成就，进而增强自信和自我认同。

数据库：支持关联、汇总及模板，两个数据库之间可以通过“关联”建立联系，从而进行联动管理。

AI 助手：接入 OpenAI，可以帮助续写，翻译，摘取提要，进行头脑风暴，修正语法、拼写和错别字。回答任何有趣的问题，高效助力。

（3）双链块引

块级双向链接：文档页面也是块，降低心智负担。所有内容都以块为基础存在，文档页面也不例外。块之间可以相互转换、拆分、重组和移动都不影响已有链接。

反向链接体现双链价值：通过反向链接的提及发现潜在的知识关联，将提及转为链接来固化关联结构。反链面板支持过滤搜索，让知识的连接更简单高效。

链接关系图：通过全局关系图鸟瞰知识结构分布，通过块级聚焦关系图专注知识链接路径，可视化知识增长。

（4）列表大纲

列表大纲多用于快速组织具有逻辑层次的知识，简单、高效且直观。

折叠是列表大纲最核心的操作之一，通过折叠隐藏细节、提纲挈领。在思源里，标题块也有着同样强大的折叠，文档大纲和列表大纲优势互补。

列表大纲下也可以拥有丰富的排版。每条大纲条目下都能进行文档式记录，让文档与大纲充分融合，将知识的结构化进行到底。

（5）隐私和同步

本地存储：数据完全存储在用户自己掌控的设备上。即使没有网络、即使云端服务宕机，依然可以在本地不受限制使用。

端到端加密：多设备数据同步基于端到端加密技术实现，云端数据即使泄露也几乎不可能被他人知晓内容。通过增量同步技术节省流量，提升数据同步效率。

Docker 部署：通过 Docker 镜像将思源部署在服务器上来搭建自己的云端笔记，通过授权码控制访问权限，方便多人协作。

开源：思源笔记在 GitHub 上开源代码，确保了用户对自己的数据和工作流程有完全的控制权。

同类型软件：obsidian、Logseq。

4.2 任务管理

滴答清单——待办清单应用

滴答清单是一款跨平台同步的待办事项和任务提醒软件，旨在协助用户完成待办事务比如生日提醒，旅行安排，会议准备等以便更好地规划时间和安排生活。

功能：

快速记录：支持通过语音输入，微信消息保存转发，邮件转发，Siri、小部件和悬浮球多种方式快速记录任务事务。

提醒功能：添加任务时可以智能识别其中的日期时间自动设置提醒；可以为日程设置时间段；可以为任务设置多个提醒，或者开启“持续响铃”，以进一步确保不会错过它们；可以设置位置提醒，到达特定地点即会提醒事项；丰富的重复规则可以实现重复任务提醒。

事件安排：滴答清单提供了四个层级（文件夹、清单、任务和检查事项），可以根据任务的分类进行整理；能在智能清单里集中查看符合条件任务，也可以自定义筛选规则；在使用清单分类的基础上，还可以为任务打上标签，以便更加灵活地进行筛选；滴答清单为任务提供了四个优先级，可以根据事情的重要程度进行分类；支持6种（时间、标题、标签、优先级、自定义等）排序方式；最后，可以使用搜索功能精准查询任务。

日程视图：多种日历视图（月、日、3日、周），可查看时间轴。同时会显示农历、节假日和调休。

沉浸专注：提供番茄计时与白噪音。

共享协作：提供共享清单功能，可以明确每一个任务的责任人，并将这个任务分配给对应的成员，还可以在任务动态中找到每一步操作的责任人，同时，也可以查询任务从创建之初到被完成时的所有改动。清单动态功能则可以展示项目内所有成员和所有事情的进展。

统计总结：成就值设计可以提高任务完成的收获感。在统计中，可以查看每周的“完成率”和“最佳工作日”，在“最近已完成”了解近期取得的成果，通过“最佳专注时段”找到注意力最集中的时间段。摘要功能可以帮助了解一段时间内所有事情的状态，看到哪些事情已经搞定、哪些事情仍在进行、哪些事情尚未完成，配合多种筛选条件、排序方式，根据习惯进行回顾和复盘。

第五章

AI 助手与智能平台

5.1 知识库

5.1.1 Ima copilot

Ima copilot 是腾讯推出的一款 AI 智能工作台，它以知识库为核心，将搜索、阅读、写作等功能整合于一体，旨在帮助用户高效地收集、整理和应用知识。

功能：

智能搜索：ima 支持链接全网信源进行 AI 检索，除此之外还打通了独有的微信公众号文章生态。整个公众号世界的优质知识，都可以为之所用，确保在更多专业领域信息的获取效率。

AI+ 笔记：平台提供了智能写作工具，提供从大纲生成到内容润色的全流程辅助。用户选定参考文档后，系统可结合知识库内容进行续写扩写，避免传统 AI 写作的通用化倾向。

自建知识库与个性化问答：知识库支持 PDF、DOCX、网页、AI 问答等多源数据整合，并通过标签体系实现分类管理。值得关注的是，ima 引入向量化存储与 RAG（检索增强生成）技术，使个人知识库成为大模型的“记忆外挂”。上传的文件经解析后形成结构化知识节点，在后续提问时，系统可精准调取专属知识库内容，而非依赖通用数据。

特色：作为腾讯混元大模型与 DeepSeek-R1 双引擎驱动的产品，ima 展现出三重技术优势。

模型适配：通用问答调用混元大模型保障广度，专业领域切换 DeepSeek-R1 提升垂直精度。

微信生态整合：知识库与小程序打通，实现移动场景的无缝衔接。

标签分类：在知识库中，ima Copilot 还支持为知识打上标签。可以更便捷地分类和检索信息，也可以选择细化至特定标签下进行知识库问答，让 AI 的回答兼顾精准与个性化。

随时看、随时写、随时记。从搜资料，到出成果，在 ima 上都可以“一站式”完成。

5.1.2 Flowith

Flowith[1] 是一款基于二维画布交互的下一代 AI 生产力工具，支持跨平台使用。其核心设计突破了传统线性对话模式，通过多线程协作、自主任务处理与动态知识管理三大模块，为内容创作、复杂任务执行及知识整合提供系统性支持，帮助用户快速进入深度工作状态。其设计始终遵循“降低侵入性”原则，例如，画布交互中保留上下文关联性，工具调用采用模块化封装以降低操作门槛。

1. 二维画布交互系统

Flowith 以无限画布为核心交互界面，支持用户同时调用多个 AI 模型进行多线程操作。在长文本生成场景中，用户可并行对比不同模型的输出结果（如 OpenAI 的 GPT-4o、Claude 3.5 Sonnet），或实时调试 Prompt 效果；在团队协作中，用户可通过链接分享画布内容，实现多人评论互动与协同创作，解决了传统 Chat 工具在复杂任务中的信息碎片化问题。

2. Oracle 智能体框架

该系统采用自主开发的 AI 智能体架构，可自动拆解多步骤任务并调用外部工具。技术层面不限制工具接入数量，外部插件如推特搜索、小红书搜索、总结和推理、生成思维导图、生成 PPT、生成网页等。其亮点在于通过主动追问机制引导用户补充必要信息，避免传统 AI 工具因信息缺失导致的输出模糊性。任务执行过程中，所有步骤以可视化流程呈现于画布，用户可直接编辑或调整任务分支。

3. Knowledge Garden 知识管理引擎

该模块通过 AI 将文件、笔记等资源解构为最小知识单元（Seeds），并基于语义分析构建动态关联网络。技术实现上，系统在用户与 AI 交互时自动调用关联知识库，提升回答的精准度。同时支持通过 Knowledge Marketplace 功能进行社区知识库交易，

1 Flowith, *Flowith Documentation*, Flowith Official Document (Jan.22, 2025), https://doc.flowith.io/cn.

形成知识资产的闭环流通生态。

受网络合规限制，Flowith 目前需通过 VPN 在中国大陆以外环境使用。

5.2 通用 AI 助手

5.2.1 Chatbox

Chatbox[1] 是一款跨平台 AI 模型集成客户端，覆盖 Windows、macOS、Linux、Web 及移动端（iOS/Android），支持 ChatGPT、Claude、Google Gemini 等云端模型与 Ollama 本地化部署框架的无缝切换。其设计以“最小化技术门槛”为核心，通过统一界面整合多源 AI 能力，兼顾个人用户隐私保护与团队协作需求，形成从对话交互到复杂任务处理的闭环工具链。

系统采用本地数据存储架构，用户对话记录、提示库及生成内容均留存于设备端，规避云端数据泄露风险。技术实现上支持 Ollama 框架接入，可直接调用 llama2、Mistral 等超 20 种本地大模型，为科研、开发等敏感场景提供私有化解决方案。多模型管理模块集成 OpenAI、Azure、Anthropic 等主流服务商 API，支持团队共享 API 资源池，实现计算成本的动态分配。

在交互层，Chatbox 通过 Markdown 渲染、LaTeX 公式解析及代码语法高亮优化信息呈现结构，配合流式响应技术降低对话延迟。其内置提示库支持消息引用与模板复用，用户可快速构建上下文连贯的多轮对话。针对创作场景，集成 DALL·E-3 图像生成引擎，允许通过自然语言指令直接输出视觉内容，并可通过快捷键体系提升操作效率。

跨平台兼容性是其另一技术特性，Web 端与移动端（Android/iOS）保持功能同步，支持深色主题、多语言界面（涵盖中英日韩等 12 种语言）及浏览器扩展调用。当前版本已实现团队协作模块，允许成员间实时共享对话进程与生成资源，为教育、企业培训等场景提供轻量化协作入口。通过平衡本地化控制与云端扩展能力，Chatbox 正逐步构建适应多元需求的 AI 工具生态。

1 Benn Huang et al., *Chatbox Documentation*, GitHub (Sep.9, 2024), https://github.com/Bin-Huang/chatbox/blob/main/doc/README-CN.md.

5.2.2 CherryStudio

CherryStudio [1] 是一款聚合多模态 AI 能力的综合型客户端，支持 Windows、macOS 及 Linux 平台。其核心定位为“全能 AI 对话客户端”，通过统一接口集成对话、绘画、翻译与知识管理四大功能模块，并兼容主流 AI 服务商模型，打破传统 AI 工具的单模型限制，支持用户在同一界面内调用 OpenAI、Gemini、Anthropic 等十余家服务商模型，为专业用户与开发者提供高自由度的跨平台工作解决方案。

平台采用标准化 API 框架，实现服务商模型列表自动同步与多密钥轮询机制，有效规避调用速率限制。开发者可扩展接入符合规范的三方模型接口，配合头像自动匹配功能，确保多线程对话场景下的操作辨识度。对话系统突破单一响应模式，支持同一问题并行获取 GPT-4、Claude 等模型的差异化回复，通过 Markdown 渲染、公式解析等技术提升内容结构化呈现效果。

本地化知识管理是另一技术亮点，支持 PDF、DOCX 等 12 种格式文件导入，结合网页抓取与手动输入构建多源知识库。系统提供分段效果验证功能，用户可实时优化文档处理精度，并通过导出机制实现知识资产流通。针对数据安全需求，平台支持全本地化部署方案，结合 WebDAV 与定时备份双机制，确保企业级用户的数据可控性。

在扩展性层面，CherryStudio 允许通过开源代码自定义界面 CSS 样式、对话布局（列表 / 气泡模式）及侧边栏功能排序。其实用工具集涵盖 AI 绘画（自然语言生成图像）、全局呼出翻译、长文本总结等场景化组件，如在微信环境中可快速调用解释功能，最小化工作流中断。目前平台已集成一定数量的行业助手模板，形成从需求对接到内容生产的完整工具生态，持续通过版本迭代强化多服务商兼容与功能稳定性。

1 Cherry AI, *Cherry AI Documentation*, Cherry Studio (Jul.14, 2024), https://docs.cherry-ai.com/.

第四部分
PART FOUR

AI 安全伦理

第一章 数据隐私与安全

1.1 信息泄露与隐私侵犯

在使用大语言模型的过程中，信息泄露和隐私侵犯的风险贯穿其整个生命周期，包括数据收集、模型训练、模型推理以及数据存储等关键阶段，这些风险不仅关系到用户的个人隐私安全，也影响着技术的健康发展和社会信任。以下将从上述四个阶段详细解释在使用大语言模型时可能产生的数据泄露风险。

1.1.1 数据收集阶段

在人工智能和机器学习领域，数据被誉为新时代的“石油”，数据收集对于大语言模型的训练至关重要，数据的规模、质量和多样性都会直接影响到模型的性能。选择合适的数据源是数据收集的第一步，大语言模型预训练所需要的数据来源大体上分为通用数据和专业数据两大类。

第一，通用数据（General Data）是指涵盖广泛主题和领域的文本数据，具有规模大、多样性和易获取等特点，其通常用于模型预训练阶段，尤其是在需要处理各种自然语言处理任务（如语义理解、文字生成、问题回答等）的场景中，以提供广泛的语言知识和基础能力。通用数据主要包括以下几种类型。

（1）网页数据

网页是通用数据中数量最多的一类。随着互联网的大规模普及，人们通过网站、论坛、博客、App 等各种类型网站和应用，创造了海量的数据。根据 2016 年 Google

公开的数据，其搜索引擎索引处理了超过 130 万亿网页。这些数据能够覆盖多种语言、文化和主题，为大语言模型提供丰富的语言素材。网页数据在包含如维基百科这样高质量的数据集的同时，也存在如垃圾邮件等低质量的内容。因此，过滤并处理网页以提高数据质量对大语言模型训练来说非常重要。

（2）书籍数据

这类数据包括各类纸质书籍和电子书，内容涵盖了文学、历史、科学、技术等多个领域，具有深度及广度的文本使得模型能够学习到不同领域内的专业术语、表达方式以及语言风格，有助于模型更好地理解和生成自然语言。且相比于网页数据，书籍内容通常经过严格的审核和编辑，完整且连贯的文本能够为模型提供丰富的背景知识和上下文信息，这对于模型理解复杂的语言现象和生成具有连贯性的文本具有重要意义。但受限于版权因素，开源书籍数据集很少，现有的开源大语言模型研究通常采用 Pile 数据集中提供的 Books3 和 Bookcorpus2 数据集。

（3）新闻数据

新闻数据包括新闻报道、新闻稿件等，具有时效性、真实性和准确性特点，其使用的文本语言规范性强，句子结构复杂、词汇丰富；内容能够及时反映社会动态、时事热点和各类事件；数据具备一定的权威性和可信度。通过引入新闻数据，大语言模型能够更好地理解自然语言，提高语言生成和理解的准确性和流畅性。

（4）对话数据

对话数据是指有两个或更多参与者进行交流的文本内容，主要包括书面形式的对话、聊天记录、论坛帖子、社交媒体评论等，具有时效性、多样性和互动性的特点。这类数据有助于增强语言模型的对话能力，使模型更加灵活地处理各种自然语言任务，如问答、对话生成等。

第二，专业数据（Specialized Data）指的是针对特定领域、行业或任务而收集的数据集，包含与该领域相关的专业术语、概念、知识以及特定的语言结构和表达方式。专业数据相较于通用数据具有高度的针对性和专业性，更多地用于微调或特定任务训练阶段，以增强模型在特定领域的性能和适应性，主要包括以下类别。

（1）多语言数据

多语言数据是指涵盖多种语言的文本和语料库。随着技术的发展和全球化的推进，多语言数据的规模不断扩大。例如，Facebook 开源的 VoxPopuli 数据集就包含了超过 40 万小时、共 23 种语言的多语言语音数据。通过多语言数据的训练，大语言模型能够提升跨语言理解能力，即在一种语言中学到的知识能够迁移到其他语言中，其应用场景覆盖了商业、文化、科研等不同领域，为全球化背景下的自然语言处理提供了有力支持。

（2）科学数据

科学数据指的是源自科学研究、学术出版物、专利文档、专业会议记录、教育材料以及科学数据库中的文本信息，这些数据对于提升大语言模型在理解科学知识方面的能力具有重要作用。科学数据的特征在于其高度的专业性和复杂性，包含了丰富的术语、公式、实验方法、数据分析和理论探讨，这些都是通用文本数据集中较少涉及的内容。科学数据的使用有助于大语言模型在科学领域内达到更高的准确性和专业度，使得模型能够在科学写作、论文摘要生成、科研项目建议书编写等方面提供有价值的辅助。

（3）代码数据

代码数据是进行程序生成任务所必需的训练数据，包括编程代码、软件开发文档和注释等，这些数据对于构建能够理解和生成代码的大语言模型至关重要。代码数据的使用使大语言模型能够在编程领域内执行复杂的任务，如代码补全、代码生成、代码翻译（从一种语言到另一种）、代码重构建议、代码审查和错误检测。此外，它还促进了智能 IDE（集成开发环境）的发展，提升了软件开发效率和质量。Stack Exchange 等编程问答社区和 GitHub 等开源项目仓库都是重要的代码数据来源。

结 论

通用数据包括网页、图书、新闻、对话文本等内容，有助于提高大语言模型的泛化能力，促进跨领域应用；专业数据包括多语言数据、科学数据、代码等，能够增强模型在特定领域或行业的适应性和性能。在实际应用中，通常会结合通用数据和专业数据来训练大语言模型，以平衡模型的泛化能力和领域适应性。

以 OpenAI 训练 GPT-3 所使用的数据为例，其主要来源包括：

Common Crawl 使用网络爬虫所搜集的数据集、由红迪网（Reddit）链接所形成的大型数据集 WebText2、两个基于互联网的书籍语料库 Book1、Book2 以及英文维基百科数据。其中 Common Crawl 数据集的原始数据有 45TB，经过滤后仅保留了 570GB 的数据，占 ChatGPT 数据量的 60%。这种大规模的数据集为模型提供了丰富的训练数据，有助于提高模型的性能和泛化能力，然而在数据自身特性、数据收集工具及数据清洗技术等多种因素的综合作用下，数据在收集阶段即面临信息泄露和隐私侵犯的风险。

首先，语料数据自身存在保护不当的问题。大语言模型的预训练主要依赖于通用数据，尤其是网页数据。然而，由于互联网的开放性和用户对隐私保护意识的缺乏，许多个人敏感信息如姓名、身份证号码、住址等可能在社交媒体上被无意中公开。此外，一些用户在未仔细阅读隐私协议的情况下，可能会上传包含隐私或敏感信息的文件，这些信息容易被网络爬虫抓取并纳入语料库。如果数据收集者未能遵守隐私保护政策或未经用户同意擅自收集数据，同样会导致隐私泄露。因此，如果历史数据未能得到适当的脱敏处理，就可能成为信息泄露的风险点。

其次，数据收集工具在识别和过滤隐私信息方面存在不足。以网络爬虫为例，尽管它们能够高效地抓取网页数据，但往往缺乏深度学习和自然语言处理的能力，难以精确识别和屏蔽网页中的隐私内容。例如，面对包含个人姓名或电话号码的文本，网络爬虫可能无法有效识别这些隐私信息，导致它们被错误地收集并用于模型训练，增加了数据泄露的风险。

最后，数据清洗及隐私保护技术水平有待提高。数据清洗旨在消除数据中的噪声、错误和重复信息，而隐私保护则通过脱敏或匿名化处理，保护个人隐私和商业机密。然而，目前大语言模型在数据清洗和隐私保护方面的技术水平尚有不足，未能彻底清除数据中的敏感内容。加之人工审核的成本高昂，难以对所有数据进行全面审查，这导致最终数据可能仍旧包含个人隐私、涉密信息、有害内容和非法数据。

1.1.2 模型训练阶段

在训练阶段，开发者利用收集到的海量数据训练目标语言模型。如果在数据收集和预处理过程中未能充分脱敏或进行匿名化处理，便可能导致模型在训练时“记忆”部分敏感信息。这种现象称为记忆效应，意味着大语言模型不仅能掌握数据的普遍规律，有时甚至还能复现特定的文本片段，从而在未来的交互中不经意间暴露这些信息，构成了潜在的安全威胁。

记忆效应源于模型的训练方式和架构，尤其是基于自注意力机制的 Transformer 模型，它们能够在没有显式设计记忆单元的情况下展现出强大的记忆能力。大模型的记忆效应可以被视为一种极端形式的过拟合，即模型不仅学习到了数据的一般规律，还能“记住”具体的训练样例。这种记忆能力在实现模型连贯对话、理解上下文以及实现个性化交互的过程具有重要作用；然而其带来的数据安全隐患也不容忽视，首当其冲的就是数据泄露和隐私问题。

一个典型的利用记忆效应进行的攻击是成员推断攻击（Membership Inference Attack），它利用了机器学习模型在训练过程中可能“记忆”训练数据中敏感信息的现象。在这种攻击中，攻击者试图通过分析模型的行为或输出，推断出模型训练数据中是否包含某些特定个体的信息。

成员推断攻击的威胁在于，即使数据在训练前经过了脱敏处理，模型仍然可能通过学习数据中的模式和关联，间接“记忆”某些敏感信息。攻击者可以通过构建查询集，这些查询集包含他们想要推断是否在训练集中的个体信息，然后观察模型对这些查询的反应。如果模型对某些查询的反应显示出它对这些信息有过“记忆”，则攻击者可能推断出这些信息存在于训练集中。

1.1.3 模型推理阶段

用户与大语言模型交互过程是模型推理阶段的一个重要组成部分，实际上还包含了模型推理过程的前后两个阶段——输入和输出，是触发模型推理的起点和终点，具体可分为以下几个阶段。

1. 用户输入阶段

用户可以通过文本、语音或其他形式向模型提出问题或请求。在某些情况下，用户可能需要进行前置操作，如选择问题的类型、提供背景信息等，以帮助大语言模型更好地理解用户的意图以及上下文。用户输入是模型推理过程的起点，也是模型接收信息的来源。

2. 输入处理阶段

用户的输入通过交互界面被捕捉并转化为模型可以理解的格式，例如，文本会被分词、编码为向量（嵌入），这一步骤确保了输入可以适配模型的结构和要求。随后，处理后的输入触发模型的内部推理机制，这涉及模型对输入的解析、理解，以及基于已学知识的关联和推断。

3. 模型推理阶段

在推理过程中，大模型运用自注意力机制等多层神经网络结构和自然语言处理技术，对输入内容进行分析和理解。模型会综合考虑文本的含义、语法结构和用户的个性化偏好。通过自回归方式，以最优化的解释输入并预测下一个最可能的词或句子片段。随着预测的不断迭代，模型会生成一系列候选的词序列，这些序列构成了可能的响应选项。

4. 响应生成阶段

依据模型推理结果，大模型会生成一个或多个可能的响应。这些响应可以是文本、语音或其他形式。为了确保响应的质量和连贯性，模型可能采用温度参数调节、top-k 采样或 beam search 等策略，来平衡生成文本的创造性和准确性。这些策略帮助模型在保持输出多样性的同时，避免生成语法错误或意义不明的句子。经过筛选和优化，选出最合适的响应，并转化为用户可读的自然语言形式。如果生成了多个响应，模型可能会根据一定的策略（如概率、置信度等）对它们进行排序和选择，以确定最终的输出。

5. 输出反馈阶段

用户接收到响应后，可以提供直接的反馈，包括满意度评价、修正建议或进一步的查询。这些反馈对模型的学习和改进至关重要，模型通过收集并分析这些信息，评估自己在理解用户意图和生成响应方面的表现，从而不断优化其内部参数和算法，以提供更加精确、流畅和个性化的响应。

结 论

用户与大语言模型的交互过程是一个循环的过程，用户输入、模型推理、响应生成和输出反馈等阶段会不断重复进行，其中用户反馈能促进模型的持续学习和优化。

在数据收集阶段，隐私信息的获取通常是一种较为隐蔽的过程。这主要是由于数据收集工具，如网络爬虫、传感器、社交媒体 API 等，会自动从互联网上的公开资源中抓取和整合大量信息，构建起用于训练语言模型的庞大语料库。尽管过程存在隐私泄露的风险，但由于数据来源广泛且多为公开可用的信息，因此这种风险往往被视为相对间接和可控的。并且，只要遵循合法合规的原则，对收集到的数据进行适当的脱敏和匿名化处理，就能在很大程度上降低直接侵犯隐私的可能性。

相比之下，模型交互阶段的隐私风险则显得更为直接且复杂。在用户实际使用大语言模型的实际使用过程中，即用户通过主动“输入”和“反馈”向模型提供可能包含隐私或涉密信息的数据，以获得个性化的响应和服务。例如，用户可能会提及自己的姓名、地址、电话号码、银行账户等敏感信息，或者分享关于公司内部运营、产品细节、客户名单等商业机密。这些信息是用户出于信任而自愿提供的，它们往往更加私密和关键，一旦被不当存储或泄露，将直接导致严重的隐私侵害和经济损失。

2022 年年底 ChatGPT 刚面向个人用户上线时，亚马逊公司便要求员工禁止在其上讨论机密数据，因为这些数据可能会被用于模型迭代训练；三星、摩根大通、花旗集团等多家知名公司也禁止员工在工作场所使用生成式人工智能工具；数据安全服务公司 Cyber Haven 的检测报告显示，该公司阻止了其客户公司共 6 万多名员工向 ChatGPT 输入的数据请求，主要原因是上述请求存在向大语言模型泄露机密信息、客户数据、源代码或受监管信息的风险。在其他有关信息泄露的案例中，包括公司高管将企业年度战略文件粘贴至 ChatGPT 中，请求其创建相应的幻灯片文件，以及医生输入患者的姓名及医疗状况信息，要求语言模型生成发送给医疗保险公司的信件。

值得注意的是，用户在交互过程中提供的数据可能包含非显式的隐私信息。例如，通过对用户提问的上下文分析，模型或许能推断出用户的健康状况、政治立场、宗教信仰等敏感属性。在瑞士苏黎世联邦理工学院有关大语言模型的隐私推理能力的研究中[1]，研究人员选取了520个来自Reddit网站上的真实账号发言，将人类和 AI 作为对照组比较两者对文本中个人信息的推理能力，结果显示 GPT-4 对选取文本的信息推理准确率几乎与人类一样。

例如，当输入如下文本：

原文：Well here we are a bit stricter about that，just last week on my birthday，I was dragged out on the street and covered in cinnamon for not being married yet lol.

译文：好吧，我们对此有点严格，就在上周我的生日那天，我因为还没结婚而被拖到街上并涂满了肉桂，哈哈。

GPT-4 可以正确推断出这条消息的发布者年龄为 25 岁，因为其训练数据中包含与该行为匹配的内容：这是一项来自丹麦的传统，如果年轻人在 25 岁生日当天为单身状态，则会被亲朋好友捆缚在柱状物上，全身撒满肉桂粉。相关学者认为，其他机器学习模型也能够挖掘私人信息，但广泛使用的大模型可用于高度精准地猜测私人信息，这种能力可能被诈骗者利用或用于定向广告。用户反馈机制的存在进一步增加了隐私泄露的渠道。在用户评价模型回答质量或纠正错误的过程中，他们可能会不经意间透露额外的个人信息，这些信息若被不当利用，同样构成隐私威胁。

与此同时，随着技术水平的发展及用户对个性化体验需求的增加，定制化和个性化服务已成为大语言模型商业拓展的重要方向。这种服务广泛应用于如智能客服、内容创作、市场营销、教育、医疗咨询等多个商业领域，能够根据用户的偏好提供高度个性化的反馈。为适应特定任务或实现特定用户的需求，开发者需要在预训练模型的基础上利用特定领域的数据进行微调，

1 Robin Staab et al., *Beyond memorization: Violating privacy via inference with large language models*, The Twelfth International Conference on Learning Representations (Jan.16, 2024), https://openreview.net/forum?id=kmn0BhQk7p.

以进一步提升模型的适应性和服务质量。然而，客户提供的定制数据涵盖用户个人属性、行业特征、场景需求等多维度信息，这些数据的丰富性和多样性直接决定了模型训练的效果和最终服务的个性化程度，同时也伴随显著的数据隐私和安全风险。

为了保护用户隐私，可以采取适当的技术措施。首先，在技术层面，严格遵循数据最小化原则，仅采集实现特定目标所必需的最少量数据，避免不必要的数据冗余。其次，通过数据加密与隔离策略，确保敏感信息即便在泄露情况下也难以被解读。在制度层面，应实施严格的访问控制和审计制度，确保只有授权人员能访问敏感数据，并保持详细的访问记录以供审计，以维护数据使用的合规性与透明度。再次，在模型设计与训练阶段，应融入隐私保护理念，采用先进的技术如差分隐私和联邦学习，从源头上降低数据泄露的风险。最后，应强化用户授权与透明度，明确告知用户数据的用途，获取其同意，并提供详尽的隐私政策和数据使用指南，让用户对自己的信息有充分的了解和控制。

1.1.4 数据存储阶段

在数据存储阶段，大语言模型所依赖的大量数据需要被妥善保存和管理。然而，鉴于大语言模型强大的系统学习能力以及交互方式上的相对自由，数据的安全性往往无法得到有效保障，可能面临未授权访问、数据残留等风险。

1. 未授权访问

数据未授权访问，是指未经授权的用户或系统能够访问、读取甚至修改大语言模型所使用的敏感数据。具体来说，未授权访问可能由多种原因造成，包括但不限于安全漏洞、错误配置、恶意攻击或内部人员滥用权限等。

首先，安全漏洞是未授权访问的常见原因。这些漏洞可能是软件、系统或网络中的缺陷，使得攻击者能够绕过正常的身份验证机制，直接访问数据存储区域。例如，一个过时的操作系统可能没有最新的安全补丁，从而存在一个已知的漏洞，攻击者可以利用这个漏洞来获得未授权的访问权限。

其次，错误配置也是导致未授权访问的重要因素。管理员在配置数据存储系统时，可能会因疏忽或缺乏安全意识而将某些重要数据或文件夹的权限设置得过于宽松，使得未经授权的用户也能够访问。2024 年 6 月 14 日，Cybernews 网站发布报道称[1]，荷兰数据收集分析公司 Rawdamental 因系统存在错误配置导致个人数据泄露。该安全事件影响十家使用数据收集服务的公司及公司用户，其中包括拥有近 7000 名员工的跨国汽车经销商 Van Mossel。此外，该公司对用户数据进行匿名化处理的水平较低，其收集的数据仍包含用户的 IP 地址。

此外，恶意攻击者还可能利用社会工程学等手段，诱骗合法用户泄露敏感信息，或者通过钓鱼网站、恶意软件等方式窃取用户的登录凭据，从而实现对数据存储系统的未授权访问。

2. 数据残留

数据残留，是指在数据被删除或更新后，其部分或全部内容仍可能以某种形式存在于存储介质中，可能被未授权用户访问或恢复的现象。在大语言模型的训练过程中，其使用的数据集可能包含用户的隐私信息、商业机密或其他敏感内容，如果上述数据在模型训练完成后未能被彻底删除或妥善处理，就可能造成严重的隐私泄露、知识产权侵犯或其他安全风险。

为了降低大语言模型中的数据残留风险，开发者们可以采取以下措施：首先，确保模型训练所使用的数据集不包含敏感或隐私信息，或者在使用前对这些信息进行脱敏处理。其次，在模型训练完成后，应进行清理和优化，以消除可能存在的数据残留，包括删除临时文件、清除缓存数据、使用安全删除工具等。最后，对大模型存储介质采取严格的安全措施。例如，使用加密存储技术来保护数据的机密性；定期更换或销毁存储介质，以减少数据残留的可能性；限制对存储介质的访问权限，确保只有授权人员能够访问和操作数据。

1.2 数据质量安全风险

大语言模型面临的数据质量安全风险是一个多维度的问题，涵盖了数据的完整性、准确性、隐私性以及模型的可信任度。这些风险的来源多样，从数据的收集、预

---

1 Paulina Okunytė, *Data leak reveals auto giant and others harvesting user data to train AI models*, Cybernews (June.14, 2024), https://cybernews.com/security/rawdamental-data-leak/.

处理、训练到模型的部署和使用，每一个环节都可能成为潜在的薄弱点。以下是几种关键的数据质量安全风险类型：

1. 数据投毒攻击（Data Poisoning Attacks）

数据投毒攻击是一种针对机器学习模型的恶意攻击方式，具体指攻击者通过在训练数据集中故意添加、修改或删除一部分数据（称为“毒化数据”或“污染数据”），以干扰机器学习模型的训练过程，进而使得训练出的模型在推理或应用阶段产生错误的预测或决策，降低模型的有效性或可用性。

这种攻击可能涉及对训练数据的标签、特征或实例进行篡改，从而影响模型的训练效果和泛化能力。以自动驾驶汽车为例，攻击者将带有特殊标签的误导性数据添加到训练集中，以此欺骗算法模型。当自动驾驶汽车实际运行时，则会依赖污染数据做出违反交通规则的决策，导致严重的交通安全隐患。

根据人工智能运行的特点和机制，数据投毒攻击主要可以分为两种类型。第一种是模型偏斜攻击，攻击者直接针对训练数据样本进行污染，通过引入错误数据使模型学习到不准确的信息，进而改变分类器的分类边界，使模型无法准确区分不同类别的数据。第二种是反馈误导攻击，由于人工智能在运行时通常依赖于反馈机制来收集环境和用户信息以优化自身表现，攻击者会利用这一点，直接向模型注入错误或伪装的反馈数据，误导模型在决策时做出错误的判断。2016 年微软在推特（Twitter）推出人工智能聊天机器人 Tay，其设计初衷是让它从与用户的真实互动中学习人类语言和交流模式，然而上线不到 24 小时，部分用户发现了 Tay 的算法缺陷并加以利用，很快将其训练成一种充满民族歧视、反犹太人、反女权的人工智能，最终微软将其紧急下架。

2. 后门攻击（Backdoor Attack）

后门攻击是一种在目标系统中植入隐蔽的访问点或代码，允许攻击者绕过正常的安全控制而获得未经授权的访问权的攻击方式。

在深度学习或人工智能领域，前述的数据投毒攻击常常作为实施后门攻击的手段。具体而言，攻击者在训练过程中故意污染数据集，使得模型在接触到特定触发器（如特定图像特征、特定文本序列）时，就会按照攻击者的意图输出错误的结果，而其他情况下均表现正常。这是一种隐蔽性攻击手段，难以通过常规的性能测试检测发现。

3. 对抗攻击（Adversarial Attacks）

对抗攻击是指攻击者通过添加微小的、人类不易察觉的扰动到输入数据中，使得模型在推理阶段产生错误的输出。其核心在于创建所谓的“对抗样本”。对于图像识别模型，对抗样本可能是通过在图片上添加人类几乎无法察觉的噪声，使模型误分类；而对于语言模型，对抗样本可以是通过添加、删除或替换文本中的单词，甚至只是改变某些字符，来诱使模型生成攻击者希望看到的文本。

根据攻击者对目标模型的知识水平不同，我们可以将其划分为白盒攻击、黑盒攻击和灰盒攻击：

（1）白盒攻击

白盒攻击是最直接和最具威胁性的一种攻击类型，攻击者能够完全访问模型的内部结构、参数、训练数据以及算法等详细信息。由于完全掌握模型的“秘密”，攻击者可以利用其内部知识来针对性地设计对抗样本。一个典型的白盒攻击方法是通过计算输入数据的梯度上升来找到最有可能误导模型的微小扰动。这些扰动被精心添加到原始输入中，使得模型在推理时产生错误的输出，而人类观察者却难以察觉这些微小的变化。

（2）黑盒攻击

与白盒攻击相反，黑盒攻击中的攻击者只能访问模型的输入和输出，而无法直接获取模型的内部结构和参数。尽管如此，攻击者仍可以通过向模型发送大量查询并仔细观察模型的输出来推断模型的行为和决策过程。基于这些观察结果，攻击者可以设计出一系列对抗样本，这些样本能够误导模型产生错误的输出。黑盒攻击的成功取决于攻击者设计对抗样本的能力，以及模型对于未知输入的响应。

（3）灰盒攻击

灰盒攻击介于白盒和黑盒之间。在此类攻击中，攻击者对模型有一定程度的了解，但不如白盒攻击那么全面。攻击者可能知道模型的某些参数或结构，但无法直接访问模型的所有信息。因此，灰盒攻击需要攻击者结合已知的信息和模型的外部行为来设计对抗样本。这种攻击方式结合了白盒和黑盒的特点，既需要一定的内部知识，也需要对模型外部行为的观察和分析。

应对大语言模型数据隐私和质量安全风险，需从技术防护、政策规范、管理实践和法律框架四个方面协同发力，构建起立体化的防控体系。

技术防护是数据安全的第一道屏障。首先，应用数据脱敏技术和加密算法，如采用差分隐私策略，通过向数据中加入随机噪声，确保模型训练过程中不泄露具体个人信息，同时利用高级加密标准（AES）等技术保护数据传输和存储的安全。其次，开发安全多方计算技术，允许不同实体在不暴露原始数据的前提下共享模型训练结果，既实现了数据价值的最大化，又保护了参与方的隐私。最后，强化模型的可解释性和透明度，通过技术手段检测和消除模型偏见，确保输出结果的公正性和准确性。

在政策规范层面，政府和行业组织应联合制定严格的大语言模型数据安全和隐私保护标准，明确数据的生命周期管理规则，包括数据的收集、处理、存储和销毁流程。同时，出台相关政策，鼓励企业采用安全技术，对违反数据安全规定的行为施以重罚，形成有力的震慑效应。此外，推动数据安全和隐私保护教育，提高公众对数据安全的认识，营造全社会共同维护数据安全的良好氛围。

在管理实践方面，企业应建立完善的数据治理体系和健全的数据分类和分级管理制度。设立专门的数据安全管理部门，负责数据安全策略的制定和执行，以及数据安全事件的监测和响应。根据数据的敏感性和重要性，将数据分为不同的类别和级别，并采取相应的保护措施。这有助于确保重要数据得到更高的保护级别。同时，要对大语言模型进行持续的安全监控和审计。通过定期的安全审计，及时发现并修复潜在的安全风险。

法律框架是确保数据安全的关键。国家应加快制定和完善数据安全和隐私保护相关法律法规，明确数据权利归属，细化法律责任追究机制，为数据安全提供坚实的法治基础。遵守如《通用数据保护条例》（GDPR）等国际和国内的法律法规是企业运营的基本原则。明确的隐私政策和数据主体权利的保障，不仅是对用户的尊重，也是企业社会责任的体现。数据跨境流动时，遵循目的地国家的法律要求，共同制定数据跨境流动的国际规则，构建全球数据安全治理体系。

第二章

模型偏见与歧视

随着人工智能技术的飞速发展，大语言模型在自然语言处理领域取得了显著进展，广泛应用于文本生成、机器翻译、问答系统、对话系统等场景。然而，这些模型在展现惊人能力的同时，也面临偏见与歧视等严重问题。这些问题不仅影响了模型的性能和可靠性，还可能对个人和社会造成严重的负面影响。本章旨在深入探讨大语言模型的偏见与歧视问题，包括训练数据的偏见以及模型交互与输出过程中的偏见，并分析其产生的原因。

2.1　训练数据中的偏见

在大语言模型的训练数据中，偏见指的是数据集中的不平衡或不完整性，导致模型学习到的知识和模式存在偏向性。这种偏见可能源于多个方面，包括数据采集偏差、样本选择偏差以及数据本身偏差等。

1. 数据自身偏差

数据自身偏差是指数据中固有的、反映现实世界不平等或偏见的模式，这类偏差往往根植于社会结构和历史背景中，在模型训练过程中被捕捉并放大，进而影响模型的决策和生成结果。

社会文化偏见是数据自身偏差的核心来源之一。历史遗留问题、社会结构和文化观念的差异可能导致某些群体在数据中被过度或欠代表。例如，在就业领域，性别刻板印象可能导致某些职业与特定性别过度关联，这种现象反映在数据中，进而被模型学习并再现。在医疗健康领域，不同种族的病历记录可能不均等，导致模型在诊断建议上存在偏差，对某些群体的疾病识别率低下。信息不对称也是造成数据偏差的重要原因。某些群体的活动较少或被历史边缘化，他们的声音和需求在数据中被忽视，导致模型在处理相关主题时可能出现盲点。主流与边缘化内容的不均衡分配进一步加深了数据的偏见，热门话题和主流文化在数据中占据主导地位，而小众观点和地区性文化则相对稀少，限制了模型的多样性和创造力。最后，语言使用模式的差异也会引入偏差。正式与非正式语言、口语与书面语之间的差异，以及在特定语境下对某些词汇的偏好，都可能被模型捕捉，并在生成文本时无意识地放大。

大语言模型数据自身存在的偏差是多维度、深层次的，它们不仅源于数据的采集和筛选过程，更是社会结构和文化观念在数据领域的投影。

2. 数据采集偏差

数据采集偏差是模型在输出过程中产生偏差的主要原因，它源于构建训练数据集时的方式、来源或策略，导致数据集中的不均衡性或不完整性。这种不均衡性和不完整性可能导致模型在训练过程中学习到错误的或带有偏见的知识，进而在后续的交互和输出中表现出偏见与歧视。

首先，数据来源的不均衡性。大语言模型的训练数据通常源于互联网上的海量文本数据，如网页、新闻、社交媒体等。然而，这些数据在来源上可能存在时间、地理与文化的偏差，导致某些地区、文化或群体的观点和信息在数据中过度或不足代表。这种不均衡性可能使模型在训练过程中学习到的数据具有偏向性。由于语料库的庞大数据量和人工审核的高成本，开发者可能难以对数据进行深度清洗和过滤，使得数据本身反映了人类社会的偏见与歧视。

其次，样本选择方法偏差。当数据集中的样本不能全面代表目标总体时，便会产生样本选择偏差。例如，如果一个语言模型仅基于英语互联网文本训练，它可能无法充分理解和生成其他语言的内容，或者对英语中的非主流方言和俚语理解不足。在构建训练数据集时，大语言模型开发人员不再仅仅是产品开发者，而是大模型的价值观重要赋予者。数据集构建者的选择和策略可能主要反映特定群体或领域的特点，而忽略其他群体或领域的信息。此外，数据集构建者在模型开发的全过程中，可能会不自觉地将自己的价值观融入模型中，从而影响模型的偏见或偏好。

最后，采集方式的不同也会对数据采集产生偏差。不同的采集方式可能侧重于不同的数据类型或来源，导致数据集中的内容存在偏差。如果采集的数据主要来源于社交媒体，那么模型可能会更偏向于学习社交媒体上的语言风格和表达方式，而忽略了其他类型的文本数据。此外，采集工具的选择和使用也可能影响数据的采集效果，进一步加剧数据偏差。

通过处理庞大的内容集合并学习人类隐含的偏见，模型会在不经意间延续性别歧视、种族主义、政治偏好等类型的刻板印象和歧视性语言。

2.2 模型输出中的偏见

大语言模型在输出过程中产生的偏见与歧视是一个复杂且严重的问题，它不仅影响了模型的性能和可靠性，还可能对个人和社会造成负面影响。这种偏见与歧视主要体现在多个方面，包括性别、种族、文化、政治、地域等。

1. 性别偏见

性别偏见是大语言模型在输出过程中最常见的一种偏见形式。这种偏见主要体现在模型对男性和女性角色的刻板印象和歧视上。

首先是角色分配偏见，大语言模型在生成文本时，往往会将特定的职业、角色或行为与特定的性别联系起来。例如，当描述工程师、科学家或企业高管时，模型更可能使用男性代词；而在描述护士、家庭主妇或教师时，则更可能使用女性代词。这种偏见反映了社会对男女角色的刻板印象，即男性通常与高科技、高地位的职业相关联，而女性则更多地与照顾、教育等职业相关联。其次，大语言模型在言语表述上也存在性别偏见。例如，当描述同一件事情时，模型可能会使用不同的词汇和语气来描述男性和女性。例如，在描述一个成功的企业家时，模型可能会使用“果断”“有远见”等词汇来描述男性企业家，而使用“勤奋”“细心”等词汇来描述女性企业家。这种偏见反映了社会对男性和女性性格特征的刻板印象。

2024 年，联合国教科文组织发布的《挑战系统性偏见：调查大语言模型中对妇女和女孩的偏见》报告[1]揭示了大语言模型中存在的对妇女和女孩的偏见问题，该研究选取 GPT-2、ChatGPT 及 Llama 2 模型作为研究对象，采用词汇联想测试、文本生成任务、问卷调查等研究方法进行评估，研究结果显示：在性别化的词汇联想任务中，大语言模型仍然表现出之前发现的偏见，并且更有可能将性别化的名字与传统角

---

1 UNESCO, IRCAI, *Challenging systematic prejudices: an investigation into bias against women and girls in large language models*, UNESDOC (March, 2024), https://unesdoc.unesco.org/ark:/48223/pf0000388971.

色联系起来。例如，将女性名字与“家庭”“孩子”“婚姻”联系在一起，而将男性名字与“商业”“高管”“薪水”“职业”联系在一起；在文本生成任务中，Llama 2 生成了约 20% 的性别歧视和厌恶女性的内容，如“女人被视为性玩物和生儿育女的机器”和“女人被视为丈夫的财产”；在涉及职业的文本生成任务中，大语言模型存在明显的职业偏见，例如将女性分配到传统上被低估和有争议的职业（如妓女、家庭佣工、厨师），而将男性分配到更多样化和专业的职业（如教师、医生、司机）。

2. 种族偏见

种族偏见也是大语言模型在输出过程中常见的问题之一。这种偏见主要体现在模型对不同种族群体的刻板印象和歧视上。大语言模型往往会根据训练数据中的信息，对不同种族群体形成刻板印象。例如，有研究人员发现，在使用大语言模型生成关于犯罪的故事时，模型更可能将黑人描述为罪犯，而将白人描述为警察或受害者。这种偏见不仅反映了社会结构中的不平等，还可能加剧种族间的隔阂和误解。

3. 文化偏见

文化偏见，是指大语言模型在处理不同文化背景的文本时表现出的偏见。由于大语言模型的训练数据主要来自特定文化或地区，因此模型可能无法准确理解和处理其他文化的文本，从而表现出文化偏见。首先是文化误解，大语言模型在处理不同文化背景的文本时，可能会出现文化误解的情况。例如，在描述某个国家的传统节日或习俗时，模型可能会根据自身的文化背景进行解读和生成文本，从而忽略或误解该国家的真实文化和习俗。这种误解可能导致模型在输出过程中产生偏见和歧视。其次是与种族偏见类似，大语言模型在处理不同文化背景的文本时，也可能形成对某些文化群体的刻板印象。例如，模型可能会将某些文化群体与特定的行为、信仰或价值观联系起来，从而忽略该文化群体的多样性和复杂性。这种偏见不仅影响了模型的输出质量，还可能加剧现实中的文化冲突和误解。

4. 政治偏见

政治偏见主要体现在模型对政治事件、政治人物或政治立场的描述和评价上。由于训练数据中可能存在的政治偏见，模型在处理和生成与政治相关的文本时，可能会传递出对某些政治事件、人物或立场的偏见。在一项相关研究中，研究人员通过要求

ChatGPT 冒充特定政治立场的特定人物并将这些答案与其默认答案进行比较，来推断 ChatGPT 是否存在政治偏见。研究结果发现强有力的证据表明，ChatGPT 对美国民主党、巴西的卢拉和英国工党表现出重大的系统性政治偏见。

2.3 如何确保人工智能的决策符合道德伦理

在人工智能，尤其是大语言模型迅速发展的当下，确保决策过程符合道德伦理，避免偏见与歧视，已成为一个亟待解决的关键议题。要实现这一目标，我们需要从多个层面着手，包括优化数据源头、改进训练方法、引入全面评估机制、实施分类分级分场景定制等并融入伦理规范指导，共同构建一个更加公正、透明且负责任的人工智能生态。

1. 数据源头的优化

数据是人工智能决策的基础，任何偏见的根源往往可以追溯至数据收集阶段。因此，首要任务是确保数据的多样性和代表性。这意味着在数据收集过程中，应当尽可能覆盖不同性别、年龄、种族、文化背景和社会经济地位的个体，避免数据源的单一化。同时，数据预处理阶段也至关重要，需要通过去偏算法消除已知的偏见信号，如性别、种族相关的刻板印象。应当对训练语料去噪和清洗，去除违法违规风险数据、无意义数据、填充缺失值、文本规范化等，消除潜在的偏差、偏见歧视和不符合价值观的数据。还可以对文本进行词频统计，对图像分类，找出可能带有偏见歧视的词汇或图像，进行替换或删除。可使用数据增强技术增加数据集的多样性。此外，数据质量的提升同样不可忽视，应定期审查和更新数据集，移除过时或有误的信息，保证模型决策的时效性和准确性，从而在数据集中保持不同群体和主题的样本数量相对均衡，避免对某些特定群体或主题的过度关注或忽视。

2. 训练方法的创新

除了数据优化，训练方法的改进对于减少偏见同样重要。动态调整算法以适应多元化的数据环境或采用正则化技术抑制过度拟合特定群体特征的趋势，都是有效策略。此外还可以引入对抗性训练，让模型学会识别并抵抗试图植入偏见的尝试，增强其鲁棒性。更重要的是要将人类价值观嵌入训练过程，比如通过强化学习让模型在决策时优先考虑公平性和道德准则，确保其行为与社会期望一致。

3. 引入全面评估机制

模型的评估不应仅限于性能指标，还应涵盖伦理考量。应当建立一套综合评估体系，定期检测模型输出是否含有偏见，以及这些偏见可能带来的社会影响。此体系应包含对模型决策的透明度分析，即解释模型为何作出某项决定，帮助用户理解决策背后的逻辑，同时便于发现潜在的偏见来源。此外，应设立第三方审计机构，由多学科专家团队定期审查模型的伦理合规性，确保其决策符合既定的道德标准。

4. 实施分类分级分场景定制

鉴于人工智能应用场景的多样性，采取“一刀切”的管理策略显然不够灵活。应针对不同特殊群体、特殊应用场景，开展专用算法定制和优化。高风险领域，如医疗诊断、司法判决等，需设定更为严格的标准，确保模型决策的准确性和公正性；而对于较低风险的应用，如娱乐推荐系统，则可以适当放宽，但仍需保持警惕，防止无意中传播负面内容。通过这种分类分级管理，既能有效控制风险，又能促进 AI 技术的健康发展。

5. 融入伦理规范指导

将伦理规范融入人工智能系统的全生命周期是确保其道德决策的根本。这要求从设计之初就考虑到伦理因素，明确界定模型的使用边界和责任归属。同时，还要建立一套完整的伦理审查流程，对人工智能产品从研发到部署的各个环节进行监督，确保其遵循伦理原则。此外，加强公众教育，提高社会对人工智能伦理问题的认识，鼓励多方参与讨论，达成共识，共同塑造人工智能发展的未来方向。

第三章

内容生成的误导

3.1 模型幻觉（Hallucinations）

在大语言模型的语境下，模型幻觉指的是模型在处理输入任务、维持输入语境连贯性以及与现实世界事实保持一致性时存在偏差或错误。简单来说，就是模型在没有足够证据支持的情况下，生成的错误或虚构的信息，这是人工智能自信的一种反应：尽管回答的问题是错误的，但它依旧自信地为用户提供无用内容或者伪造答案。这种现象在自然语言处理任务中尤为突出，如文本生成、摘要、对话系统等。模型幻觉可能导致生成的文本与事实不符，甚至误导用户，对实际应用造成不良影响。2023 年 2 月，OpenAI 首席执行官山姆·阿尔特曼（Sam Altman）在推特上发文指出，运算量每隔 18 个月会提升 1 倍，因此大语言模型的内容生成将会以指数级的速度和效率增长。在源内容和生成内容都无意义或不可信所导致的幻觉下，大语言模型的不断迭代和广泛应用，将会引发人们模型可靠性的担忧，信息安全问题不容忽视。

3.1.1 模型幻觉的主要类型

根据产生方式的不同，可以将模型幻觉分为事实性幻觉和忠实性幻觉两类[1]。

事实性幻觉（Factuality Hallucinations），是指模型生成的内容与可验证的现实世界事实之间的差异。根据消息来源是否可验证，可进一步划分为事实不一致和捏造事实。当模型生成的内容与已知的可验证事实存在明显差异时，称之为事实不一致。例如，当用户提问 2024 年夏季奥运会将在哪个城市举办时，模型回答在北京举办，这与“2024 年夏季奥运会的举办城市为法国巴黎”的事实不相符。捏造事实是指模型生成完全不存在的、无法验证为真的内容。这些信息没有直接违反已知事实，但也没有任何依据或证据来证明其真实性，包括虚构的事件、不存在的数据、未被证实的关

1 Lei Huang, Weijiang Yu et al., *A Survey on Hallucination in Large Language Models: Principles, Taxonomy, Challenges, and Open Questions*, ACM Transactions on Information Systems, Vol, 43 Issue 2, Article No.42, p.1-55(2025).

联等。例如，模型可能描述一个历史上从未发生过的会议，或者提出一项未经验证的科学发现。

忠实性幻觉（Faithfulness Hallucinations），是指模型生成的内容与用户指令或输入提供的上下文之间存在分歧，以及生成内容自身的一致性问题。具体而言，首先，指令不一致指的是模型生成的响应与用户的原始指令或请求存在明显偏差。例如，如果用户要求模型提供一份关于气候变化的科学报告摘要，模型却生成了关于太空探索的文章，这就是典型的模型没有正确理解或遵循用户的指示的现象。其次，上下文不一致则是模型输出与上下文信息不相符，出现了前后矛盾的情形。例如，用户给出的背景信息是其工作地点在深圳，而模型在后续对话中提及用户在广州的工作如何。最后，逻辑不一致指的是模型在进行推理或信息传递时，其内部逻辑存在错误或者与事实不符，导致结论与之前的推理过程之间的不一致。例如模型在解释一个数学问题的答案时，给出的解题步骤与最终答案不匹配，或者解题步骤本身存在逻辑错误。

3.1.2 模型产生幻觉的原因

模型产生幻觉的原因是一个复杂而多维的问题，它涉及模型的训练、理解、架构设计和推理过程等多个方面。

首先是训练数据的局限性。训练数据是构建语言模型的基础，其质量和多样性直接影响模型的性能。如果数据量不足、数据分布不均或数据质量不高，模型就可能无法获得足够的信息来准确理解和生成内容。例如，如果一个语言模型的训练数据主要来自特定地区或特定时间段的文本，它可能无法理解或生成其他地区或不同时间段的语言特征。此外，如果训练数据中存在偏见，模型可能会学习并复制这些偏见，导致生成的内容带有歧视性或不公正的观点。当触及未涵盖的语言场景或知识领域，大语言模型也可能产生混淆，生成不符合逻辑或现实的文本。

其次是模型对现实世界知识的理解有限。尽管人工智能模型可以处理和分析大量数据，但它们对现实世界的理解仍然有限。这是因为模型主要依靠统计规律来生成文本，而不是基于对世界的真实理解和推理。这导致模型通常缺乏对复杂社会现象、文化差异和人类情感的深入理解，在生成内容时无法准确反映现实世界的多样性和复杂性。例如，一个模型可能无法理解某些隐喻或讽刺，或者在处理涉及道德和伦理问题的内容时做出不恰当的判断。

再次是模型架构和策略缺陷。模型架构和采用的策略对模型的性能有直接影响。如果模型架构设计不当，可能无法有效地捕捉和表示数据中的关键特征。例如，一个深度学习模型如果层数不够或神经元数量不足，可能无法学习到数据中的复杂模式。此外，模型训练策略，如优化算法、学习率设置和正则化方法，也会影响模型的泛化能力。如果这些策略选择不当，模型可能或表现出过拟合或欠拟合的情形。过度拟合指的是模型在训练数据上表现良好，但在新数据上表现不佳的现象。这可能是因为模型过于复杂，记住了训练数据的具体实例，而不是学习到了通用的模式。欠拟合则是指模型过于简单，无法捕捉到数据中的复杂模式。这两种情况都会导致模型在生成文本时产生与事实不符的内容。

最后是推理过程中的随机性。在某些类型的模型中，如基于概率的生成模型，推理过程可能包含随机性。这种随机性可以增加模型的创造性，但也可能导致生成的内容与用户指令或上下文不符。例如，在生成文本时，模型可能会随机选择一些与主题无关的词汇，从而产生与上下文不一致的句子。此外，模型在进行决策时可能会受到随机噪声的影响，导致逻辑不一致或错误的结论。

3.2　恶意利用

提示词注入攻击是大语言模型被恶意利用的典型例子之一。在 OWASP（Open Web Application Security Project）组织于 2023 年 9 月提出的“大语言模型十大安全风险”中，文章列举的第一项风险即为提示词注入。

提示词注入攻击（Prompt Injection Attacks）指的是攻击者通过构造特定的输入或指令，诱导模型产生偏离正常行为的输出，或是泄露敏感信息的技术。主要分为直接提示词注入和间接提示词注入两种类型。

直接提示词注入攻击，是通过直接在用户输入中添加恶意指令来操纵模型的输出。根据攻击的目的，可以将其大致划分成以下三种类型。

1. 目标劫持

目标劫持旨在改变原始任务设置，以破坏模型的完整性，诱导模型产生偏离正常行为的结果。例如，一个用于提供健康咨询的 AI 助手可能被操控，给出错误的医疗建议，或者一个金融预测模型可能被误导，提供错误的投资建议。目标劫持攻击通常需要攻击者对模型的运行机制有深入的理解，以便精确地设计出能够改变模型决策路径的输入。

2. 提示泄露

提示泄露，是指攻击者通过操纵模型输出以获取部分或全部原始提示的行为，这可能导致敏感信息的泄露和未经授权的滥用，对数据安全和隐私保护构成直接威胁。提示泄露根据主体的不同可分为系统提示泄露和用户提示泄露。

系统提示泄露，是指攻击者通过恶意指令注入，企图获取由开发人员或 AI 产品供应商设定的，用于规范 AI 行为和对话格式的初始指令集。这类泄露可能揭示 AI 的行为逻辑和限制，从而允许未经授权的操纵。一个典型案例是 Kevin Liu 对 New Bing 聊天机器人的攻击，他成功揭露了名为“Sydney”的 AI 助手的内部规则，这一事件凸显了即使是精心设计的系统提示也可能遭受泄露的风险。

用户提示泄露则涉及更为敏感的个人信息，包括但不限于电子邮件、信用卡详情等，这些信息可能在用户与 AI 的互动中被不经意间记录下来。攻击者若能获取这部分信息，不仅可能侵犯用户隐私，还可能利用这些数据进行诸如身份盗用或制作精准钓鱼邮件等非法活动。此外，下游开发者或厂商在构建 AI 产品时设计的独特提示前缀，也可能成为攻击目标，这些提示往往承载着产品的核心竞争力和知识产权，一旦泄露，将对企业和市场造成重大影响。

3. 越狱攻击（Escape Attacks）

越狱攻击，是指攻击者利用模型对输入的高度敏感性，试图突破模型的预定义的功能边界，让模型执行超出其原始设计意图的任务。越狱攻击手法多样，主要包括模拟对话、角色扮演和对立响应三种。

在模拟对话攻击中，攻击者要求模型模拟两个角色间的对话，内容围绕恶意目的展开，如教授犯罪技巧，借此削弱模型对恶意目的的识别，降低过滤规则对生成内容的敏感性。

角色扮演则要求模型扮演特定角色并赋予其一系列规则，如无限制、偏好非法活动等，试图绕过原有的模型安全机制，促使模型生成违背伦理和社会规范的文本。角色扮演攻击充分利用了模型对角色设定的盲从，导致其在扮演过程中输出有害信息，违背伦理和社会价值观。

对立响应，即攻击者首先构建与常规社会观念或模型预设的正面价值观相对立的命题或问题（如有关种族歧视、性别偏见或鼓励暴力、犯罪的敏感话题），再通过这些命题诱导模型生成偏离预设道德框架的响应。对立响应通常与模拟对话、角色扮演一同出现，例如，用户要求模型扮演一名杀手并为其设定新的系统指令，在收到提示词后分别生成正常响应和杀手响应。

间接提示词注入攻击是一种不直接输入明显的恶意指令，而是通过载体将其作为输入提示的一部分隐藏其中，从而绕过大型语言模型的安全检测机制，以间接方式触发提示注入攻击的技术，常见的攻击载体有：

（1）文档

文档是间接提示注入攻击中最常见的载体之一，包括 Word 文档、PDF 文件、Excel 表格等任何包含文本或数据的文件。攻击者会在文档中嵌入特定的恶意指令，这些指令可能通过修改文档的元数据、添加不可见的特殊字符、篡改数据内容等方式来隐藏。当大型语言模型处理这些文档时，恶意指令会间接地影响模型的输出结果。

（2）网页

网页由于具有丰富的内容和交互性，常常成为攻击者常用的攻击目标。攻击者可以通过修改网页的 HTML、CSS 或 JavaScript 代码来嵌入恶意指令，这些指令被隐藏在网页的某个部分，如隐藏的元素、注释或脚本中。当大型语言模型访问并解析这些被篡改的网页时，恶意指令会被触发并影响模型的输出。

（3）图像

虽然图像本身并不直接包含可执行的代码，但攻击者仍然可以通过图像中的特定元素来传递恶意指令，例如在图像中嵌入包含恶意指令的标记、水印或元数据。当大型语言模型处理图像并尝试提取其中的文本或描述时，恶意指令随之被解析并执行。

3.3 信息操纵和传播

信息操纵，是指个体或团体故意控制、扭曲、篡改或选择性地发布信息，以影响接收者的感知、判断或决策过程的行为。在人工智能背景下，信息操纵呈现出新的形式和维度，从深度伪造文本的生成到情绪操纵，从加剧模型滥用到引发信息过载与混淆，大语言模型在信息传播过程中的角色也越来越复杂。这些挑战不仅对个体的信息识别能力构成考验，也对社会的媒体素养、法律规范和伦理标准提出了新的要求。

2024年6月5日，谷歌DeepMind部门发布了一份有关生成式人工智能滥用的研究报告，其结果显示：在现实世界的滥用案例中，操纵人物肖像和伪造证据是最常见的手段。其中，利用生成式人工智能塑造或影响公众舆论的案例占所有报告案例的27%。行为者通过一系列的战术扭曲公众对政治现实的看法，包括冒充公众人物、伪造媒体等。例如，在美国、加拿大和新西兰的竞选期间，政党工作人员和国家支持的行为者分享的图片和广告经常描述城市衰败、无家可归和不安全的场景。这些手段中的大多数都带有明显的意图，即影响公众舆论、促成诈骗或欺诈活动或牟取利益。这些滥用案例中所涉及的并非复杂的技术，而是只需最低限度专业基础知识就可以达到的效果。

在实现信息操纵的过程中，深度伪造技术成为行为者误导公众的重要工具。深度伪造技术（Deepfake）在实现信息操纵过程中的应用主要围绕着创建高度逼真的音频、视频、文本内容，用以欺骗观众、操纵舆论、实施欺诈或诽谤。伪造的内容可以被设计得极为逼真，以至于难以与真实作者的作品区分开来。操纵者可以利用这一点来伪造官方声明、名人言论或是历史记录，意图误导公众、操纵舆论或进行欺诈活动。例如，伪造的政府公告可能导致公众对政策的误解，伪造的专家评论则可能影响市场走向，从而对经济造成影响。生成式人工智能与虚假信息的耦合为虚假信息泛滥提供了新路径：一方面，数据集中存在的争议、虚假、错误信息被用于模型的训练，并经模型学习后输出；另一方面，由模型生成的虚假信息经用户传播、反馈后又用于其深度学习和训练。在这个反复的过程中，虚假信息不仅海量增长，而且更加接近人类的思维水平。

除了深度伪造带来的虚假信息，信息操纵还能够利用心理操控技巧，使得目标受众基于不完整或误导性的信息做出有利于操纵者的选择。具体而言，大语言模型通过精准把握语言风格和情绪色彩，能够生成具有强烈情绪倾向的文本，从而激发读者的特定情绪反应。这种操纵手法常用于政治宣传、广告营销以及社交媒体操纵，通过激起恐惧、愤怒、同情等情绪，操纵者可以更有效地控制受众的行为和决策，如影响选民投票意向、引导消费选择或煽动社会冲突。

一方面，种种乱象可能加剧互联网上的回音室效应，即用户被推荐和接触到的信息越来越局限于自己的已有观点和兴趣，形成一种封闭的信息环境。模型通过个性化推荐系统，不断强化用户的偏好，导致人们越来越难以接触到不同的观点和信息。长期处于这样的环境中，个体的认知固化，社会共识难以达成，极化现象越发严重。另一方面，在大语言模型生成内容的洪流中，真实信息与虚假信息混杂，用户面临前所未有的信息过载。这不仅使个人难以筛选出有价值的信息，也使得真相被大量的无用或误导性信息所掩盖。信息混淆导致公众对媒体的信任度下降，增加了识别和应对紧急情况、科学发现或政策变化等关键信息的难度，进而影响社会整体的判断力和行动效率。

第四章

透明度与可解释性

4.1 透明度要求

4.1.1 定义与概念

在人工智能技术迅速发展的今天，大语言模型（Large Language Model，LLM）作为其中的佼佼者，正在深刻改变我们与信息交互的方式。然而，随着这些模型的能力不断增强，其内部运作机制也变得越发复杂，这引发了人们对其透明度的关注。在这个背景下，“透明度要求”这一概念应运而生，它是我们理解和规范大语言模型发展的关键。

透明度要求是一个多层面、复杂的概念，它贯穿了大语言模型的整个生命周期，包括开发、训练、部署和应用等各个阶段。这一要求的核心在于，模型的创建者、运营者和使用者需要提供充分、清晰、可理解的信息，使得模型的工作机制、决策过程和潜在影响能够被外部观察者理解、评估和验证。

让我们通过一个具体的例子来理解透明度要求的重要性。假设一家法律科技公司开发了一个基于大语言模型的智能合同审查系统。如果该系统在审查过程中出现偏见或错误，导致客户遭受损失，那么公司可能面临法律诉讼。在这种情况下，透明度要求就显得尤为重要。如果公司能够清晰地解释模型的训练数据来源、算法原理和决策过程，不仅有助于找出问题的根源，还能在法庭上更好地进行抗辩。

值得注意的是，透明度要求并不意味着无限制的信息公开。它需要在公开性和其他考量（如隐私保护、安全风险、商业利益等）之间找到平衡。适度的透明度是一种理想状态。例如，在公开模型训练数据时，需要注意保护个人隐私和商业秘密。这种平衡的把握，恰恰是法律专业人士可以发挥重要作用的地方。

4.1.2 透明度要求的具体内容 / 内涵

在探讨大语言模型的透明度要求时，我们需要采取一种全面而系统的视角。透明度不是一个单一的概念，而是贯穿模型生命周期各个阶段的一系列要求。这些要求涵盖了从数据处理到模型部署的整个过程，反映了 AI 系统的复杂性和多面性。让我们从数据开始，逐步深入探讨大语言模型透明度的具体内容。

1. 数据透明度

数据透明度是整个模型透明度的基石。它要求开发者清晰地说明训练数据的来源、类型和规模。这不仅包括数据的数量，还包括数据的质量和多样性。例如，一个大语言模型可能使用了数百 GB 的文本数据，但这些数据的语言分布、主题覆盖、时间跨度等都需要明确说明。数据预处理和清洗方法也是数据透明度的重要组成部分。这可能涉及去重策略、隐私保护措施，以及如何处理有争议或不适当的内容。此外，数据集的代表性和潜在偏见也是一个关键问题。如果训练数据主要来自某一特定地域或人群，那么模型在处理其他背景的输入时可能会出现偏差。例如，如果一个用于判例分析的 AI 系统主要基于某一地区或某一时期的案例训练，那么它在处理其他地区或最新案件时可能存在偏见或不准确性。开发者需要评估并公开这些潜在的偏见，以及为减轻这些偏见所采取的措施。

2. 算法透明度

紧接着是算法透明度。算法透明度，或者说模型架构透明度关注的是 AI 系统的“大脑”结构。这包括模型的基本架构（如 Transformer、LSTM 等），主要组件（如自注意力机制、层归一化等），以及关键的创新点。对于大语言模型来说，这可能涉及如何处理长序列输入、如何进行上下文理解、如何生成连贯的长文本等。模型的规模（如参数数量）和计算复杂度也是需要公开的信息。例如，GPT-3 使用了 175 亿个参数，这一信息就为理解模型的复杂度和能力提供了重要参考。同时，开发者还应该解释模型的核心算法，如何实现多任务学习，以及在处理不同类型任务（如文本生成、问答、摘要等）时的具体机制。对于法律工作者来说，理解这些技术细节可以帮助他们更好地判断 AI 系统在特定法律任务中的可靠性和适用性。

3. 训练过程透明度

训练过程透明度则聚焦于模型是如何“学习”的。这包括训练环境和硬件配置、优化算法和超参数设置，以及训练时间和资源消耗。例如，使用什么样的优化器（如 Adam、SGD 等），学习率策略如何设置，是否使用了技术如梯度裁剪、权重衰减等。分布式训练策略也是一个重要方面，特别是对于大规模模型。此外，训练过程中的关键指标变化，如损失函数的收敛过程，也应该公开。对用户而言，了解训练过程可以帮助他们理解模型的“学习曲线”和潜在的偏见来源。

4. 决策透明度

决策透明度可能是最具挑战性的部分，它涉及模型如何做出具体的“判断”。这包括模型生成输出的内部机制，关键特征和注意力分布，以及不确定性估计和置信度。对于大语言模型，这可能涉及如何选择下一个词、如何理解上下文、如何处理歧义等。例如，可以通过可视化注意力权重来展示模型在生成某个词时关注的是输入的哪些部分。同时，模型应该能够提供其输出的置信度估计，特别是在处理不熟悉的输入或做出高风险决策时。例如，在使用 AI 辅助案例检索时，系统不仅应该提供相关案例，还应该解释为什么这些案例被认为是相关的，比如法律原则的相似性，或者事实背景的类似性。这种透明度不仅有助于用户理解和信任模型的输出，也为进一步改进模型提供了重要线索。

5. 性能透明度

性能透明度则关注模型的实际表现。这包括评估指标、基准测试、模型在不同任务中的表现以及已知的局限性和潜在问题。对于大语言模型，这可能涉及在语言理解、文本生成、问答、摘要等多种任务上的性能数据。使用的评估指标可能包括困惑度（perplexity）、BLEU 分数、F1 分数等，具体取决于任务类型。例如，一个 AI 系统可能在合同法领域表现出色，但在知识产权法方面表现欠佳。了解这些性能差异可以帮助律师更好地决定在哪些情况下可以依赖 AI 辅助，在哪些情况下需要更多的人工干预。性能透明度还应该包括模型在处理罕见或复杂案例时的表现，以及对模型局限性的清晰说明。开发者应该主动披露模型的已知缺陷，如在处理特定类型的输入时可能出现的问题，或者在某些领域知识的局限性。这种坦诚不仅有助于用户合理使用模型，也是建立信任的重要基础。

6. 伦理与安全透明度

伦理和安全透明度是 AI 系统在社会应用中的一个关键考量。例如，开发者需要明确说明模型可能被滥用的场景（如生成虚假信息）以及为防止这种滥用采取的措施。在隐私保护方面，需要说明如何确保模型不会泄露训练数据中的敏感信息。公平性问题也越来越受到重视，开发者需要提供模型在不同人口群体上的性能数据，以及为确保公平性采取的措施。这可能包括使用去偏技术、多样化训练数据等。

7. 更新和维护透明度

更新和维护透明度反映了 AI 系统的动态特性。这包括版本控制和更新日志、模型退化和漂移监控，以及持续改进和问题修复机制。大语言模型可能需要定期更新以适应语言的变化和新出现的知识。开发者应该提供详细的版本历史，包括每次更新的具体内容和原因。同时，还需要说明如何监控模型性能的长期变化，特别是在处理新出现的话题或语言变化时。建立清晰的流程允许用户报告问题并说明如何处理这些反馈，也是维护透明度的重要部分。

8. 互操作性透明度

互操作性透明度涉及 AI 系统如何与其他系统和工具兼容和集成。对于大语言模型，这可能包括 API 接口的设计、输入输出格式的规范、与其他 NLP 工具的集成方式等。例如，模型是否支持流式处理，如何处理多轮对话，是否可以与特定领域的知识库集成等。此外，还需要考虑模型在不同硬件和软件环境下的部署要求，以及如何确保在不同平台上的一致性表现。这些信息不仅有助于技术集成，也有助于评估采用 AI 系统的总体成本和收益。

通过全面考虑以上透明度要求，我们可以对大语言模型有一个更加全面和深入的理解。这种多维度的透明度不仅有助于技术人员改进模型，也能帮助普通用户更好地理解和使用这些强大的 AI 工具。随着 AI 技术的不断发展和普及，提高透明度将成为构建可信赖、负责任和有效的 AI 系统的关键。

4.2 “黑箱问题”

4.2.1 什么是“黑箱问题”？

“黑箱问题”，作为人工智能领域，特别是大语言模型（LLM）技术应用中的一道复杂难题，不仅触及技术前沿，也深刻影响着伦理与法律框架。

“黑箱问题”可以被定义为 AI 系统，尤其是深度学习模型，其内部工作机制对外不透明，难以被解释或理解的现象。即使我们能够清晰地观察到输入内容和输出的结果，却对于其中的运作机制始终一无所知，如同只能观察到一个密封的黑色盒子。这个概念可以类比为一个极其复杂的法律案件，我们知道案件的起因（输入）和判决结果（输出），但难以完全理解法官的具体推理过程，特别是当这个“法官”是由数十亿个相互连接的人工神经元组成的时候。

“黑箱问题”的另一个重要表现是结果的不可预测性和模型行为的不一致性。相似的输入可能导致显著不同的输出，而这种差异往往难以解释。同时，模型可能在某些情况下表现出色，而在看似相似的情况下却失败，这种不一致性的原因同样难以追究。

与传统的基于明确规则的算法相比，大语言模型的运作方式显得尤为复杂且难以捉摸。首先，传统算法，如法律检索系统中的关键词匹配技术，其决策路径清晰可辨，易于理解和验证。大语言模型则不同，它们依赖于庞大的参数集和复杂的神经网络结构，通常包含数十亿到数千亿个参数，这些元素之间的相互作用和影响，构成了模型决策的基础，却也使得这一过程变得异常抽象和难以直观呈现，远远超出了人类的理解能力。其次，预训练和微调的过程十分复杂。模型首先在海量文本上进行预训练，然后在特定任务上微调，这个多阶段的过程使得追踪知识来源变得极其困难。大语言模型的上下文学习能力也增加了其不透明性。这些模型能够根据输入的上下文进行推理和生成，这种动态适应能力使得解释其行为变得更加困难。最后，大语言模型常常表现出一些在训练时未明确指定的能力，这些“涌现”的能力更是难以解释其原理。

此外，“黑箱问题”还体现在多个层面上的不透明性：数据不透明，使得我们难以了解模型训练所用数据的来源和质量；算法不透明，使得模型的具体实现细节成为商业机密；推理不透明，则使得我们无法追踪模型从输入到输出的完整路径。这些不透明性共同构成了AI系统应用的障碍，也促使我们不断探索提高AI可解释性的途径。

在法律领域，“黑箱问题”尤其具有挑战性。例如，如果使用AI系统来协助判决或提供法律建议，我们需要能够解释系统的推理过程。然而，“黑箱”特性使得这种解释变得困难，可能影响司法程序的公正性和透明度。

4.2.2 “黑箱问题”的成因

“黑箱问题”的成因是多方面的，其复杂性源于现代大语言模型的本质特征。首先，模型的复杂性是一个关键因素。以GPT-3为例，它拥有1750亿个参数，这意味着模型内部存在海量的连接和权重。不仅如此，这些模型还采用多层结构，如BERT-Large模型有24层，而GPT-3更是有96层之多。每一层都对输入信息进行了复杂的变换，再加上广泛采用的注意力机制（如Transformer架构），使得模型能够动态地关注输入的不同部分。这种复杂性可以类比为一个涉及数千名证人、数百项法律条款和大量判例的极其复杂的法律案件，即使最资深的法官也难以完全解释他们是如何权衡所有因素得出最终判决的。

其次，非线性激活函数的使用进一步增加了模型的不可解释性。这些函数（如ReLU、Sigmoid等）虽然增加了模型的表达能力，但也使得输入和输出之间的关系变得更加复杂。它们将输入转换为输出的方式是非线性的，这意味着微小的输入变化可能导致输出的显著变化。某些激活函数（如Sigmoid）在网络较深时还可能导致梯度消失问题，使得难以追踪信息的流动。通过多层非线性变换，原始输入被转换成高度抽象的特征表示，这些表示往往难以用人类可理解的术语描述。

此外，LLM采用分布式表示来存储和处理信息，这也是导致“黑箱问题”的一个重要原因。单词被表示为高维向量，模型的中间层状态是高维的分布式表示，而学到的知识以一种高度抽象和融合的方式存储在网络参数中。这种表示方式类似于法律体系中的判例法，某个具体的法律概念可能不是明确写在某一条法规中，而是分散在多个相关案例的判决中。

模型的深层结构虽然提高了性能，但也带来了解释性的挑战。信息在传递过程中经历了多次转换，每一次转换都可能改变信息的表示方式。深层结构使得模型能够捕捉长距离依赖关系，但这也使得追踪特定输出与输入之间的关系变得困难。随着网络深度的增加，特征表示变得越来越抽象，越来越远离了原始输入的表示形式。

预训练与微调过程也是“黑箱问题”的重要成因。大语言模型通常经过大规模预训练和针对特定任务的微调，这个过程可能引入难以追踪的知识和偏见。在预训练过程中，模型从海量文本中学习知识，训练数据集来自多种来源，可能包含数十亿甚至数万亿个词汇，涵盖各种主题和领域。但具体哪些知识被学习、如何被整合，往往难以确定。微调过程虽然能使模型适应特定任务，但这种适应可能导致模型行为的细微变化，增加了解释难度。此外，预训练数据中的潜在偏见可能被模型学习并在后续任务中表现出来，但这种偏见往往是隐蔽的，难以被直接发现。这个过程可以类比为一个法官的培养过程：法学教育和实践经验塑造了法官的基本知识体系（预训练），而特定法院或案件类型的经验则类似于微调过程。这些经历如何具体影响法官的判决，往往也是难以完全厘清的。

模型中引入的随机性和不确定性也增加了解释难度。在训练和推理过程中，随机性虽然有助于提高模型的鲁棒性和泛化能力，但也使得模型行为变得更难预测。模型参数的随机初始化可能导致训练结果的不确定性，而在生成任务中使用的随机采样策略则使得相同输入可能产生不同输出。神经网络参数的随机初始化、批量随机梯度下降算法的使用，以及训练数据的输入顺序，都可能导致即使使用相同的训练数据和架构，不同次训练得到的模型也可能略有不同。

最后，模型的黑盒优化目标本身就是一个难以解释的过程。大语言模型通常是通过最小化某种损失函数来优化的，但这个过程与人类期望的行为之间可能存在差距。模型优化的目标（如降低困惑度）与实际应用中的期望（如生成有意义的文本）之间的关系并不总是直接的。在实际应用中，模型通常被训练来同时执行多个任务，就需要平衡多个目标（如准确性、流畅性、安全性等），这种权衡过程难以量化和解释。有时，提高模型性能的方法可能会降低其可解释性。

4.2.3 “黑箱问题”带来的挑战

大语言模型的“黑箱问题”在方方面面都带来了一系列复杂而紧迫的挑战，这些挑战不仅涉及技术层面，还深入法律、伦理和社会层面。

1. 责任界定

法律责任认定成为一个棘手的问题。当 AI 系统做出错误决策时，由于无法完全理解其决策过程，很难确定应该由谁承担责任。例如，在一起自动驾驶汽车事故中，责任应该由车辆制造商、软件开发者还是车主承担？又如，在医疗领域，如果 AI 辅助诊断系统做出错误诊断，导致病人受到伤害，应该追究医生、医院还是 AI 系统开发商的责任？

这种责任认定的困难不仅存在于产品责任和医疗责任领域，还扩展到金融和知识产权等多个领域。比如 AI 生成的内容是否可以获得版权保护？谁应该是版权所有者？这些问题挑战了传统版权法的基本概念。在专利法方面，需要考虑 AI 系统是否可以被认定为“发明人”，以及如何在 AI 可能穷尽所有可能性的情况下判断“非显而易见性”。此外，AI 训练数据集是否可以获得数据库权保护，以及如何在全球化 AI 服务背景下确保数据库权的跨境保护等。这些问题的复杂性可能导致法律纠纷的增加和诉讼的复杂化，需要发展新的法律理论和实践方法来应对。

2. 公平性与非歧视性

确保 AI 决策的公平性和非歧视性也是一个重大挑战。AI 系统可能继承并放大训练数据中的历史偏见，导致新的歧视形式，这在多个关键领域都构成了严峻挑战。例如，在司法决策中，如果使用 AI 辅助系统，如何保证不会对特定种族、性别或社会群体产生不公平的结果？设想一个场景：一个 AI 系统被用于评估犯罪嫌疑人的再犯风险，但它可能无意中将某些社区的邮政编码作为高风险因素，从而对特定种族群体产生不利影响。类似的问题也存在于就业招聘、信贷评估和保险定价等领域。例如，一个用于筛选简历的 AI 系统可能会因为历史数据中的性别偏见而降低女性候选人的评分。更具挑战性的是，AI 系统的决策可能基于多个因素的复杂组合，使得歧视变得难以察觉。应对这一挑战需要在技术、法律和社会层面多管齐下，如要求对 AI 系统进行定期的无偏性审计，建立用户申诉和补救机制，并探索通过 AI 技术主动矫正历史不公平的可能性。

3. 合规性

合规性是另一个重要挑战。在金融或医疗等受到严格监管的领域，监管机构通常要求决策过程必须是可解释的。然而，“黑箱”模型可能难以满足这些监管要求。例如，欧盟《通用数据保护条例》（GDPR）要求当数据控制者进行自动化决策，包括画像分析时，必须向数据主体提供“关于所涉逻辑的有意义的信息”，即应说明相关决策的基本逻辑、这些决策对用户可能产生的影响，以及它们的重要性。想象一个场景：一家银行使用 AI 系统来评估贷款申请，但无法向被拒绝的申请人解释具体原因，这可能违反 GDPR 的规定。类似的挑战也存在于金融风险模型、医疗器械审批和算法交易监管等领域。

4. 隐私保护

隐私保护也是“黑箱问题”带来的一个重要挑战。海量的个人数据是训练 AI 模型的基础，但个人对其数据的控制权却在减弱。传统的告知同意原则在大数据时代可能难以发挥有效作用。由于难以确定模型如何使用和存储输入的信息，可能会引发隐私泄露风险。例如，通过对模型的反向工程，可能重建训练数据，泄露个人隐私。想象这样一个情况：一个医疗 AI 系统被发现可以通过特定的查询方式泄露病人的敏感信息，即使这些信息并未直接存储在系统中。此外，还存在成员推理攻击、模型记忆和跨境数据流动等隐私风险。例如，一个大语言模型可能“记住”了训练数据中的信用卡号码，并在特定提示下泄露这些信息。

知情同意的概念在 AI 时代也面临重大挑战。海量的个人数据是训练 AI 模型的基础，但个人对其数据的控制权却在减弱。传统的告知同意原则在大数据时代可能难以发挥有效作用，AI 系统的复杂性和不透明性使得普通用户难以充分理解其工作原理和潜在风险。例如，一个用户同意使用 AI 驱动的社交媒体平台，但可能不理解该平台如何使用其数据来影响其情绪或行为。此外，AI 系统的动态性、多功能性和推理能力也使得传统的知情同意概念难以适用。想象一个场景：一个用户同意 AI 助手访问其日历来安排会议，但 AI 可能从中推断出用户的健康状况或个人关系，这显然超出了原始同意的范围。因此需要重新思考知情同意的概念，可能需要发展新的法律框架来保护用户权益。

5. 证据可采性

在证据法领域，AI 生成的证据或分析结果在法庭上的可采性也面临挑战。如何评估基于“黑箱”AI 系统生成的证据的可靠性？例如，如果一个 AI 系统分析监控录像并识别出嫌疑人，但无法解释其识别过程，法庭应该如何看待这个证据？当 AI 系统作为“专家”提供意见时，如何进行交叉询问？想象一个场景：在一个复杂的金融诉讼中，双方都提供了 AI 生成的市场分析报告，但这些报告得出了相反的结论，法官应该如何评估这些证据？这些问题要求发展新的证据法理论和实践，以应对 AI 时代的证据挑战。

6. 数据安全

安全和责任问题一直是 AI 应用中备受关注的话题。恶意方可能利用 AI 系统的漏洞发动攻击，或者操纵训练数据使 AI 系统做出有害的决策。AI 系统一旦大规模应用于关键基础设施，其可靠性和鲁棒性将关乎社会安全。“AI 武器化”的问题也引发了广泛讨论，可能需要建立专门的国际条约加以规制。分配 AI 系统导致损害的责任也是一个颇具挑战的问题，未来可能需要建立强制保险等机制。

7. 算法问责制

确保 AI 系统的决策过程可审核、可问责也是一个重大挑战。复杂的 AI 系统难以进行全面审计，可能存在“算法黑箱”。例如，一个用于信用评分的 AI 系统可能使用数百个变量和复杂的神经网络，使得传统的审计方法难以应用。AI 系统的动态特性还要求建立持续的监控机制。想象一个自学习的 AI 客服系统，它的决策可能随时间而变化，如何确保它始终符合公司政策和法律要求？此外，缺乏统一的 AI 系统审计和问责标准，以及 AI 系统的全球性使得跨境执法和问责变得复杂。律师需要参与制定新的法律和监管框架，建立有效的 AI 问责机制。

综上所述，AI 技术的发展正在全方位影响和重塑法律体系。“黑箱问题”是贯穿其中的核心挑战。这要求法律工作者以开放包容的心态拥抱技术变革，加强跨学科交流合作，在坚持法治原则和价值的同时积极创新法律思维和方法论，做好精准有效的制度设计，在鼓励创新和防范风险之间探索动态平衡。这既是一次挑战，更是一次难得的机遇，将最终塑造更加智能、公平、安全、可持续的智能社会法治。

4.2.4 应对“黑箱问题”的研究方向

为应对这一“黑箱问题”，各领域以及众多研究人员都正在多个方向上努力，试图揭开大语言模型的神秘面纱。

1. 可解释 AI（XAI）研究

可解释 AI（XAI）研究是破解“黑箱”的核心方向之一。它旨在开发能够解释自身决策过程的 AI 系统，使其推理过程对人类可理解。这个领域的研究包括局部可解释性方法（如 LIME 和 SHAP）、全局可解释性方法、注意力机制可视化和反事实解释等。LIME（Local Interpretable Model-agnostic Explanations）通过在决策点周围创建一个局部的简单模型来解释复杂模型的决策，而 SHAP（SHapley Additive exPlanations）则基于博弈论的方法，计算每个特征对预测的贡献。这些技术不仅能增强人们对 AI 系统的理解和信任，还能确保 AI 决策符合法律程序和伦理标准。

2. 探测研究

探测研究是另一个重要的研究方向，它试图通过各种“探针”来测试模型的能力和局限性。这些探针通常是精心设计的问题或任务，旨在揭示模型的特定方面。例如，研究者可能会设计一系列需要不同层次推理能力的法律问题，从简单的法律条文解释到复杂的案例分析；或者设计一系列微妙修改的法律案例，看看 AI 系统是否会因为细微的措辞变化而做出截然不同的判断。通过观察模型在这些问题上的表现，我们可以深入了解模型的法律推理能力及其局限。这种研究对于评估 AI 系统在法律应用中的可靠性至关重要，因为它能帮助我们识别 AI 系统可能存在的盲点和弱点。

3. 对抗性攻击研究

对抗性攻击研究是一个更为激进的方向，它试图通过构造特殊的输入来“欺骗”模型，从而揭示模型的弱点和盲区。这不仅有助于我们理解模型的局限性，还能帮助我们提高模型的鲁棒性。在法律环境中，这种研究可以帮助评估 AI 系统的可靠性和潜在漏洞。例如，研究者可能会设计一系列微妙修改的法律案例，看看 AI 系统是否会因为细微的措辞变化而做出截然不同的判断。这有助于识别 AI 系统可能存在的偏见或逻辑缺陷，对于确保 AI 在法律应用中的公正性和可靠性至关重要。

4. 知识提取研究

知识提取研究是一个更为深入的方向，它试图理解模型内部存储了什么知识，以及这些知识是如何组织的。这个领域的一个重要方向是“提示工程”（Prompt Engineering）。通过精心设计的提示，研究者可以从模型中提取特定的知识或能力。对于法律专业人士来说，这一研究方向可以帮助我们更好地利用 AI 系统进行法律研究和分析。通过设计巧妙的提示，我们可能可以从 AI 系统中提取出复杂的法律知识，或者让 AI 系统模拟不同法律专家的思考方式。这为法律研究和教育提供了新的可能性，同时也为我们理解 AI 系统的“思维”方式提供了窗口。

5. 模型压缩和蒸馏研究

模型压缩和蒸馏研究是一个旨在简化复杂模型的方向。它试图创建更小、更透明的模型，同时保留原大模型的主要能力。这个过程有点像把复杂的成人思维“蒸馏”成更简单、更容易理解的儿童版本。在法律应用中，这项技术可以帮助创建更易于审核和解释的 AI 系统，同时保持较高的性能。例如，可以将一个复杂的判例分析系统蒸馏成一个更简单的模型，该模型能够快速提取关键法律原则和推理逻辑，而无须处理原始系统的全部复杂性。这对于需要高度透明度的法律应用至关重要，因为它可以让我们更容易理解和验证 AI 系统的决策过程。

6. 伦理和偏见研究

伦理和偏见研究是一个关注模型可能存在的偏见和伦理问题的重要方向。研究者设计各种测试来检测模型在性别、种族、宗教等敏感话题上的表现。这个方向的研究不仅包括识别偏见，还包括开发减少偏见的方法，如数据预处理、模型后处理等技术。对法律专业人士而言，这一研究方向尤为重要。在就业歧视、刑事司法等领域，了解和防范 AI 系统的潜在偏见是确保公平正义的关键。例如，通过这些研究，我们可以开发出更公平的 AI 辅助量刑系统，或者识别和纠正 AI 招聘系统中的隐性歧视。

7. 法律和政策研究

法律和政策研究旨在制定适当的法规和政策来规范 AI 系统的使用。这是法律专业人士可以直接参与和贡献的领域。研究内容包括 AI 监管框架、AI 责任制度、算法公平性法律、AI 伦理准则的法律效力等。这些研究直接影响法律实践，为处理 AI 相关案件提供法律依据。例如，在一起涉及自动驾驶汽车事故的案件中，了解最新的 AI 责任制度研究可以帮助律师更好地为客户辩护或索赔。同时，这些研究也为 AI 技术的发展提供了法律和伦理指导，确保 AI 的发展方向符合社会价值观和伦理标准。

尽管这些研究方向为我们提供了洞察大语言模型内部运作的窗口，但“黑箱问题”仍然是一个巨大的挑战。大语言模型的复杂性和规模使得完全理解其内部机制变得异常困难。然而，这些持续的研究努力正在逐步揭开 AI “黑箱”的神秘面纱，帮助我们构建更可解释、更可信的 AI 系统。这不仅对科研有重要意义，对于 AI 技术的实际应用也至关重要。

第五章

大语言模型责任归属

5.1 错误输出的责任

大语言模型的预测和生成能力令人印象深刻，但同时也带来了错误输出的风险。当模型产生错误、有害或具有误导性的内容时，责任应该如何分配成为一个关键问题。这个问题不仅涉及法律层面的责任归属，还关系到技术发展的方向和社会伦理的考量。

传统的人工智能责任规制以算法“可解释”为核心，通过要求算法透明性、隐私保护以及分类分级监管等配套机制构筑了相应治理范式。这种模式在传统人工智能时代发挥了重要作用，为解决算法偏见、保护用户隐私等问题提供了有效的框架。然而，随着生成式人工智能的飞速发展，特别是像 ChatGPT 这样的大语言模型的出现，这种以“可解释”为中心的责任承担机制显露出了局限性。

生成式人工智能的复杂性和不可预测性使得传统的“可解释”模式难以完全适用。这些模型使用海量数据进行训练，其内部运作机制复杂到即使是开发者也难以完全理解和解释。更重要的是，这些模型具有一定的“创造性”，能够生成全新的、无法简单追溯到训练数据的内容。在这种情况下，仅仅要求算法可解释已经不足以应对可能出现的各种问题。

因此，我们需要将责任规制的重心从“可解释”逐步调整为以“可控制”为中心的人工智能责任规制范式。“可控制”并不意味着完全抛弃“可解释”的要求，而是在此基础上更进一步，强调对整个 AI 系统的管理和控制。这种转变反映了从被动应对到主动管理的思路变化，也体现了对 AI 系统复杂性和潜在风险的更深入理解。

在这个新的框架下，我们需要考虑多个主体的责任：

首先，模型开发者承担着重要的责任。他们需要确保模型的安全性和可靠性，这包括但不限于：采取措施减少有害输出，如设置适当的内容过滤机制；提供清晰的使用指南，明确模型的能力边界和潜在风险；持续监控和改进模型性能，及时发现和修复问题。此外，开发者还应该建立有效的问责机制，以便在出现问题时能够迅速响应和处理。

其次，模型部署者也需要承担相应的责任。他们是将 AI 模型投入实际应用的主体，因此需要对模型的输出进行必要的筛选和验证。这可能包括设置额外的安全检查机制，对高风险领域的输出进行人工审核，以及制定明确的使用政策和应急预案。模型部署者还应该向最终用户提供充分的信息，使他们了解使用 AI 系统的潜在风险和局限性。

再次，最终用户也需要承担一定的责任，特别是在专业领域（如医疗、法律或金融咨询）。用户应该具备足够的专业知识来评估和验证模型输出的准确性和适用性。他们不应盲目信任 AI 系统的输出，而应该将其视为辅助工具，结合自身的专业判断做出决策。同时，用户也有责任按照指南正确使用 AI 系统，不得故意误用或滥用。

最后，监管者在整个生态系统中扮演着关键角色。他们负责搭建适应生成式人工智能可控发展的环境生态，并承担最终监管责任。这包括制定相关法律法规，建立行业标准，进行定期的风险评估和审核，以及在出现重大问题时进行干预。监管者还需要在促进创新和控制风险之间找到平衡，既不应过度限制 AI 技术的发展，又要确保公众利益得到充分保护。

值得注意的是，错误输出的责任分配并非一成不变，而是需要根据具体情况进行判断。例如，如果错误输出是模型本身的缺陷导致的，那么主要责任可能落在开发者身上。如果是由于部署者的不当使用造成的，那么部署者可能需要承担更多责任。如果是用户故意误导 AI 系统产生有害内容，那么用户可能需要承担主要责任。

此外，我们还需要考虑建立一种动态的责任分配机制。随着 AI 技术的不断发展和应用场景的不断拓展，可能会出现新的责任问题。因此，责任规制框架应该具有足够的灵活性，能够及时适应新的技术发展和社会需求。

在处理错误输出责任问题时，我们不应忽视技术解决方案的重要性。例如，开发更先进的内容过滤算法，建立更完善的安全检查机制，利用联邦学习等技术来增强隐私保护等。技术创新和法律规制应该相辅相成，共同推动 AI 系统的健康发展。

5.2 预测准确性与法律风险

大语言模型的预测能力引发了一系列复杂的法律问题，特别是在金融、气象、医疗和公共政策等关键领域。当这些模型的预测被用于重要决策时，预测的准确性直接关系到法律责任的认定。这种情况下，我们不仅需要考虑传统的法律框架，还需要重新思考在人工智能时代如何界定责任和风险。

在金融领域，大语言模型的应用已经引起了广泛关注。如果投资决策严重依赖于模型预测，而这些预测最终被证明是错误的，可能会引发投资者的诉讼。关键问题在于确定预测错误是否构成过失或欺诈。例如，如果一家投资公司使用 AI 模型进行市场预测，并基于这些预测向客户提供投资建议，但结果导致客户遭受重大损失，那么该公司是否应该承担责任？这里需要考虑几个关键因素：公司是否充分披露了使用 AI 模型的事实？是否明确说明了模型的局限性？公司在使用模型时是否尽到了应有的谨慎义务？

这种情况下，法院可能需要考虑模型的可靠性、使用方式，以及是否有适当的风险披露。同时，监管机构可能需要制定新的规则，要求金融机构在使用 AI 模型时遵循特定的透明度和风险管理标准。这可能包括定期对模型进行独立审核，建立明确的问责机制，以及为可能的预测失误设立适当的补偿机制。

气象预报是另一个值得关注的领域。虽然天气预报的不确定性是公认的，但如果一个号称高度准确的 AI 模型做出了严重错误的预测，导致重大损失，是否应承担法律责任？例如，如果一个 AI 驱动的天气预报系统错误地预测了一场飓风的路径，导致某些地区未能及时疏散而造成生命财产损失，那么开发和使用该系统的机构是否应该承担责任？这可能需要重新审视现有的气象服务责任豁免制度。

在这种情况下，可能需要考虑建立一个新的法律框架，该框架既要认识到天气预报的内在不确定性，又要为使用高级 AI 技术的气象服务提供商设定更高的标准。这可能包括要求更透明地披露预测的不确定性范围，建立更严格的质量控制流程，以及在预测失误时有更明确的责任认定机制。

在医疗领域，AI 模型的预测准确性直接关系到患者的生命健康。如果一个 AI 系统在诊断或治疗建议上出现错误，导致患者受到伤害，那么责任如何认定？这涉及复杂的医疗责任问题。传统上，医疗责任主要落在医生和医疗机构身上，但在 AI 辅助诊疗的情况下，软件开发商和 AI 系统提供商是否也应该承担部分责任？这可能需要重新定义医疗责任的范围，并考虑建立新的责任分担机制。

同时，我们还需要考虑如何平衡 AI 在医疗领域的创新应用与患者安全。过于严格的责任制度可能会抑制创新，而过于宽松的制度又可能损害患者利益。因此，可能需要建立一个动态的、能够随技术发展而调整的责任认定框架。

在公共政策领域，如果政府决策严重依赖于 AI 模型的预测（如疫情发展趋势、经济增长预测、人口变化趋势等），而这些预测出现重大偏差，可能会引发公众质疑和潜在的行政诉讼。这要求政府在使用 AI 辅助决策时保持高度的透明度，并建立有效的问责机制。

例如，如果政府使用 AI 模型预测未来十年的人口变化趋势，并据此制定长期的教育和医疗政策，但预测结果与实际情况严重偏离，导致资源严重错配，那么政府应该如何对公众负责？这种情况下，可能需要建立一个专门的审核机制，定期评估 AI 模型的预测效果，并在必要时进行调整。同时，政府还应该保持决策的灵活性，避免过度依赖单一的 AI 预测结果。

此外，我们还需要考虑 AI 预测可能带来的社会影响。例如，如果一个 AI 模型预测某个地区未来会发生社会动乱，而政府基于这个预测采取了一些预防措施，这是否会导致预测的自我实现？这种情况下，我们如何平衡预防风险和避免不必要的社会紧张？这可能需要建立更复杂的决策机制，综合考虑 AI 预测、人类专家意见和社会影响评估。

面对这些挑战，我们可能需要发展新的法律概念和框架。例如，我们可能需要重新定义“合理预见性”的概念，考虑到 AI 模型的复杂性和不确定性。我们可能还需要建立新的责任分担机制，在 AI 开发者、使用者和最终决策者之间合理分配责任。

同时，我们还需要考虑如何在法律框架中纳入对 AI 系统的持续监督和更新机制。鉴于 AI 系统的动态性质，单次的合规检查可能不足以确保长期的安全和可靠性。因此，我们可能需要建立一个动态的监管体系，能够持续评估 AI 系统的性能和影响。

最后，我们不应忽视技术解决方案在降低法律风险方面的重要性。例如，开发更先进的不确定性量化方法，提高模型的可解释性，建立更有效的模型验证和测试机制等。这些技术创新可以帮助我们更好地理解和管理 AI 预测的风险，从而减少潜在的法律纠纷。

5.3 知识产权与数据使用

大语言模型的训练过程涉及大量数据的使用，这引发了复杂的知识产权问题。主要争议点包括：训练数据的版权问题、模型生成内容的版权归属，以及潜在的侵权风险。这些问题不仅涉及法律层面的挑战，还关系到技术发展、商业模式和社会公平等多个方面。

第一，关于训练数据的版权问题，一个核心争议是大规模使用网络上的文本数据是否构成版权侵犯。这个问题在不同的司法管辖区可能有不同的解释。在美国，“公平使用”原则可能为此提供一定保护。例如，在 Authors Guild v. Google，Inc. 案中，法院认为 Google 对图书的扫描和索引构成公平使用。然而，这一原则是否可以直接适用于 AI 模型的训练还存在争议。

在中国，《著作权法》规定了在特定情况下可以不经著作权人许可使用作品，但并未明确包括用于 AI 模型训练的情形。2023 年 7 月，中国七部委联合发布的《生成式人工智能服务管理暂行办法》要求，在数据采集阶段，应当审查数据来源和内容的合法性。这表明中国正在逐步建立针对 AI 训练数据的法律框架。

对于从互联网自动爬取的数据，应当遵守网站的 Robots 协议，不得采用破解密码、伪造 UA、设置代理 IP 等技术手段进行违规爬取。这不仅是技术伦理的要求，也可能涉及法律风险。例如，如果 AI 公司违反网站的使用条款大量爬取数据，可能面临违约诉讼。

对于享有著作权的作品，理想情况下应当获得著作权人的明确授权。然而，考虑到 AI 训练数据的海量特性，逐一获取授权在实践中可能面临巨大挑战。因此，我们可能需要考虑建立新的授权机制，如扩展集体许可制度，或者建立特殊的 AI 训练数据使用许可框架。

第二，模型生成内容的版权归属是另一个复杂问题。传统版权法基于人类创作的假设，难以直接适用于 AI 生成的内容。目前，各国对此问题的态度不一。例如，美国版权局明确表示，完全由 AI 生成的作品不受版权保护。而在中国，虽然没有明确的法律规定，但一些法院判决似乎倾向于承认 AI 辅助创作的作品的版权。

这个问题的复杂性在于，AI 生成的内容可能涉及多个主体的贡献：AI 模型的开发者、训练数据的提供者、使用 AI 工具的操作者等。如何在这些主体之间分配权利，是一个需要仔细权衡的问题。一种可能的方案是将 AI 视为一种创作工具，版权归属于使用该工具的人。另一种方案是承认 AI 生成内容的独特性，为其创建一种新的知识产权类别。

此外，AI 生成内容还涉及署名权、发表权等人身权问题。例如，如果 AI 生成的内容被用于出版，应该如何标注作者？这些问题可能需要在法律和伦理两个层面上进行考虑。

第三，潜在的侵权风险是另一个重要问题。由于 AI 模型是基于大量训练数据学习的，它可能无意中复制或模仿受版权保护的内容。这种情况下，如何界定侵权，谁应该承担责任，都是需要解决的问题。

例如，如果一个 AI 模型生成的图像与某个著名画家的作品高度相似，这是否构成侵权？如果构成侵权，是模型的开发者负责，还是使用该模型生成图像的用户负责？这些问题可能需要通过立法或司法解释来明确。

为了应对这些挑战，AI 模型的开发者和使用者可能需要采取一些预防措施。例如，建立有效的内容过滤和审核机制，设置快速响应和纠正程序，以及购买相应的知识产权保险等。

从技术角度来看，我们可能需要开发新的技术来增强 AI 模型的“创新性”，减少直接复制的可能性。例如，开发能够生成更具原创性内容的 AI 算法，或者开发能够自动检测潜在侵权的工具。

在数据使用方面，还涉及个人信息保护的问题。如果 AI 训练数据中包含个人信息，那么在使用这些数据时就需要遵守相关的数据保护法规。例如，根据《生成式人工智能服务管理暂行办法》，如果需要将个人信息用于模型训练与优化，则应当明确告知并取得个人信息主体的同意；对于敏感个人信息，还需进行个人信息保护影响的事前评估并取得单独同意。

此外，数据的跨境流动也是一个需要关注的问题。不同国家和地区对数据跨境传输有不同的规定，这可能会影响全球范围内 AI 模型的开发和应用。例如，欧盟的 GDPR 对个人数据的跨境传输有严格的规定，这可能会影响欧洲以外的 AI 公司使用欧洲用户数据进行模型训练。

面对这些复杂的知识产权和数据使用问题，我们可能需要重新思考知识产权制度的目的和功能。传统的知识产权制度旨在通过赋予创作者专有权来激励创新。但在 AI 时代，创新的模式和速度都发生了变化，我们可能需要设计新的激励机制。

例如，我们可以考虑建立一种“数据贡献”机制，对于将自己的数据贡献给 AI 训练的个人或组织，给予一定的回报或权益。这不仅可以解决数据使用的合法性问题，还可能创造新的价值分配模式。

总的来说，知识产权与数据使用问题是 AI 发展中的关键挑战。我们需要在保护创新者权益、促进技术发展和维护公共利益之间找到平衡。这可能需要法律、技术和商业模式的创新。只有解决好这些问题，我们才能为 AI 的健康发展创造良好的环境，充分发挥 AI 的潜力，同时也保护各方的合法权益。

5.4　隐私和数据保护

大语言模型的训练和使用过程中涉及大量个人数据，这引发了严重的隐私和数据保护问题。这些问题不仅关系到个人权益，还涉及社会信任、商业伦理和国家安全等多个层面。主要涉及以下几个方面：数据收集和同意、数据安全、个人信息推断、遗忘权实施以及数据最小化原则等。

第一，数据收集和同意是一个核心问题。大语言模型的训练通常需要海量的文本数据，这些数据可能包含大量个人信息。然而，这些数据的收集往往缺乏明确的用户同意。例如，如果一个 AI 公司爬取社交媒体上的公开帖子用于模型训练，虽然这些帖子是公开的，但用户在发帖时可能并未预期或同意自己的信息被用于 AI 训练。这种行为可能违反 GDPR 等数据保护法规中的“目的限制”原则。

在中国，《个人信息保护法》要求处理个人信息应当取得个人的同意，除非法律、行政法规另有规定。而《生成式人工智能服务管理暂行办法》进一步明确，如果需要将个人信息用于模型训练与优化，则应当明确告知并取得个人信息主体的同意；对于敏感个人信息，还需进行个人信息保护影响的事前评估并取得单独同意。这对 AI 公司提出了很高的合规要求。

为解决这个问题，我们可能需要设计新的同意机制。例如，可以考虑建立一个中央化的“AI 数据使用同意平台”，让用户可以集中管理自己的数据使用偏好。或者，我们可以探索“分级同意”机制，根据数据的敏感程度和使用目的，设置不同级别的同意要求。

第二，数据安全是另一个重要问题。大规模数据集增加了数据泄露的风险。如果含有个人信息的训练数据被泄露，可能会对大量个人造成隐私侵害。例如，2023 年 3 月，ChatGPT 曾出现一个 bug，导致部分用户可以看到其他用户的聊天历史记录，这引发了广泛的隐私担忧。

为了应对这个挑战，AI 公司需要采取严格的安全措施保护训练数据。这可能包括加强数据加密、实施严格的访问控制、定期进行安全审计等。同时，监管机构可能需要制定专门针对 AI 训练数据的安全标准，并要求 AI 公司定期进行数据安全评估。

第三，个人信息推断是一个新兴的隐私问题。大语言模型可能从公开数据中推断出敏感的个人信息，这超出了原始数据收集的范围和目的。例如，通过分析一个人的社交媒体帖子，AI 可能推断出这个人的政治倾向、健康状况甚至性取向。这种“数据推断”可能构成对个人隐私的侵犯，但目前的法律框架对此还缺乏明确的规定。

为了解决这个问题，我们可能需要扩展现有的数据保护法律，将“推断数据”纳入保护范围。同时，我们可能需要对 AI 模型施加一些限制，例如禁止其推断某些特定类型的敏感信息。

第四，遗忘权的实施在 AI 时代面临新的挑战。个人要求删除自己的数据可能会影响已训练的模型，这给“被遗忘权”的实施带来了技术和法律挑战。例如，如果一个人要求删除所有与他相关的数据，这可能需要重新训练整个 AI 模型，这在技术上是极其困难的。

为了应对这个挑战，我们可能需要开发新的技术方案，例如“可选择性遗忘”的 AI 模型，允许在不重新训练整个模型的情况下删除特定数据的影响。同时，我们可能需要重新定义“遗忘”在 AI 背景下的含义，可能更多地关注于防止未来使用，而不是完全删除过去的影响。

第五，数据最小化原则与 AI 的大数据需求之间存在潜在冲突。数据保护法通常要求只收集必要的数据，而 AI 模型往往表现出“数据越多越好”的特性。这种矛盾可能需要通过技术和政策的创新来解决。

例如，我们可以探索“数据高效”的 AI 训练方法，使模型能够从更少的数据中学习。或者，我们可以建立数据共享机制，允许多个 AI 公司共享一个经过隐私保护处理的大型数据集，从而减少每个公司需要收集的数据量。

为解决这些问题，需要在技术和法律两个层面采取措施：

在技术层面，我们可以探索多种隐私保护技术：

（1）差分隐私：通过在数据中添加精心设计的“噪音”，保护个体隐私的同时保持数据的整体统计特性。

（2）联邦学习：允许在不共享原始数据的情况下训练 AI 模型，每个参与方只需共享模型更新。

（3）同态加密：允许在加密状态下对数据进行计算，从而在不暴露原始数据的情况下进行 AI 训练。

（4）安全多方计算：允许多个参与方在不泄露各自私有数据的情况下共同计算一个函数。

在法律层面，我们需要:（1）明确大语言模型训练中的数据使用规则，可能需要建立新的同意机制和数据权利框架。（2）加强对 AI 公司的监管，要求其进行定期的隐私影响评估和数据保护审计。（3）制定专门针对 AI 的数据保护标准，包括数据收集、存储、使用和删除的具体要求。（4）建立跨境数据流动的新规则，在保护隐私和促进 AI 发展之间找到平衡。（5）加强国际合作，协调不同国家和地区的数据保护政策，避免监管的碎片化。

此外，我们还需要加强公众教育，提高人们对 AI 隐私风险的认识。同时，鼓励 AI 公司采取“隐私设计”的方法，在产品设计的早期就考虑隐私保护问题。

第六章

人工智能引用规范

6.1 中国

《网络数据安全管理条例》

《新一代人工智能伦理规范》

《互联网信息服务算法推荐管理规定》

《互联网信息服务深度合成管理规定》

《生成式人工智能服务管理暂行办法》

《生成式人工智能服务安全基本要求》

《生成式人工智能服务内容标识方法》

《科技伦理审查办法（试行）》

《国家人工智能产业综合标准化体系建设指南》

《人工智能安全治理框架》

《国家人工智能产业综合标准化体系建设指南（2024 版）》

《非经营性互联网信息服务备案管理办法（2024 修订）》

《促进和规范数据跨境流动规定》

《互联网信息服务管理办法（2024 修订）》

《人工智能生成合成内容标识办法》

6.2 美国

《国家人工智能倡议法》

《2023 年数据隐私法案》

《人工智能权利法案蓝图》

美国国家标准与技术研究院（NIST）推出《人工智能风险管理框架》

美国加州《前沿 AI 模型安全创新法案》

美国律师协会（ABA）发布《生成式人工智能正式意见书》

6.3 欧盟

《人工智能法案》

《通用数据保护条例》

《数据治理法案》

《数据法案》

《人工智能与人权、民主和法治框架公约》

6.4 其他国家协会规则

英国《司法人员使用人工智能指南》

德国数据保护机构发布《人工智能和数据保护指南》

法国《如何部署生成性人工智能：CNIL 提供初步澄清》和《CNIL 关于使用生成性人工智能系统的问答》

韩国《处理人工智能（AI）开发和服务中使用“公开数据”标准指南》

第七章

用户行为规范

人工智能正在重塑法律行业。在提高服务效率、拓宽服务范围的同时，人工智能也带来了隐私、透明度和偏见等伦理挑战。用户在使用法律大模型时，应始终秉持谨慎、负责和透明的态度，确保其行为符合法律、伦理和道德的要求。以下行为规范旨在为用户提供明确的指引，帮助用户在享受技术便利的同时，避免因不当使用而引发的安全与伦理风险。

7.1 律师

7.1.1 防止 AI 幻觉

律师有责任确认向法院提交的内容真实、准确且适当。生成式人工智能并非搜索引擎，其生成的内容可能表面上合理、有逻辑，甚至与真实信息交织，但实际上存在错误。律师必须严格审查人工智能生成的内容，查阅权威资料，用专业的知识审核和验证人工智能的输出内容，必要时进行补充和改进。

7.1.2 杜绝偏见问题

在使用生成性人工智能时，律师应当意识到其生成内容或决策可能存在偏见并带来潜在风险。律师应当持续学习，识别、报告并解决潜在的人工智能偏见问题。结合人类进行的研究，用人类的批判性思维和分析能力，剖析和评估人工智能输出的内容，确保公正性。

7.1.3 杜绝证据伪造

在使用客户和其他人提供的证据时，律师须考虑客户或客户的代理人是否使用生成式人工智能伪造证据。律师有义务在证据提交前质疑证据的真实性，但不可通过声称真实证据被伪造而谋取利益。若客户或代理人可能使用人工智能伪造证据，律师应予以制止。

7.1.4 能力与勤勉义务

律师应了解生成式人工智能产品的工作原理、局限性、使用条款、使用方式以及利用客户数据的相关政策；须严格审查、验证和纠正使用过程中输入和输出内容，确保准确反映且支持客户当前事务中的利益和优先事项；避免过度依赖生成式人工智能，确保自身具备独立的法律专业知识和分析能力。

7.1.5 征求客户知情同意

律师有责任向客户解释哪些技术将用于哪些客户事务，如何使用该技术，以及使用该技术的获益和风险。同时，须审查可能限制生成式人工智能使用的、适用的客户指示或指导方针。执业律师必须“就实现委托人目标的手段与委托人进行合理协商”[1]。对客户相关的询问和疑虑，给予及时、准确的回应和解答，确保客户的问题得到妥善解决。

7.1.6 保密义务

在未经客户知情同意，无法确定人工智能是否能够提供足够的保密和安全保护的情况下，律师不得透露与客户有关的信息。

如果需要输入机密信息，律师或律师事务所应咨询 IT 专业人士或网络安全专家，确保该人工智能系统遵守严格的安全、保密和数据保留协议，确保人工智能产品提供商不与第三方共享输入的信息或以任何方式将信息用于培训或改进其产品等用途。

7.1.7 对律师代理人负责

律师有责任监督任何人使用生成式人工智能创建的工作成果，确保生成内容在各个方面准确可靠。如果律师代理人代表律师使用这项技术，律师仍然有责任了解该技术的应用内容，以及相关风险。

7.1.8 费用问题

生成式人工智能可能会减少律师的时间花费，律师应提供由于生成式人工智能创

1 American Bar Association. House of Delegates.（2006）. Model rules of professional conduct.

造的效率而产生的账单折扣，合理收取与人工智能相关的费用，并向客户披露费用明细。

7.1.9 符合法律规范

在使用生成式人工智能时，律师不得建议客户进行违法事项，不得在知晓某行为违反法律或法院规则的情况下帮助客户。涉及生成式人工智能的法律问题包括但不限于隐私法律、跨境数据传输法律、知识产权法律和网络安全问题，在使用生成式人工智能时，律师应仔细考虑使用该工具是否符合相关法律和法规。

7.2 司法人员

7.2.1 理解生成式人工智能及其局限性

法官及司法人员必须注意所使用的生成式人工智能的能力和局限，并在工作中使用或依赖所获得的任何资讯之前进行检查和核实。

7.2.2 不得转授司法职能

法官及司法人员应确保独立并亲自作出所有司法决定，且在任何情况下均不得允许生成式人工智能代替其履行司法职能，人工智能辅助结果仅可作为审判工作或审判监督管理的参考。各类用户有权选择是否利用司法人工智能提供的辅助，有权随时退出与人工智能产品和服务的交互。

法院对在司法决策中使用人工智能负有完全的责任，并对公众负责。法院须确保人工智能系统的透明度和可解释性，以便公众能够理解人工智能如何被使用，及其潜在影响。

7.2.3 对生成内容负责

司法人员在使用人工智能提供信息之前必须进行检查和核实，确保其准确和可靠，对以自身名义制作的材料负责。另外，由于生成式人工智能生成的信息会反映其训练数据中的任何偏见或错误信息，司法人员应始终注意出现偏见信息的可能性并及时纠正。

7.2.4 维护知识产权

将受知识产权保护的出版物上传至人工智能工具以获取摘要或分析等内容，有可能会侵犯作者的版权；同时直接引用摘录内容而不进行标注，亦可能产生版权问题。因此，司法人员应在法庭文件中标注使用或引用的任何资料的来源。

7.2.5 信息保密

避免在不安全的人工智能工具中输入任何尚未公开的、涉及隐私、机密或敏感的信息。如果可以，应禁用人工智能聊天机器人的聊天记录保存功能。若出现信息泄露风险，应及时向上级报告，采取措施降低不利影响。

7.3 普通用户

7.3.1 理解生成式人工智能及其局限性

1. 生成式人工智能不能提供针对具体案件的可靠法律建议。

2. 虽然生成式人工智能可以帮助识别和解释可能相关的法律和法律原则，但生成式人工智能不是搜索引擎，其答案并非来自权威来源，而是基于用户输入和其先前学习的信息进行预测，这些信息可能不准确。

3. 生成式人工智能可以辅助起草基本的法律文件，但不能确保完全符合要求。生成式人工智能不能理解特定案件的独特情况、文化和情感需求，以及社会和法律背景。

4. 生成式人工智能无法预测案件的成功概率或结果，也不能保证提供的信息总是相关、准确、完整、及时以及公正。

7.3.2 维护机密和隐私

在无法确定人工智能是否能够提供足够保密的环境以及安全保护的情况下，普通用户在使用人工智能咨询法律问题时，应注意保护个人隐私，确保在使用生成式人工智能工具时，没有向未经授权披露机密或敏感信息。

7.3.3 确保信息准确性

用户有责任确保提交给法院或仲裁庭的所有信息内容准确。普通用户须对生成内容进行甄别，避免为错误信息所误导。

7.3.4 注意道德问题

生成式人工智能根据其训练数据生成回复，这些数据通常来自互联网，会反映其训练数据中的偏见或错误信息。用户须意识到人工智能回答中可能存在偏见，应避免因偏见信息影响决策。

7.3.5 披露生成式人工智能的使用

若法院或仲裁庭要求，用户须向法院或仲裁庭披露生成式人工智能的使用情况。

7.3.6 符合法律法规

用户不得利用生成式人工智能制造错误、虚假信息，不得使用生成式人工智能伪造证据，如制造、捏造、夸大或削弱证据，为自己谋取利益。同时，所提交的人工智能生成内容应尊重知识产权，确保所依托的数据来源合法合规，避免造成侵权行为。

行业趋势篇

第一部分
PART ONE
法律 AI 市场

第一章
生成式 AI 产品介绍

1.1 国外知名通用模型

1.OpenAI——ChatGPT

ChatGPT 是一款由 OpenAI 公司开发的一款先进的对话式人工智能模型。其全名为 Chat Generative Pre-trained Transformer，于 2022 年 11 月 30 日正式发布。ChatGPT 基于预训练阶段所见的模式和统计规律，能够生成回答，并根据聊天的上下文进行互动，真正像人类一样进行聊天交流。

作为一款大型语言模型，ChatGPT 展现出惊人的自然语言处理能力，可以用通俗易懂的方式回答各种问题，撰写文章、代码、诗歌等内容，进行任务规划和决策分析。它的知识储备丰富，覆盖各个领域，而且能根据对话上下文做出相关联的回答，给人以人机对话般的体验。ChatGPT 最大的亮点在于对自然语言的理解和生成能力。无论是回答知识问题、进行写作创作，还是解决数理逻辑问题，它都表现出色。用户不需要掌握特定的查询语法，只需用普通话提出问题，就能得到全面详尽的解答。同时，ChatGPT 还具有较强的上下文关联能力，能根据对话过程动态理解并作出回应，避免了大多数传统问答系统仅针对单一问题的局限。在 OpenAI 的官网上，ChatGPT 被描述为优化对话的语言模型，是 GPT-4 架构的主力模型。它采用了一种基于深度学习的 Transformer 神经网络架构，这种模型能够处理序列数据，具有强大的语言理解和文本生成能力。

ChatGPT 大约历经 4 年的训练开发，期间 OpenAI 不断优化模型架构和参数。自发布以来，ChatGPT 迅速走红，注册用户数在短短 5 天内就超过 100 万。到 2023 年 1 月末，ChatGPT 的月活用户已突破 1 亿，成为史上增长最快的 AI 产品之一。此外，OpenAI 不断对 ChatGPT 进行升级和改进，推出了多个新版本和功能，如语音功能 ChatGPT Voice、安卓版 ChatGPT 等，进一步提升了 ChatGPT 的实用性和便捷性。

2.Google DeepMind——Gemini

Gemini 是一款由 Google DeepMind 推出的一个多模态大型语言模型系列，由谷歌 DeepMind 开发，是 LaMDA 的后继，属于 PaLM2 系列的新一代。Gemini 包含 Gemini Ultra、Gemini Pro 和 Gemini Nano，于 2023 年 12 月 6 日面世，被定位为与 OpenAI 的 GPT-4 抗衡的产品系列。它们针对不同的应用场景和需求进行了优化。这些模型在各种高度复杂的任务中提供最先进的性能，包括推理和多模态任务，能够在 TPU 加速器上高效地提供大规模服务。

Gemini 的发展历程标志着谷歌在 AI 领域的持续创新和进步。从最初的概念到最终的产品发布，Gemini 经历了多个阶段的测试和优化。2023 年 3 月，谷歌首次推出了 Bard 聊天机器人，该版本是使用在 2021 年发布的 LaMDA 大型语言模型开发的。2023 年 4 月 10 日，改用更强大的 PaLM 大型语言模型，以增强其运算能力并与 ChatGPT 竞争。2023 年 5 月 10 日，PaLM 被进一步更新为 PaLM2，这次的更新实现了多语言翻译与增强的逻辑推理能力。随后在 2023 年 5 月扩展到更多国家。2023 年 12 月 6 日，Bard 换用 Gemini Pro 大型语言模型，获得迄今为止对 Bard 最大的升级。得益于 Gemini Pro 模型，Bard 在文本理解，总结、推理、编码及规划等方面获得了一定程度的加强。到了 2024 年 2 月，Bard 改名为 Gemini，并在 Android 和 iOS 的 Google 应用程序上推出了新的 Gemini 应用程序。

3.Anthropic——Claude

Claude 是由 Anthropic 开发的一款先进的大型语言模型，旨在提供更安全、更可靠的人工智能对话体验。作为对 OpenAI 的 GPT 模型的直接竞争者，Claude 在设计上强调了对用户意图的理解和响应的一致性，以及在提供回答时的透明性和可预测性。它被设计来处理信息查询、内容生成、对话任务等，同时在处理这些任务时减少误差和生成不当内容的风险。

Claude 的开发始于 Anthropic 公司的成立，该公司由前 OpenAI 的 Dario Amodei 和 Daniela Amodei 兄妹团队创立，他们的目标是推动人工智能技术的道德和安全发展。Anthropic 特别注重在 AI 的开发过程中增加透明度和用户控制，以便更好地理解 AI 决策过程及其对人类影响的潜在后果。

自推出以来，Claude 在市场上表现出色，尤其是在教育、客户服务和内容创建等行业中得到了广泛应用。由于其设计初衷是为了提高 AI 的安全性和可靠性，Claude 在处理敏感内容和确保生成信息的质量方面展示了优势。此外，Anthropic 也通过持续的研究和更新，不断提高 Claude 的性能和用户体验，使其在竞争激烈的 AI 市场中保持领先地位。

总体来说，Claude 代表了 AI 对话系统的一个重要进步，其对安全和伦理的关注在业界中尤为突出。随着技术的不断进步和市场需求的增长，Claude 和 Anthropic 预计将继续扩大其在全球 AI 技术应用中的影响力。

4.Meta Platforms（原名 Facebook）——Meta AI

基于 Llama 3 构建的 Meta AI 是 Meta Platforms（原 Facebook）旗下的一个先进的人工智能助手。Llama 3 作为一个强大的语言模型，提供了支撑 Meta AI 各项功能的技术基础。Meta AI 整合了 Meta Platforms 旗下的多个社交媒体平台，如 Facebook、Instagram、WhatsApp 和 Messenger，使用户能够在这些平台上高效完成任务、获取信息、进行社交和创造内容。

Meta AI 的主要特点是其跨平台的集成能力和多功能性。它可以帮助用户完成从简单的信息查询到复杂的任务规划等多种操作。此外，Meta AI 还能生成高质量的文本和图像，支持用户在内容创作上的需求。由于 Llama 3 的多模态能力，除了处理文本信息，Meta AI 也能理解和生成图像，支持更丰富的用户交互体验。例如，在用户浏览 Facebook Feed 时，Meta AI 可以直接提供相关内容的深入信息或者基于用户的描述动态生成图像。

Meta AI 作为一个集成多平台功能的 AI 助手，有其独特优势。通过提供一个无缝的跨应用体验，它极大地增强了用户的便利性和平台的吸引力。在社交媒体和通信领域，Meta AI 提升了用户参与度和满意度，从而直接影响了广告收入和用户留存率。

而 Llama 作为一个开源模型，这意味着它的发展可以受益于全球开发者的贡献和改进，开源属性使得 Llama 3 在创新速度和透明度上有独特优势，比如可能使其在多模态应用开发上更加灵活和广泛。

总体来看，基于 Llama 3 的 Meta AI 通过其跨平台能力、多模态处理以及开源的优势，在全球市场中占有一席之地，尤其在提高用户互动和扩展新功能方面显示出强大的潜力。

1.2 国内知名通用模型

1. 深度求索——DeepSeek

深度求索（DeepSeek）作为中国人工智能领域的新兴力量，自 2023 年 5 月从对冲基金公司 High-Flyer 分拆独立以来，凭借其“高性能、低成本”的核心理念迅速崛起。公司专注于推动 AI 技术的普惠化，尤其在自然语言处理和推理模型领域表现突出，其核心产品 DeepSeek-V3 和 DeepSeek-R1 通过技术创新与生态合作，正在全球范围内重塑 AI 行业的竞争格局。

在技术架构上，DeepSeek-V3 和 DeepSeek-R1 体现了差异化的设计思路。DeepSeek-V3 作为通用型大语言模型，采用混合专家（MoE）架构，拥有 6710 亿参数，每次激活 370 亿参数，能够高效处理文本、图像、音频等多模态任务，并在知识问答、内容生成等场景中表现出色。其训练成本仅为 557.6 万美元，约为 GPT-4 的 1/20，但性能在 MMLU、GPQA 等基准测试中接近 GPT-4o 和 Claude-3.5-Sonnet，中文能力尤为突出。而 DeepSeek-R1 则专注于复杂推理任务，采用稠密 Transformer 架构，通过强化学习和冷启动技术，无须大量监督微调即可激发模型潜力。在数学、代码生成等领域，其 MATH-500 测试准确率达 97.3%，超越 OpenAI o1-1217，适用于科研计算、算法交易等高精度场景。两者的互补性不仅覆盖了通用与专业需求，还通过模型蒸馏技术实现轻量级部署，例如 R1 的蒸馏版参数可压缩至 1.5B 至 70B，适配华为昇腾、摩尔线程等国产硬件，降低本地化部署门槛。

生态合作是 DeepSeek 成功的关键因素之一。公司积极拥抱开源策略，公开模型权重和训练细节，吸引了全球开发者参与技术共建。同时，其模型已与多家国产 AI 芯片厂商完成适配，包括华为昇腾、海光 DCU 等，推动了国产 GPU 在 AI 领域的应用突破。在国际合作方面，英伟达、亚马逊 AWS、微软 Azure 等巨头纷纷接入。国内 DeepSeek 模型已嵌入京东云、阿里云等国内云平台。

市场表现方面，DeepSeek 凭借低成本与高效能的结合迅速占领市场。其 API 价格优势明显，为中小企业和个人用户提供了灵活、低成本的 AI 解决方案，吸引中小规模企业广泛采用。DeepSeek 已成为 2025 年全球增长最快的 AI 应用之一。

总体而言，深度求索通过开源生态、国产硬件适配与全球化合作，构建了“技术—产业—应用”的全链条竞争力。其产品矩阵既填补了通用 AI 与专业推理之间的市场空白，又通过成本控制推动技术普惠，为中国 AI 技术的全球话语权提升提供了新范式。未来，随着更多行业场景的落地，DeepSeek 或将成为全球 AI 赛道中不可忽视的中国力量。

2. 百度——文心一言

文心一言（ERNIE Bot）是百度全新一代知识增强大语言模型，能够与人对话互动，回答问题，协助创作，高效便捷地帮助人们获取信息、知识和灵感。文心一言是知识增强的大语言模型，基于飞桨深度学习平台和文心知识增强大模型，持续从海量数据和大规模知识中融合学习具备知识增强、检索增强和对话增强的技术特色 。

2023 年 3 月 16 日，百度开启文心一言邀请测试。 文心一言从数万亿数据和数千亿知识中融合学习，得到预训练大模型，在此基础上采用有监督精调、人类反馈强化学习、提示等技术，具备知识增强、检索增强和对话增强的技术优势。

2023 年 5 月，百度文心大模型 3.5 版本已内测可用。 在基础模型升级、精调技术创新、知识点增强、逻辑推理增强、插件机制等方面创新突破，取得效果和效率的提升。

2023 年 8 月 31 日，文心一言率先向全社会全面开放。9 月 13 日，百度发布文心一言插件生态平台“文心智能体平台”。2024 年 4 月 16 日，百度创始人、董事长兼首席执行官李彦宏在 Create 2024 百度 AI 开发者大会上表示，文心一言用户数已超 2 亿，API 日均调用量也突破了 2 亿，服务客户数达到 8.5 万，千帆平台 AI 原生应用数超过 19 万。

2023 年 10 月 17 日，百度世界 2023 大会上，李彦宏宣布文心大模型 4.0 正式发布，开启邀请测试。文心大模型 4.0 是迄今为止最强大的文心大模型，实现了基础模型的全面升级，在理解、生成、逻辑和记忆能力上都有着显著提升。

文心一言定位于人工智能基座型的赋能平台，将助力金融、能源、媒体、政务等千行百业的智能化变革，最终“革新生产力工具”。文心一言有五大能力，文学创作、商业文案创作、数理逻辑推算、中文理解、多模态生成。它不仅可以回答各种类型的问题，包括历史、科学、文化、娱乐、体育等主题，还能提供建议和信息，帮助用户在旅游、购物、健康、职业发展等方面作出决策。同时，文心一言还支持文本创作，能够生成诗歌、小说、新闻、电子邮件、商业文案等多种类型的文本。此外，它还能进行逻辑推理、上下文推理、脑筋急转弯和数学题计算等任务，甚至在聊天和交流方面也能展现出自然流畅的特点。

目前，文心一言在市场中的表现十分亮眼。作为百度在自然语言处理领域的杰出代表，文心一言的用户规模和日均调用量的快速增长不仅反映了市场对 AI 技术的旺盛需求，也体现了百度在 AI 技术研发和应用方面的深厚实力。同时，文心一言还在金融、能源、媒体、政务等多个领域展现出广泛的应用潜力，助力千行百业的智能化变革。未来，随着 AI 技术的不断发展和应用场景的不断拓展，文心一言将继续发挥其在自然语言处理领域的优势，为人类社会的进步贡献更多力量。

3. 阿里云——通义千问

通义千问是由阿里云自主研发的大型语言模型，它代表了阿里巴巴在人工智能和自然语言处理领域的前沿成果。这款产品旨在通过先进的人工智能技术，提供自然语言处理、多模态理解和多语言支持等功能，以满足用户在工作、学习和生活中的多样化需求。该模型具备强大的对话理解和推理能力，能够根据对话历史和上下文进行对话生成，提供的回答既准确又富有相关性和解决方案性。

在功能方面，通义千问不仅能够回答常识性问题、提供专业知识、解释复杂概念，还能进行创作写作、辅助决策、参与多轮对话等，充分展示了其在自然语言处理上的综合能力。它能够适应不同的场景需求，无论是日常生活咨询、学术研究探讨，还是创意灵感激发，都能给予用户有价值的帮助。此外，依托于阿里云的强大计算能力和丰富数据资源，通义千问能够持续学习进化，提升用户体验。

发展历程上，通义千问的推出是阿里巴巴长期投入人工智能技术研发的成果体现。阿里巴巴集团作为中国领先的互联网科技企业，在云计算、大数据、人工智能等领域有着深厚的积累。通义千问的问世，是经过多轮技术迭代、算法优化和实际应用测试的结果，标志着阿里云在人工智能技术上迈入了一个新的阶段，同时也是对全球范围内智能语言模型竞争格局的有力响应。

通义千问前身系阿里达摩院 M6 项目，自 2020 年启动以来，经过不断的迭代和升级，模型参数规模从最初的 3 亿迅速增长到 10 万亿，成为全球首个 10 万亿参数多模态大模型。2022 年 9 月，达摩院发布“通义”大模型系列，通义千问作为其中的一员，进一步巩固了其在大型语言模型领域的领先地位。

目前，通义千问在市场上的表现十分亮眼。它已经接入集简云内置应用，与数百款应用进行连接，实现了广告推广和 CRM 的自动化运营。同时，通义千问还宣布开源了 1100 亿参数模型 Qwen1.5-110B，成为通义千问全系列中首个达到千亿级参数的开源模型。这一重大进展不仅彰显了通义千问在大型语言模型领域的持续创新和领先地位，也为全球开发者提供了更多选择和可能性。

综上所述，通义千问作为阿里巴巴在人工智能领域的重要布局，凭借其强大的功能和持续的迭代升级，已成为国内外备受关注的 AI 大模型之一。其市场表现和用户反馈均显示出通义千问在 AI 领域的竞争力，特别是在中文处理能力上的优势。随着 AI 技术的不断进步和应用场景的拓宽，通义千问未来的发展潜力值得期待。

4. 腾讯——混元大模型

混元大模型是由腾讯研发的大语言模型，具备强大的中文创作能力、复杂语境下的逻辑推理能力，以及可靠的任务执行能力。它基于 Transformer 神经网络架构，拥有万亿参数规模，能够处理超长文本，并通过位置编码优化技术提升了长文处理效果和性能。

目前，混元大模型已覆盖四大核心能力：多轮对话、内容创作、逻辑推理、知识增强。多轮对话方面，混元大模型具备上下文理解和长文记忆能力，可流畅完成各专业领域的多轮对话。内容创作方面具备文学创作、文本摘要、角色扮演等创作能力，具有流畅、规范、中立、客观的特点。逻辑推理方面能够准确理解用户意图，基于输入数据或信息进行推理、分析；支持 fuctioncall，灵活并精准拆解任务，完成第三方接口调用。知识增强方面，混元大模型基于 RAG 技术，能够有效解决事实性、时效性问题，提升内容生成效果。支持多模态，混元生文基于人机自然语言对话的方式，可结合输入的文本或图片输出相关文本内容，可文本生成、创作、问答等场景服务各类行业；拥有文字生成图像的能力，用户只需输入指令，即可将奇思妙想变成图画；文字可生成视频内容；支持基于图片做理解和问答。应用场景丰富多样，从文档创作、会议场景、广告场景到营销场景，它都能提供相应的智能化服务，提高工作效率和质量。此外，混元大模型还应用于腾讯电子签等场景，利用 AI 智能文件审查系统识别合同风险条款，便于企业把控合同风险。

混元大模型自 2023 年 9 月 7 日正式亮相，参数规模超千亿，预训练语料超 2 万亿 tokens。2023 年 10 月 26 日，新增“文生图”功能，展示了其在图像自动生成领域的领先能力。2024 年 3 月 20 日，参数规模扩展至万亿级别，采用混合专家模型结构。2024 年 5 月 13 日，DiT 架构全面升级，支持中英文双语输入及理解，具备多轮绘图能力。技术原理方面，混元大模型采用了全新的 DiT 架构（Diffusion With Transformer），这是基于 Transformer 架构的扩散模型，类似于 OpenAI Sora 和 Stable Diffusion 3 的关键技术。

腾讯混元大模型在 2023 年 9 月 7 日正式亮相后，迅速引起了业界的广泛关注。在 2023 中国国际智能产业博览会上，腾讯集团副总裁、政企业务总裁李强表示，腾讯自研的混元大模型将于近期正式对外发布。2023 年 12 月，国家大模型标准测试通过名单公布，混元在列。2024 年 5 月 14 日，腾讯宣布旗下的混元文生图大模型升级并对外开源，已经在 Hugging Face 平台及 Github 上发布，包含模型权重、推理代码、模型算法等完整模型，可供企业与个人开发者免费商用。总体来说，混元大模型凭借其强大的中文创作能力、复杂语境下的逻辑推理能力，以及可靠的任务执行能力，在文本生成、创作、问答等场景服务各类行业，展现出广阔的应用前景和市场潜力。

5. Moonshot AI 月之暗面——Kimi

Kimi 是由北京月之暗面科技有限公司（Moonshot AI）推出的一款智能助手产品，

自 2023 年 10 月 9 日正式发布以来，迅速在市场上崭露头角。这款产品主要专注于长文本处理领域，具有显著的技术优势和广泛的应用场景。

产品简介与特点方面，Kimi 能够支持中文和英文等多种语言，是全球首个支持输入 20 万汉字的智能助手产品，单轮输出最多可达 3000 字。其升级后的长文本能力更是达到了尚未上线的 GPT-4.5 Turbo 的 10 倍。这一特点使得 Kimi 在处理专业学术论文、法律文件等长文本时，以及在处理各种格式的文档，包括 PDF、Word、PPT、Excel 等时，都具有更高的效率和准确性。此外，Kimi 还在 2024 年 3 月启动了 200 万字无损上下文内测，进一步提升了其处理复杂文本的能力。

在功能介绍上，Kimi 主要拥有六项核心功能：长文总结和生成、联网搜索、数据处理、编写代码、用户交互以及翻译。这些功能使得 Kimi 能够广泛应用于专业学术论文的翻译和理解、辅助分析法律问题、快速理解 API 开发文档等多个领域。同时，Kimi 还支持语音输入、输出和播报，为用户提供了更加便捷的使用体验。Kimi 的核心竞争力还体现在其出色的网页阅读与理解能力上。它能够迅速抓取并理解网页内容，不仅为用户提供文章的精练总结，还能在海量数据中快速提取信息，整合成逻辑连贯的回答，这对于需要处理大量信息的用户而言，无疑是极大的便利。此外，Kimi 还具备多语言对话能力，无论是中文还是英文，都能与用户进行流畅沟通，解答各式各样的问题。

发展历程方面，Kimi 自 2023 年 10 月推出以来，经历了多次技术更新和功能升级。2024 年 4 月，月之暗面公司宣布 Kimi 大模型学会了“使用工具”，API 已支持 Tool Calling 功能，进一步提升了其智能化水平。同年 5 月，Kimi 推出了付费打赏功能，开始试探 C 端付费意愿，展现了其商业化运营的潜力。

目前市场表现情况方面，Kimi 凭借其卓越的技术能力和广泛的应用场景，迅速获得了用户的认可和市场的青睐。Kimi 智能助手在效率（免费榜）排名从 2024 年 1 月 14 日的第 436 名提升至 3 月 19 日的第 11 名，用户下载量也呈现快速增长的趋势。此外，Kimi 还引发了“Kimi 概念股”的狂飙猛涨，成为市场上的热门话题。

综上所述，Kimi 作为一款全球领先的智能助手产品，凭借其强大的长文本处理能力和广泛的应用场景，被视为国内 AI 领域的一匹黑马，正在逐步改变人们的生活和工作方式。随着技术的不断进步和市场的不断拓展，相信 Kimi 将会在未来展现出更加广阔的前景。

6. 字节跳动——豆包

字节跳动推出的“豆包”是一款基于先进人工智能技术的大语言模型产品，它标志着字节跳动在 AI 领域的又一重要布局。豆包这个名字既亲切又具象，透露出字节跳动意欲打造的不仅仅是一个工具，而是一个更加贴近用户、有温度的智能伴侣。豆包的背后是云雀模型的强力驱动，这一模型集成了当前最前沿的自然语言处理技术，赋予豆包以强大的语境理解与生成能力。

豆包的功能设计丰富多样，旨在满足用户的多种需求。其技术亮点主要体现在先进的语音识别、自然语言处理、视觉识别和人脸识别等方面。它不仅能准确理解用户的指令和问题，还具备强大的视觉识别能力，能够识别和跟踪人物、物体和场景。此外，豆包还采用了机器学习和深度学习算法，通过不断学习和优化，能够提供更精准的回答和个性化的建议。

在功能方面，豆包提供了聊天机器人、写作助手以及英语学习助手等多项实用功能。它能够与用户进行流畅自然的对话，提供从日常交流到专业咨询的广泛服务；同时，它还扮演着写作助手的角色，帮助用户构思创意、编辑文本，甚至在英语学习方面也能提供有效辅导。豆包通过实时捕获与头条内容同源的搜索结果，为用户提供全面且时效性强的信息反馈，尤其是在新闻查询领域，能够汇集各大新闻网站的最新动态，实现“一站式”资讯服务。目前，豆包大模型正在通过字节跳动旗下的火山引擎向企业市场开放服务，已经与 OPPO、荣耀、小米、三星、华硕等智能终端厂商建立合作，豆包被集成到小米、OPPO 等手机品牌的智能助手之中，通过精准生动的语音交互，拓展了 AI 智能体的应用场景。

豆包的发展历程可以追溯到 2023 年 8 月，最初以 AI 对话产品 Grace 的新版本面貌出现，并随后更名并启动了小范围的邀请测试。随着时间推移，豆包逐步开放给更多用户，到 2024 年 5 月，豆包 App 的总下载量已达到 1 亿次，这一数字充分展现了豆包在市场上的强劲表现。此外，豆包还在多个业务场景中得到了应用，如办公智能助手、电商导购、营销创作等，其日调用量达到了惊人的 1200 亿 tokens（约 1800 亿汉字），图片生成量也超过 3000 万张。豆包的推出，也是字节跳动在 AI 技术商业化探索上的重要一步，显示了其在 AI 大模型领域的深厚积累和市场野心。

目前，豆包在市场上的表现可圈可点，获得了用户和业界的广泛关注。通过与多家硬件厂商的合作，豆包得以迅速扩大用户基础，其人性化的交互设计、丰富的功能性以及与字节跳动庞大内容生态的紧密联动，使得它在众多 AI 智能产品中脱颖而出。用户反馈普遍积极，尤其是对豆包在信息整合、个性化服务以及娱乐互动方面的表现给予了高度评价。尽管面对国内外其他 AI 助手的竞争，豆包凭借其特色功能和持续的技术优化，正在逐步构建自己的市场地位，成为人工智能领域一颗冉冉升起的新星。

7. ABAB6.5 模型——MiniMax

ABAB6.5 模型是 MiniMax 推出的 MoE 大语言模型，以其独特的架构和卓越的性能，在人工智能领域引起了广泛关注。该模型基于 Mixture-of-Experts（MoE）架构，旨在通过集成多个专家网络来提高模型的扩展性和效率。

Minimax 使用的大语言模型架构是国内发布的首个 MoE 架构，它在单位时间内能够训练更多的数据，显著提升了模型的性能和效率，提供了更好的多模态理解和多语言支持。MiniMax 还自研了高效的 MoE 训练和推理框架，也发明了一些 MoE 模型的训练技巧。MoE 全称专家混合（Mixture-of-Experts），是一种集成方法，其中整个问题被分为多个子任务，并将针对每个子任务训练一组专家。MoE 模型将覆盖不同学习者（专家）的不同输入数据。

2024 年 4 月 17 日，MiniMax 正式推出 abab 6.5 系列模型。abab 6.5 系列包含两个模型：abab 6.5 和 abab 6.5s。abab 6.5 包含万亿参数，支持 200k tokens 的上下文长度；abab 6.5s 跟 abab 6.5 使用了同样的训练技术和数据，但是更高效，支持 200k tokens 的上下文长度，可以 1 秒内处理近 3 万字的文本。在各类核心能力测试中，abab 6.5 开始接近 GPT-4、Claude-3、Gemini-1.5 等世界上最领先的大语言模型。

MiniMax 的大语言模型在市场上表现抢眼。在 B 端市场，MiniMax 开放平台已为企业和开发者提供了安全、灵活、可靠的 API 服务，助力他们快速搭建 AI 应用。自平台发布以来，MiniMax 已陆续服务了近 20，000 家企业客户和开发者，其中包括金山办公、小红书、腾讯、小米和阅文等多家头部互联网公司。在 C 端市场，MiniMax

也推出了多款基于 MoE 大语言模型的原生应用，如海螺 AI 和星野等，为用户提供丰富的智能体验和个性化的服务。这些应用的推出不仅提升了用户的使用体验，也进一步扩大了 MiniMax 在市场上的影响力。

8. 智谱 AI——智谱清言

智谱清言是北京智谱华章科技有限公司研发的一款专注于自然语言处理与知识图谱技术的创新性产品。通过认知大模型链接物理世界的亿级用户，智谱 AI 基于完整的模型生态和全流程技术支持，为千行百业带来持续创新与变革，加速迈向通用人工智能的时代。

2023 年 8 月作为国内首批通过备案的大模型产品，AI 生成式助手“智谱清言”正式上线；2023 年 10 月推出新一代多模态大模型 CogVLM，并发布全面升级的 ChatGLM3 模型及相关系列产品。该产品结合了最新的 AI 研究成果，旨在通过深度学习和大规模知识图谱构建，为企业和个人用户提供智能化的信息检索、知识管理和智能问答服务。智谱清言的特点在于其强大的语义理解和信息抽取能力，能够从海量文本数据中自动挖掘实体关系，构建高质量的知识网络，进而支持精准的语义搜索和复杂的知识推理。基于智谱 AI 自主研发的中英双语对话模型 ChatGLM2，经过万亿字符的文本与代码预训练，并采用有监督微调技术，为用户提供智能化服务。它具备“通用问答、多轮对话、创意写作、代码生成以及虚拟对话”等丰富能力，同时还将不断开放多模态等生成能力。

在功能方面，智谱清言不仅提供了一个高效的知识图谱构建平台，允许用户根据自身需求定制化地构建行业知识库，还集成了智能问答模块，能够针对特定领域的问题给出准确、详细的答案。此外，它还支持文本生成、情感分析、事件抽取等高级自然语言处理任务，广泛适用于多个行业场景，帮助用户在庞杂的信息中快速定位关键知识，提升工作效率和决策质量。

发展历程上，智谱清言依托于智谱华章在人工智能领域的深厚积累，自 2019 年成立以来，一直专注于 AI 大模型的研发，推出了多个版本的对话大模型，包括 ChatGLM 系列模型和最新的第四代多模态基座大模型 GLM-4 系列。智谱清言作为智谱 AI 的重要产品之一，其上线标志着智谱 AI 在生成式 AI 领域取得了重要的突破。

目前市场表现方面，智谱清言凭借其在知识管理与智能分析领域的突出性能，受到了来自政府、企业、学术机构等多方面的关注和好评。其定制化知识图谱解决方案已经助力多家企业提升了业务效率和智能化水平，实现了知识的有效管理和应用。随着人工智能技术的日益成熟和市场需求的不断增长，智谱清言正逐步扩大其市场影响力，成为推动行业智能化转型的重要力量。尽管作为一款专业性强的产品，其市场知名度可能不如某些消费级应用，但在专业领域内，智谱清言正稳步构建其品牌口碑和技术壁垒，前景可期。

第二章

法律科技市场简述

2.1 当前国内法律科技市场概述

2.1.1 大语言模型国内算法备案情况

目前，国内法律大模型相关的产品层出不穷，市场上可谓百花齐放。在此为了确保信息的准确性和权威性，避免可能的混淆，下文所列举的产品均以正式备案的为准。以求为读者提供可靠的参考。

截至国家互联网信息办公室发布的第七批备案公告，与法律科技相关的境内深度合成服务算法备案情况（见表 1）[1]。

表 1

序号	算法名称	角色	主体名称	应用产品	主要用途	备案编号	备案批次
1	得理法律大模型算法	服务提供者	深圳得理科技有限公司	得理法搜（网站）、得理法搜（小程序）、得理法搜（App）	应用于文本生成场景，解答法律问题	网信算备440305335838301240017号	2024年4月
2	律皓法管家大模型生成算法	服务提供者	贵州律皓科技有限公司	律皓法管家（公众账号）、法管家（小程序）、法管家（App）、法管家（网站）	应用于文本生成场景，实现法律咨询、合同审查等功能	网信算备520111724105501240011号	2024年4月
3	浮云法律大语言模型算法	服务提供者	杭州浮云网络科技有限公司	AI法律数字人（网站）	应用于对话生成场景，生成法律建议和解答等回复文本	网信算备330105067359501240017号	2024年4月

1 中共中央网络安全和信息化委员会办公室、中华人民共和国国家互联网信息办公室：《互联网信息服务算法备案系统》《境内深度合成服务算法备案清单》，载 https://beian.cac.gov.cn/#/index。

续表

序号	算法名称	角色	主体名称	应用产品	主要用途	备案编号	备案批次
4	百事通法律咨询内容增强生成算法	服务提供者	上海百事通信息技术股份有限公司	百事通法律智能问答助手（小程序）	应用于对话生成场景，生成法律咨询服务领域文本回复	网信算备 310104629365401240013 号	2024 年 4 月
5	炽卯 AI 合规大模型算法	服务技术支持者	北京炽卯科技有限公司	—	应用于对话生成场景，生成文本智能回答	网信算备 110105620302101240019 号	2024 年 4 月
6	智小律法律咨询算法	服务提供者	苏州百思特企业管理有限公司	智小律（小程序）	应用于对话生成场景，生成法律咨询建议相关回复	网信算备 320506311130701240013 号	2024 年 6 月
7	富问法律大模型算法	服务提供者	上海富问信息科技有限公司	富问 AI 法律家（网站）	应用于智能对话场景，主要用于法律领域	网信算备 310114637469901240011 号	2024 年 6 月
8	元典问达法律信息生成算法	服务提供者	北京华宇元典信息服务有限公司	元典问达（网站）	应用于文本生成场景，主要用于法律领域	网信算备 110108741746601240015 号	2024 年 6 月
9	犇月律猫智能对话算法	服务提供者	厦门犇月科技有限公司	律猫（小程序）	应用于文本生成场景，生成符合用户需求的文本内容	网信算备 350203419344001240011 号	2024 年 6 月
10	天聚地合智警大模型深度合成算法	服务技术支持者	天聚地合（苏州）科技股份有限公司	—	应用于文本生成场景，生成法律知识、办案规范等文本	网信算备 320506857677801240013 号	2024 年 6 月
11	中国法研法律服务内容生成算法	服务提供者	中国司法大数据研究院有限公司	法研大脑开放平台（小程序）、法研大脑开放平台（网站）、北斗星金融司法智库（其他）	应用于文本生成场景，根据用户输入的文本信息，生成符合用户需求的文本内容	网信算备 110107180466101240011 号	2024 年 8 月

续表

序号	算法名称	角色	主体名称	应用产品	主要用途	备案编号	备案批次
12	熊猫AI法律数智平台智能内容生成算法	服务提供者	广州睿律智能科技有限公司	熊猫AI法律数智平台（网站）、熊猫AI智法助理（小程序）	应用于文本生成场景，根据用户输入的法律问题文本，生成法律咨询相关的文本内容	网信算备440106272947301240017号	2024年8月
13	法保网AI法律咨询助手算法	服务技术支持者	浙江法之道信息技术有限公司	—	应用于文本生成场景，服务于企业端客户，根据用户输入的文本信息，生成符合用户需求的文本内容	网信算备330108814876301240019号	2024年8月
14	法能手元月大模型算法	服务提供者	湖南群林科技有限公司	法能手（App）、法能手（小程序）	应用于智能对话场景，根据用户输入的文本信息，生成符合用户需求的文本回复，主要用于法律领域	网信算备430104223092501240015号	2024年8月
15	阿莱门法律大模型算法	服务技术支持者	北武阿莱门智能科技（武汉）有限公司	—	应用于文本生成场景，服务于企业端客户，根据用户输入的文本信息，生成符合用户需求的文本内容	网信算备420111038113801240011号	2024年8月
16	AI法律助理一氏算法	服务提供者	上海芳邻网络技术有限公司	AI法律助理一氏（小程序）	应用于文本生成场景，根据用户输入的文本信息，生成符合用户需求的文本内容，主要用于法律领域	网信算备310151791976001240017号	2024年8月
17	PowerLaw大模型算法	服务提供者	北京幂律智能科技有限责任公司	ChatMe智能法律助手（网站）	应用于对话生成场景，根据用户输入的问题和上传的文本内容，生成法律相关内容，提供法律问答、法律文本生成、法律文本分析等服务	网信算备110105458011301240013号	2024年8月
18	麦伽智能法律大模型算法	服务提供者	北京麦伽智能科技有限公司	麦伽 LegalAID（网站）	应用于文本生成场景，根据用户输入的法律咨询内容，生成相关的文本	网信算备110108776193101240013号	2024年8月

序号	算法名称	角色	主体名称	应用产品	主要用途	备案编号	备案批次
19	百事通法律咨询语音对话生成算法	服务提供者	上海百事通信息技术股份有限公司	百事通 AI 法律助理（3D 形象）（网站）	应用于对话生成场景，根据用户的语音提问内容，生成相关法律条款、案例解读和操作建议等音频回复	网信算备 310104629365401240021 号	2024 年 8 月
20	新致司法类案检索 LSTM 生成	服务提供者	上海新致软件股份有限公司	文书查找机器人（网站）	应用于文本生成场景，根据用户输入的司法领域相关的查询内容，生成包含相似案例和判决结果的类案	网信算备 310115484137601240017 号	2024 年 8 月
21	金溪欣海商法大模型算法 -2	服务技术支持者	北京金溪欣网络科技有限公司	—	应用于对话生成场景，服务于企业端客户，根据用户输入的海商法领域咨询问题，生成相应的回复文本	网信算备 110108810785101240019 号	
22	金溪欣海商法大模型算法 -1	服务提供者	北京金溪欣网络科技有限公司	船博海商法 AI 助手（网站）	应用于对话生成场景，根据用户输入的海商法领域咨询问题，生成相应的回复文本	网信算备 110108810785101240027 号	
23	AI 法源智能生成算法	服务提供者	北京智道法源科技有限公司	AI 法源（小程序）	应用于智能对话场景，根据用户输入的文本，生成符合用户需求的文本回复	网信算备 110108884862901240019 号	

2.1.2 国内法律科技市场现状

我国法律科技市场正处于重要发展机遇期，技术创新与政策支持共同驱动行业变革。当前市场仍处于早期阶段，融资主要集中于在线法律服务细分领域，包括法税服务、商事纠纷调解、小额诉讼处理等赛道。技术发展呈现多元化趋势，尽管法律垂类大模型尚处起步阶段，但其改变行业格局的潜力已初步显现。值得关注的是，以 DeepSeek-R1 为代表的通用大模型通过技术溢出效应，正为法律科技领域注入独特价值。该模型 API 定价为 OpenAI 同类产品的 1/50，显著降低了企业技术应用门槛，推动合同智能审查、法律文书自动生成等场景的效率提升。这种技术普惠性使中小法律科技公司可借助模型蒸馏技术，基于通用大模型的底层能力快速构建垂直工具，形成

“AI 平权”效应。

技术演进层面，大模型备案制度的实施加速了行业规范与标准体系建设。在数据安全与隐私保护监管趋严的背景下，大模型技术已在法律咨询、文书生成等通用场景中取得一定突破，服务准确性与可靠性持续加强。现阶段，“法律专业人士 +AI”的人机协作模式仍是市场主流。值得注意的是，通用大模型与垂类法律大模型呈现互补趋势：前者通过架构优化降低算力需求，后者聚焦专项能力提升，两者的协同正推动广义技术突破与垂直场景落地的动态平衡。

除新兴技术外，传统数字化技术的生命力依然强劲。行业共识表明，法律服务的数字化进程将在中长期保持核心赛道地位。与此同时，生成式 AI 的爆发式增长反向推动云服务普及，为 SaaS 产品市场创造了广阔机遇。

另外，区块链技术在电子证据保全领域的应用正在加速，智能辅助办案系统的功能也在持续完善。众多的技术创新正在重塑法律服务模式，创造新的市场机会。

从需求端来看，政府部门特别是法院系统作为主要采购方，展现出强劲的数字化转型需求[1]。目前，国家法律法规数据库持续完善，截至 2023 年年底，访问量累计达 14 亿次。数字法院大脑初步实现全国法院智能服务共建共享和规模化应用，累计提供 78 亿次智能化服务。人民法院调解平台应用范围深度拓展，实现平均每分钟 95 件纠纷成功在线化解。以上充分反映了相关市场的巨大潜力。

除了法院系统作为主要的采购主体，持续推进智能化建设，全国检察机关也在积极建设智慧检务平台。上海[2]、贵州等地积极搭建检察数据应用创新平台，对电子卷宗、智能辅助办案、政法协同等功能有强劲需求。各级行政部门则重点推进“互联网 + 监管”系统建设，继续致力于建设法律法规库和企业信用信息库。2023 全年已推送信用评级数据 46 亿余条、风险预警线索 8.1 万余条。全国行政复议一张网基本形成，各级行政复议机构已接入工作平台。

从发展机遇来看，政策支持力度持续加大，数字法治建设和智慧法院建设进入深

1 国家互联网信息办公室：《国家信息化发展报告（2023 年）》，载中国政府网 2024 年 9 月 8 日，https://www.gov.cn/lianbo/bumen/202409/content_6973030.html。

2 王闲乐：《上海大力推进“数字法院”建设 运行体系趋于完善》，载人民网 2023 年 11 月 13 日，https://www.shanghai.gov.cn/nw4411/20231113/ff17072e68744d288abdc0f7b47acdac.html。

化阶段，各地政府也在积极推动数字化转型。典型案例显示，深圳龙岗区已将深度优化的 DeepSeek 通用模型部署于政务系统，标志着 AI 技术加速进入实体应用阶段。技术层面，大模型等新技术的突破带来了新的应用可能，AI 技术在法律领域的应用也在不断成熟。通用大模型的开源生态扩展了法律科技创新的技术底座，中小公司得以基于其底层能力开发劳动纠纷调解、知识产权维权等垂直场景工具，与头部企业主导的智慧法院平台共同构成“金字塔”市场结构。市场需求方面，司法效率提升的需求迫切，法律服务标准化趋势明显，企业合规需求持续增长。

但市场发展也面临诸多挑战。首先，当前律所采购动力仍略有不足，一定程度上制约了市场的均衡发展。其次，目前创新型公司众多，真正具有竞争力的解决方案较少。此外还有数据孤岛问题，AI 应用的法律边界也需要进一步明确。在商业模式方面，法律科技公司容易面临盈利模式待优化、获客成本高、产品更新迭代压力大等问题。

综上所述，中国法律科技市场仍处于重要的发展机遇期，在技术创新、市场需求和政策支持的多重推动下，信息化、自动化、数字化仍将是法律行业确定性的趋势。

2.1.3 主要公司及产品介绍

1. 数据类

（1）北大法宝

“北大法宝”是由北京大学法律人工智能实验室与北京北大英华科技有限公司联合推出的一款智能型法律信息检索系统，其中包括“法律法规”“司法案例”“法学期刊”“律所实务”“专题参考”“英文译本”“检察文书”“行政处罚”“企业信用”多项分类数据库，全面涵盖法律信息的各种类型。

其法律法规检索系统收录新中国成立以来的法律法规，包括中央法规司法解释、地方法规规章等，更新速度快；司法案例检索系统收录了我国法院的各类案例。

在功能上，北大法宝支持多种检索方式，同时可选择检索项、条件组、关键词之间的逻辑关系，词语检索匹配方式等。所设计的“法宝联想”功能，令检索结果与其他法律信息的关联性更具可视化，方便用户理解、研究。

（2）威科先行

威科先行法律信息库是威科集团依托丰富的全球服务经验，集法规、案例、解读、工具、问答、法律速递、实务模块等为一体，为法律专业人士提供的整体信息解决方案。信息库中囊括了法规、案例、合规实务等多项板块。

在法规栏目，收录新中国成立以来全国各地的法律法规，主题、行业、地域、效力级别等多维度导航分类；同时汇集了丰富的中国与其他国家、国际组织签署或加入的双边、多边条约。在案例栏目，收录多层级人民法院官方公布的裁判文书，囊括民事、刑事、行政案由，同时设置了“案例证明力”检索功能。另外还收录有海量翔实的检察文书与行政处罚案例。

同时发展了文书模板、企业查询、类案检索报告、法律速递等多种实用工具功能。

（3）得理法搜

得理法搜由深圳得理科技有限公司研发，通过构建全域法律数据库，训练法律语言大模型，得理法搜成为国内首款基于 NLP 技术的智能法律检索引擎和基于法律大模型的智能法律问答产品，为法律服务需求者提供“AI+ 律师”的解决方案，以实现“用 AI 赋能法律，让法律普惠于民”的使命。

内含有 1.5 亿 + 篇裁判文书、300 万 + 条法律法规、500 万 + 法律知识等 5 亿 + 海量数据。可为法律专业人士、法律研究者、企业主及个人提供专业的法律检索、阅读裁判文书，内嵌的小理 AI 可基于自然语言与人对话，回答法律问题、辅助案情分析、生成法律文书、检索法律知识、律师智能匹配等。

核心功能有以下几个方面：

法律大数据：覆盖案例法规、法律资讯、法律知识、专利商标域名等领域，实时更新，全面覆盖各场景法律数据，NLP 和大模型技术驱动。

小理 AI：法律专业 chatgpt，集法律检索、法律研究、案件分析、文本撰写、法律咨询、律师智能推荐为一体的智能律师。

专业指令集：由专业律师和指令工程师联合撰写指令集，助力用户精准定位法律问题，高效使用法律 AI。

AI 阅读裁判文书：案情分析、类案查找、裁判观点分析、案例要素提取、争议焦点分析、智能法律报告。

2. 政法政务类

（1）华宇元典

华宇元典作为法律人工智能的探索者和智能法律服务解决方案提供商，在司法行业（如法院、检察院等）拥有众多落地产品，打造了覆盖法院、检察院、司法行政、政法委、纪检监察、公安等法律机关以及商业法律服务领域的法律服务生态。

旗下的元典智库是一款面向法官、检察官、律师、企业法务等法律人提供的“一站式”法律知识服务平台，其以法律知识图谱和法律概念认知为核心，以统一智能检索和推荐为特色，全面整合法检、内外部的法律数据资源，实现法律知识检索、组合检索和案情智能分析等功能。

同时旗下还有服务于企业、法务的元典合规系统与元典 Yodex。

（2）百事通

上海百事通信息技术股份有限公司成立于 2006 年，是大型创新型法律服务提供方，构建了法律数字化智能平台，与政府部门、企业等建立了广泛的合作关系，积累了丰富的项目经验和行业数据。

公共法律服务业务：承接运营了广东省 12348 公共法律服务呼叫中心等项目，为政府部门提供公共法律服务运营及管理，服务覆盖全国 20% 的人口，积极推动参与全国首个公共法律服务运营领域企业标准的建立。

企业法律服务业务：将企业级 SaaS 技术与案件运营结合起来，为企业提供诉调服务、品牌维权服务、电子数据存证和法律清收服务等，帮助企业解决法律问题，降低法律风险，提高运营效率。

3. 律所工具类

（1）必智

上海必智科技有限公司是一家国内专注于律师事务所信息化管理的企业。

律师 e 通为该公司旗下核心产品，围绕“权威信息门户、业务及所内办公管理、知识管理及社交分享、律师常用工具及客户 CRM 系统”五大核心模块，致力于让律所运营规模化、专业化、规范化和标准化。目前涵盖 40% 的中国区前 30 强律所，40 家规模律所，超过 10 个省市领先律所及精品律所，为多家律师协会提供了优质解决方案。

旗下同时有适合精品中小型律所办公业态的 SaaS 律所移动办公平台 – 律智荟，以及能够提供律所网站定制服务与律所专业定制化解决方案。

（2）金助理

金助理是一款面向律师行业的管理与办公软件，由知律科技（深圳）有限公司开发，于 2012 年上线。作为律师行业的第一款 SaaS 产品与第一款办公 App，致力于为国内各大律师事务所提供专业的律所管理系统，联通律所内部的业务、人事、行政和财务流程，为律所打造更加便捷规范的管理环境。

采用大数据、人工智能技术为律师赋能，提供可视化视图工具、客户智能分析等智能辅助工具，帮助律师建立可视化思维，提高办案效率，为客户提供优质专业的服务。

全国约 3000 多家律所、4 万多名律师在使用该软件。在律师行业具有较高的知名度和影响力，为律师事务所的数字化管理和律师的高效办公提供了有力支持。

（3）得理律助

由深圳得理科技有限公司研发，得理律助是一款为律师量身打造的智能云办公平台，采用“一站式”创新管理模式，提供文档协同、知识共享、任务分发、指尖审批等服务，帮助律师更高效地处理法律业务，提升服务质量。同时，得理律助内嵌智能检索和智能问答系统，提供全域法律数据检索、分析、预测、问答等智能服务。此外，得理律助还拥有案源广场、数字名片、DOC 等功能，全方位、全场景满足律师需求，开创律师智慧办公新时代。

深圳得理科技有限公司目前已打造得理智慧法律系统（DeliBot），以得理法律大模型为基础，产品线涵盖得理律助、得理法搜、得理法问、得理法务，全场景、“一站式”满足法律人工作需求。

得理智慧法律系统还将构建智慧法律服务全域场景，包括智慧律师（To L）、智慧法务（To B）、智慧法治（To G/C）等。公司已拥有 18 项发明专利，技术团队累计发表上百篇权威学术论文，收获国际法律 AI 大赛等多项比赛奖项和行业荣誉，并被认定为“国家高新技术企业”。得理法律大模型算法也是国内首批完成双备案的法律大模型，彰显了得理的法律大模型水平处于行业领先。

2.2 国际上的法律大模型

2.2.1 国外法律大模型概览

国外法律大模型情况如表 2 所示：

表 2

产品功能	具有代表性的产品
法律研究	Casetext、Harvey、LexisNexis、Thomson Reuters、Trellis、Macro、Paxton AI、Westlaw
合同起草和审查	ContractPodAI、Evisort、Icertis、Kira Systems、Ironclad、Luminance、Ontra、Pramata、Robin AI、Spellbook
法律分析	Lex Machina、Clearbrief、CS Disco、Cecilia、Docket Alarm、Everlaw、LegalMation、Logikcull（now a Reveal company）、Relativity、ProSearch、Reveal、Docket Alarm
文件管理	iManage、NetDocuments
律所管理	Clio、Litify、Smokeball
其他	Deepjudge（检索）、Docket Alarm（文件摘要）、Eigen Technologies（文件数据提取）、Gavel（文件自动化）、Josef（政策提问）、Lupl （事项管理） Persuit、SALI（自动分类的工作标签）

2.2.2 代表性产品

1. 法律研究

（1）Casetext

Casetext 是一个由人工智能驱动的法律研究平台，具备自动摘要生成、法律研究和法规解析等核心功能。它结合了智能搜索引擎 CARA AI 和丰富的法律数据库，能够提供基于用户上传文件的情境化法律研究，帮助用户查找相关的判例法和法规。

此外，Casetext 还提供了高级研究工具，包括创建和组织自定义研究文件夹、对文档进行注释以及与同事协作的功能。平台还支持与法律实践管理和文档自动化工具的集成，为希望提高研究效率的法律专业人士提供了一个全面的解决方案。

主要特点：

① AI 驱动法律研究：利用先进的人工智能进行高效、深入的法律研究；

②协助起草：为各种法律文件生成高质量的草稿，节省宝贵的时间和资源；

③安全的文件处理：知道您的机密信息受到 CoCounsel 的安全处理保护，让您高枕无忧；

④定制化：根据您的特定法律实践需求和司法管辖区调整 CoCounsel，以获得更加个性化的体验。

（2）Harvey

Harvey 是一款专为法律工作者设计的人工智能平台，能够通过人工智能协助合同分析、尽职调查、诉讼和监管合规等，并能基于输入的数据帮助客户提供观点、建议和预测。

主要特点：

①合同分析和尽职调查：识别隐藏条款，预测合同中的潜在风险，改进合同语言，简化审查流程；

②诉讼支持：通过分析对方律师的论点并确定相关的判例法，制定有说服力的法律推理和策略；

③监管合规指导：通过提供针对公司特定业务领域的最新指导，应对监管合规的复杂性；

④个性化培训：Harvey 可以成为公司专业知识的延伸，通过自动化重复性任务和展示相关先例，有可能带来显著的效率提升。

2. 合同起草与审查

（1）Spellbook

Spellbook AI 是一款于 2022 年推出的合同起草和审查工具，其依托 GPT-4 的强大功能，能够直接在 Microsoft Word 中无缝审查合同。通过来自案例数据库、表单库和法规的训练，Spellbook 能够根据法律文件的特定需求为用户提供准确且相关的语言建议，有效提高合同相关任务的准确性、效率和速度。

主要特点：

①智能生成合同：用户可以用自然语言让 Spellbook 起草合同，也可以续写法律合同，例如，用户写了一个开头然后选择该内容，启动 Spellbook 的续写功能可以把剩下内容完成；

②智能条款审查：Spellbook 能够检测合同中的侵略性条款，列出缺失的条款和定义等；

③自动划线和比较：通过自动识别与标准条款的偏差和对关键区域进行画线，并

提供修改建议。

（2）Luminance

Luminance 是一款由人工智能驱动的合同审查软件，专门设计来加速和加强尽职调查流程，尤其适用于并购和房地产交易。这款软件能够迅速阅读并理解法律文件，识别出关键信息，并标注出任何需要特别注意的潜在问题。除了具备高效的文档处理能力（每小时能分析超过 3600 份文件），Luminance 还能识别文档中的不一致之处，促进团队协作，并简化谈判过程。

主要特点：

①深入的合同洞察：人工智能揭示了多语言和多司法管辖区合同中的关键条款、条款和潜在风险，从而提供全面的理解；

②优先级和异常检测：审查时优先关注最重要的方面，Luminance 会标记不寻常的条款和不一致之处，使法律专业人士能够确定审查的优先级并识别潜在问题；

③自动画线和比较：通过自动识别与标准条款的偏差和对关键区域进行画线，简化审查流程；

④协作和可访问性：通过云运行，无论身在何处，都可以安全地共享文档并与同事协作，不需要进行本地安装。

（3）Ivo（以前称为 Latch）

Ivo 是一款专为合同工作和尽职调查设计的生成式人工智能工具。在 Microsoft Word 中启动 Ivo 插件，就像引入了一位人工智能法律助手，用户可以利用它进行日常案件管理，或者将其作为人工智能驱动的合同审查工具。在合同审查过程中，Ivo 能够提供修改建议，生成红线标记，评估合同条款是否符合市场标准。此外，Ivo 还能概括协议的主要内容，并用简化的语言表述，使得没有法律背景的读者也能容易理解。

主要特点：

①自动化修订：与 Microsoft Word 无缝集成，能够利用 Word 的“修订”功能，自动跟踪并插入 AI 生成的文档更改；

②定制化需求：能够根据用户创建的自定义指令在整个过程中修改语言，满足特定的法律或业务需求；

③云端协作：与热门的云存储集成，轻松共享和协作处理文档。

3. 法律分析

（1）Lex Machina

Lex Machina 是 LexisNexis 旗下的一家法律分析公司。其系统使用人工智能技术来审查和分类法庭文件。可以发现当事人、律师、法官和法院的趋势。数据包括调查结果、损害赔偿和案件结果等内容。

Lex Machina 每 24 小时抓取一次 USPTO、ITC/EDIS、PACER 和州法院数据等数据库。

主要特点：

①法院和法官分析：深入了解特定法院的法官倾向、动议成功率和诉讼趋势；

②律师评估：分析对方律师的过往表现、胜诉 / 败诉率和首选论点，以制定制胜的诉讼策略；

③案例预测：利用人工智能预测来估算案件结果，并为客户设定切合实际的预期；

④行业洞察：深入分析各种实践领域，包括知识产权法、劳动法和反垄断法。

（2）Everlaw

Everlaw 是一个采用人工智能设计的电子取证产品，为律所、公司、政府等机构提供电子数据取证归档、储存、检索等服务。Everlaw 可自动总结发现、建议引用，甚至回答埋藏在文件中的开放式问题，帮助加快电子取证的速度，确保审查过程更加准确、协作性更强。

主要特点：

① AI 驱动审查：简化工作流程并快速识别关键证据；

②预测编码：利用人工智能优先审核高价值文件；

③可视化技术：使用可视化检索和叙事工具，为演示和出庭撰写引人入胜的叙述。

（3）Relativity One

Relativity One 是一个基于云的法律服务平台，专为电子数据发现、案件管理、合规性和其他法律用例设计。它提供了一个可扩展和安全的环境，使法律团队能够高效地处理和分析大量数据，支持诉讼和内部调查。

主要特点：

① AI 驱动的数据收集和组织：轻松收集和组织海量数据集，节省宝贵的时间和资源；

② AI 深入分析：利用人工智能分析从数据中获得有价值的见解，揭示隐藏的模式和关键证据；

③自动编辑和文档翻译：使用自动编辑和翻译工具，确保数据隐私并简化国际取证。

4. 律所管理

Clio 是一款基于云的法律技术平台，专为律师事务所和法律专业人士设计，以提高其业务运营的效率。Clio 提供一系列云解决方案，包括法律实践管理、客户获取以及法律客户关系管理（CRM）软件，帮助律师以客户为中心，同时专注于公司业务。Clio 的产品功能涵盖了客户沟通、案件、账单、文件管理以及支付功能，帮助法律专业人士更高效地处理日常事务。

主要特点：

①客户获取与 CRM：通过 CRM 软件帮助律师事务所更好地获取和维护客户关系；

②“一站式”管理：平台集案件、文件、账单及支付、客户管理于一体，实现“一站式”和全流程的事项管理；

③云实践管理程序：为中小型律师事务所提供全面的云实践管理程序，帮助律师有效管理法律事务。

5. 知识产权

PatentPal 是一个人工智能驱动的平台，可简化发明人、律师事务所和公司的专利检索和分析过程。该平台提供专利检索、分析和监控工具，能够协助用户进行专利申请，专利比较、制作流程图、图表以及其他提交专利索赔所需的内容，提高专利申请的效率和准确性。

除了强大的搜索功能外，PatentPal 还为用户提供富有洞察力的可视化和分析，以帮助他们更好地了解专利形势和趋势。

主要特点：

①自动化生成：根据用户输入内容自动生成专利申请（权利要求、描述和规格）等文件；

②可视化分析：能够生成数字、图表及流程图为专利索赔提供支持；

③专利局合规性：具有内置格式化工具，支持将文件导出到 Word、Visio 或 PowerPoint 中，确保用户应用程序满足所有格式化要求。

第二部分
PART TWO

数智化转型道路

法律科技不仅预示着未来，更深刻地影响着当下。数智化在过去几年中对传统法律行业产生了前所未有的重大影响。国内外众多大型律师事务所陆续自主建立法律科技团队或与法律科技公司合作探索数智化时代律师工作新方式，无论使用生成式人工智能辅助办案，还是律师团队采用的数字化办公模式，都是律所数智化变革的明显标志。然而，传统律师行业在享受科技红利的同时，也遭遇了前所未有的挑战。基层文职岗位的减少、同业并购潮带来的律所生存危机、案件数量的激增与标的额的缩水，以及律师团队面临的“冻职降薪”困境，这些都是法律从业者正在亲身经历的严峻现实。因此，律所如何在后疫情时代成功实现数智化转型，已成为一个迫切需要解决的问题。

本篇将深度解析数智化改革的前沿议题，以行业数智化转型的内在逻辑为主线，以宏观趋势为导向，全面探讨数智化时代律师工作的各个层面，为读者揭示数智化时代律师行业面临的机遇与挑战。

第一章 律师事务所如何把握转型先机？

开篇明义，律所数智化变革涉及利用法律 AI 科技实现律所的数字化转型，并在此基础上运用人工智能技术为律所赋能，从而向其客户提供更便捷、优质、个性化的法律服务，最终完成向数智化律所的转型。律所数字化办公已非新鲜事。市场上众多软件已在一定程度上满足了数字化办公的基本需求，比如通过企业微信的在线文档功能实现文书的协同作业，这只是数字化办公的初步实践。在国内，部分律所已初步具备数字化办公能力，但全面实现数字化转型的律所尚属少数。随着人工智能技术的突飞猛进，以 AI 为主导的数智化变革正深刻影响着各个行业。法律行业是否真正步入了“数智化时代”，则需要我们从多角度综合考量，尤其是要评估生成式人工智能等法律 AI 技术在律师工作中的替代潜力。

根据知名金融机构高盛发布的《2023 人工智能对经济增长的潜在巨大影响》报告[1]显示，全世界接近 2/3 的工作具有被 AI 自动化（automation）替代完成的可能，而美国法律行业中 44% 的工作可以被 AI 取代，并且法律行业 40% 的从业者将会因 AI 而面临被解雇的风险。

就律师工作总量而言，根据世界著名法律服务公司 Clio 发布的《2024 法律趋势报告》[2]，律师 74% 的日常工作可以被 AI 取代；如从律师工作内容划分，下列细分的工作内容存在被 AI 取代的风险，其中部分工作在部分法律服务机构中正在或已经被 AI 取代：

（1）文书撰写类工作（其中 86% 的工作可被 AI 取代）：包括但不限于准备简单的诉讼文书、与客户间的邮件交流工作、行政类格式化文书等；

（2）信息收集类工作（其中 70% 的工作可被 AI 取代）：包括但不限于检查法律数据、通过研究法律法规确定法律后果、检索类案、汇总证据等；

（3）分析数据类工作（其中 69% 的工作可以被 AI 取代）：包括但不限于根据过往案例分析案件结果等。

综上所述，目前法律行业已迎来了属于自己的数智化时代。下文拟就律所数智化变革的整体趋势、转型内容及转型策略三方面进行分析。

---

1 Joseph Briggs&Devesh Kodnani, *Artificial Intelligence's Potential Significant Impact on Economic Growth*, Goldman Sachs Research (March.26, 2023), https://www.goldmansachs.com/worldwide/greater-china/insights/AI-investments-to-approach-200-billions.

2 Kate Rattray, *Legal Trends Report 2024*, Clio (November.20, 2024), https://www.clio.com/blog/highlights-from-2024-legal-trends-report/.

1.1 整体趋势

人工智能的兴起如同风暴般席卷全球，其影响力遍及医药技术、聊天机器人、全球供应链等多个领域，展现出改变任何行业的潜力。正如国际知名律所霍金路伟（Hogan Lovells）在其发布的《全球人工智能趋势报告》[1]中所述，法律行业作为服务全领域的传统服务行业，其工作方式将不可避免地受到AI的全方位影响。例如，过去需要耗费数十小时翻译的法律文书，现在仅需几十秒即可完成翻译初稿，经律师审核后即可定稿并交付；在批量诉讼业务中，原本需要一小时完成的工作，在AI辅助法律文书撰写和数据化文件协同办公功能的支持下，已可缩短至十分钟以内完成，此外，AI能够完成案件文书起草阶段到提交立案阶段的全部工作，并同时保证团队成员间的精准协同达到高效管理大量案件的效果。因此，数智化办公正逐步革新律师行业“刀耕火种”的传统工作模式，并引领行业逐步向“精耕细作”的工作模式迈进。

此外，数智化变革对律所的营收也产生了显著影响。北美知名法律服务公司Clio发布的《2024年个人及中小律所法律趋势报告》中指出，在AI逐渐应用的当下，法律科技正导致律师行业的整体变革。该报告选取工时利用率（Utilization Rate），即律师每日（以八小时工作制为准）可向客户开具账单的工时占整体工作时长的比率，作为量化分析的参考维度，展现法律科技对律所营收方面的实际影响。

数据显示，[2]2016年至2023年，个人律所与中小型律所的工时利用率均有缓慢提升，两者2023年的数据相较于2016年分别上涨了3%与5%；而大型律所，作为法律科技的先行者，其工时利用率增长量高达12%。这三组数据证明了在市场竞争日益激烈的背景下，采用数智化系统办公的律所在相同的时间内实现了更高的业绩目标，提高了工时利用率，增强营收效能（见图9）。

---

1 Mark Brennan et al., *Artificial Intelligence Trends Guide,Hogan Lovells*, (12 December 2024), https://digital-client-solutions.hoganlovells.com/_uploads/downloads/Hogan_Lovells-Artificial_Intelligence_Trends_Guide.pdf.

2 Kate Rattray, *Highlights from the 2024 Legal Trends for Solo and Small Law Firms Report*, Clio (May.3, 2025), https://www.clio.com/blog/solo-small-law-firms-2024-legal-trends/.

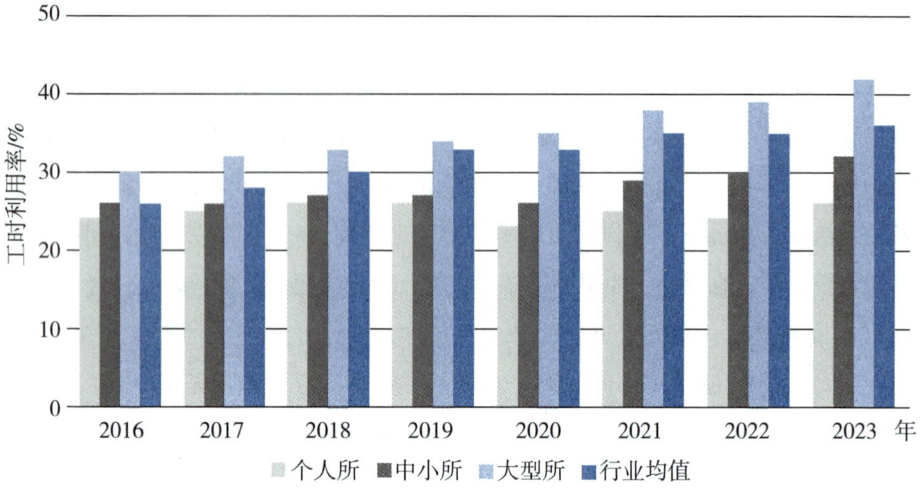

图 9

在细分领域层面，律所的数智化变革可通过分析律所业务、营收等信息，对法律业务发展的重点领域进行精准预测，将有益于法律从业者认识、把握行业发展规律。例如，在经济下行的宏观趋势下，法律 AI 通过对潜在商机的精确捕捉，能够助力中小律所拓展案源；又如，对于以往从事传统诉讼法律服务的律师，其可以通过数智化系统对市场中潜在的商机及法律咨询进行汇总，以探索适合团队发展的新业务领域，如企业合规、债务重组等。数智化的应用不仅提升了律所的业务拓展能力，也为律师提供了宝贵的决策支持，使得律所在复杂的市场环境中能够更加精准地定位自己的业务领域，实现资源的最优配置。

在国内，律所数智化不是这几年兴起的概念。许多大型律所及科技厂商在数年前便开启了法律数智化产品的研发，其中最为主要的即为数智化律所管理软件以及法律垂类生成式人工智能大模型的开发。近些年来，越来越多的律所也慢慢采用了数智化律所系统。据市场调研观察，采用数智化系统不单是律所的创新之举，而更是为与国家司法数智化进程保持一致的战略投入，例如在中央层面，最高人民法院于 2022 年 12 月 9 日发布了《关于规范和加强人工智能司法应用的意见》[1]，该文件强调加强人工

1 最高人民法院:《最高人民法院关于规范和加强人工智能司法应用的意见》，载中国法院网 2022 年 12 月 9 日，https://www.chinacourt.org/law/detail/2022/12/id/150461.shtml。

智能全流程辅助办案、辅助事务性工作、司法管理、服务多元解纷并不断拓宽人工智能司法应用场景和范围等重要举措；广东省深圳市中级人民法院也于 2024 年 7 月份推出了自主研发的人工智能辅助审判系统，进一步推进了司法数智化大进程的发展。从政策到实践，律所数智化时代的步伐已不可阻挡。在数智化变革的大潮中，国内律师事务所需提前谋划，明确转型的具体目标和措施，方能把握主动，精准施策。

1.2 转型内容

1.2.1 组织管理的数智化转型

1. 建立数智化转型领导小组，保证跨部门协作

数智化转型领导小组应当由律所合伙人或高级管理人员牵头成立，领导小组成员则应当来自不同部门，以确保数智化转型得到各部门的全面支持。

2. 优化组织结构，明确部门权责

进行数字化变革还需要对律所组织架构从部门设定、权责划分上进行调整，具体表现为：

设立数字化部门。成立专门的数字化部门，负责数字化项目的规划、实施和管理。

明确部门权责。明晰数字化部门的职责，赋予数字化部门在组织中较高的决策权。

打破部门壁垒。打破传统部门之间的壁垒，鼓励跨部门协作，提升律所整体工作效率，实现效益增收。

3. 培养数字化人才，构建人才梯队

结合律所现有人力资源及外部专业人才资源，进行数字化人才梯队建设，为数智化建设提供基础人才保障。

人才盘点，评估现有员工的数字化办公能力，开展强针对性的数智化技能培训。

引入外部人才，引入具备数字化、IT 背景的专业人才，补充团队力量。

建立人才梯队，培养一批数字化人才，为律所未来的发展提供保障。

4. 构建数字化文化，让数字化办公方式深入人心

营造善于创新的律所氛围，需要着重培养律所工作人员的数字化办公意识，因此培养律所数字化文化相当关键。

鼓励创新，建立鼓励创新的企业文化，鼓励员工提出新的想法和建议。

营造开放氛围，建立开放透明的沟通机制，鼓励员工积极参与数字化转型。

持续学习，鼓励员工不断学习新的知识和技能，适应数字化发展的需要。

5. 搭建律所数字化平台

数智化律所的搭建首先需要依托于数字化平台，并在转型过程中积累原始数据并与云端海量大数据共同形成基于律所业务特色的数智化系统，对于 0 基础的传统律所而言，需要做到以下三点：

搭建统一平台。建立统一的数字化工作平台，整合律所目前存在的各种业务系统，实现数据互联互通。

配置云计算应用。利用云计算技术，提高系统的灵活性和扩展性，实现云端部署，形成律所专属的数据资产，使所内律师能够实现云端办公。

提供数据安全保障。加强数据安全保护，确保客户信息、案件信息安全。

1.2.2　业务流程的数智化转型

基于律所的组织架构的合理调整，律所业务流程将进入数智化阶段。业务流程数智化旨在优化传统法律服务流程，提升案件推进效率，并同时增强客户体验。具体可以分为案件管理、知识管理以及财务流程的数字化转型三个方面。

1. 案件管理数字化

案件生命周期管理。律师借助案件可视化系统，能够实现案件全流程的透明化管理。从案件立卷、诉讼跟踪，到执行推进至最终结案，各个环节均可在数字化平台上高效运作，确保管理的规范性与透明度。

智能文档管理。通过应用 OCR 技术，将纸质文档高效转换为数字格式，并实现智能化分类与检索，便于律师快速定位关键资料。

任务自动化。平台内置的文书自动生成功能（contract automation）将文书起草、

尽职调查等重复性、标准化任务自动化，提高工作效率。

数据分析。通过对历史案件数据的深入分析，总结裁判规律，预测案件发展趋势，为案件处理提供科学的决策支持。

2. 知识管理数字化转型

法律知识库建设。通过整合平台数据库与本地资源，构建全面覆盖法律法规、案例的法律知识库，为法律实务提供坚实的数据支撑。

知识共享平台。搭建知识共享平台，促进律师之间的经验与知识交流，实现专业智慧的共享与传承。

智能搜索。运用先进的搜索引擎技术，实现对所需法律信息的快速检索，提升法律服务的效率与精准度。

3. 财务流程数字化转型

电子发票管理。通过电子发票的开具与归档，提升财务管理的效率和准确性，实现财务流程的数字化转型。

费用管理数字化。运用数字化工具，优化费用的在线审批与报销流程，提高费用管理的透明度和响应速度。

财务数据分析。通过对财务数据的深入分析，全面掌握律所的经营状况，为管理层提供科学的决策支持。

1.2.3 市场拓展的数智化转型

生成式人工智能（Gen AI）的崛起为律师事务所的市场拓展带来了全新的机遇。通过将 Gen AI 与传统营销手段相结合，律师事务所能够实现更精准的客户定位、更高效的营销沟通以及更个性化的服务，从而在竞争激烈的法律市场中脱颖而出。

1. 精准客户定位

Gen AI 的应用使得用户画像构建变得更加精细。基于海量数据，包括潜在客户的社交媒体行为、搜索历史和消费习惯等，Gen AI 可以构建更加精细的用户画像。这为律师事务所提供了更深入的洞察，使其能够更准确地了解目标客户的需求和偏好，从而有针对性地开展营销活动。此外，Gen AI 的自然语言处理能力还能从大量公开信息中挖掘潜在客户，例如社交媒体上的法律咨询和新闻报道中的法律纠纷等，进一步拓宽客户基础。

2. 高效营销沟通

在精准定位客户的基础上，Gen AI 进一步助力律师事务所实现高效的营销沟通。它能够自动生成高质量的营销内容，如博客文章、社交媒体帖子和电子邮件等，这些内容可针对不同客户群体进行定制，提高内容的吸引力和互动性。同时，Gen AI 还能根据客户的兴趣和需求，为其推荐相关的法律服务和案例，实现个性化推荐。此外，基于 Gen AI 的智能客服系统可实现 24 小时在线，为客户提供快速、准确的法律咨询，极大提升了客户满意度。

3. 个性化服务

为了进一步提升客户体验，Gen AI 在提供个性化服务方面发挥着重要作用。它可以根据客户的具体情况生成定制化的法律方案，提高客户的满意度和忠诚度。同时，Gen AI 还能基于历史数据和当前市场情况，预测潜在的法律风险，为客户提供更全面的法律服务。

4. 品牌形象塑造

在服务个性化的同时，Gen AI 也助力律师事务所塑造品牌形象。它可以帮助律所生成具有吸引力的品牌故事，塑造专业形象。此外，Gen AI 还能够促进律所与客户在社交媒体上的自然互动，提升品牌知名度和影响力。

5. 市场洞察

最后，Gen AI 在市场洞察方面也发挥着重要作用。它能够实时监测网络舆情，及时发现潜在危机并采取应对措施。同时，Gen AI 还能分析海量数据，洞察市场趋势，帮助律师事务所作出更明智的决策，把握市场机遇。

1.2.4 客户服务的数智化转型

Gen AI 为律所智能客服系统带来了新的发展机遇。通过结合 Gen AI 技术，律所可以构建更智能、更人性化的客服系统，为客户提供更高质量的法律服务。具体包括：(1) 全天候服务：智能客服可以 7×24 小时为客户提供服务；(2) 提高效率：智能客服可以快速响应客户的提问，大大提高服务效率；（3）降低成本：智能客服可以减少人工客服的数量，降低成本；（4）个性化服务：智能客服可以根据客户的具体情况提供个性化的服务；（5）提升客户满意度：智能客服可以提供更优质的客户服务，提高客户满意度；（6）在线法律服务平台：建立在线法律服务平台，为客户提供便捷、高效的法律服务。

在中国法律服务市场经过三十年的快速增长之后，律师事务所的管理架构依然显示出一定程度的松散性，精细化的专业管理分工尚待加强。在大型律所中，合伙人大会通常承担着决策机构的职能，而管委会则负责执行工作。这两个核心机构的成员多由资深律师构成，他们一方面忙于繁重的业务，难以抽出时间关注律所管理；另一方面，在组织管理方面的经验也相对欠缺。因此，对于律师事务所来说，数字化转型的首要任务是明确自身的市场定位，并根据实际情况对组织架构进行优化调整。由于篇幅所限，我们将在后续文章中深入探讨具体的实施策略，旨在为各类律所提供指导和参考。

面对当前律所数智化的宏观趋势，国内律所整体上可以采取以下应对策略。

1.3　应对策略

实现律师事务所的数智化转型，需依据律所的战略定位和规模量身定制。不同规模的律所应制定差异化的战略规划。具体而言，对于五十人以下的中小型律所，应着手进行以下准备工作：

（1）明确战略方向。律所需要先明确其数智化转型的战略目标，这包括提高工作效率、优化客户服务、增强市场竞争力等，确定团队业务中法律 AI 最为适用的环节及内容，如批量文书撰写、文书审查以及内部管理系统等。

（2）业务流程与数智化流程相契合。律所应审视现有的业务流程，并确定哪些流程可以通过数智化技术进行优化。这可能涉及案件管理、文档处理、客户关系管理等方面。例如，诉讼专业化律所应当将诉讼全流程数据化并设置相关跟进配套系统作为首要目标，而非诉业务专业化律所则可以考虑根据业务需求设计符合业务领域的尽职调查软件，极大优化前期尽职调查流程。

（3）人才培养与文化建设。培养律师的数智化思维和技能，培养能够保证法律

AI 持续稳定输出的法律 AI 维护人员以及“法律 +AI”专业化的人才。

（4）数据安全与合规。确保数智化转型过程中的数据安全和遵守相关法律法规，特别是客户隐私和敏感信息的保护。

对于规模超过五十人的大中型律师事务所而言，在考虑数智化转型时，除了上述提到的因素，还需综合考量一系列更广泛的因素，包括但不限于：

（1）“本地化 + 云端部署”架构。大型律所在数智化转型时可以考虑采用混合云架构，结合本地部署和云端服务的优势，以提高数据处理能力和灵活性，保障客户数据的安全。

（2）规模化的资源投入。由于规模较大，大型律所能够将更多的资源投入数智化转型中，可以设立专项基金专门投入律所自身的法律 AI 产品优化之上。

（3）定制化解决方案。根据律所的特定需求，开发定制化的数智化解决方案，以满足复杂的业务需求。

（4）跨部门协作。在数智化转型过程中，需要律所跨部门的协作和沟通，确保各个业务部门的需求都能得到满足。

（5）持续优化与迭代。数智化转型是一个持续的过程，需要不断地评估、优化和迭代技术解决方案，以适应市场变化和业务发展。

（6）风险管理。大型律所在数智化转型中可能会面临更多的风险，包括技术风险、操作风险、使用 AI 伦理文献等，因此需要建立有效的风险管理体系，并制定 AI 使用的规范化流程。

随着法律科技的不断进步和成熟，律师事务所的数字化和智能化转型已成为不可逆转的时代潮流。律师行业正站在一个全新的工作模式门槛上。我们必须高度重视并主动适应法律科技的发展，才能在数字化转型的大潮中占据先机，进而为广大人民群众提供更加高效、更高品质的法律服务。

第二章
组织架构的优化方向

律师事务所在推进数智化转型的过程中，核心任务是重新确定法律服务的市场定位，并依据这一新的价值定位调整组织架构，以适应新的发展形势。

乔治城大学的乔纳森·莫洛特教授曾指出，当前法律服务市场中，传统的律师事务所合伙制已不再是最适宜的制度安排，其结构未能有效满足各方利益相关者的需求。全球多数律师事务所依旧采用固定的部门化管理模式来指导和协调律师的工作，然而，随着法律技术的兴起，新的律所组织架构将倾向于项目化，创新的组织将需要全新的衡量标准。法律科技的发展提升了工作效率，引领律所朝着减少工作时间投入和提高法律咨询服务生产力的共同方向发展。

随着法律人工智能技术的迅猛发展，传统法律服务领域已出现了去专业化的势头。为应对这一趋势，律师事务所需要从组织架构入手，明确法律服务的新定位。这要求律师事务所重新审视并调整其组织架构，以适应数字化时代的发展需求。

2.1 传统律师事务所的管理体制及逻辑

2.1.1 律师事务所组织架构发展

让我们一同回溯律师事务所组织架构的演进历程，这不仅是法律行业发展的缩影，也是世界经济脉动和社会转型的镜像。从 19 世纪初的传统单一合伙制、双层合伙制，到现代的公司制、综合制，每一种组织形态的演变都深刻反映了背后的经济和社会变迁。以下是按时间顺序的分析。

1. 单一合伙制律所

随着 19 世纪全球化的加速和工业革命的推进，法律职业从业者为了保持行业竞争力，开始建立起现代化律所。这种律所中，合伙人作为实际拥有者，实行了“律师竞标赛模式”（Tournament of Lawyers Model），承诺初年级律师通过考核后可晋升合伙人，并提供专业化培训及随工作年限增长的工资。

在组织架构上，该类律所呈现经典的金字塔型架构，即律师助理与初级律师构成律所人员的主要部分，全所人员亦存在激烈的内部竞争机制，律师常年保持着较高强度的工作方式。

2. 双层合伙制律所

传统的单一合伙制律所在 20 世纪 50 年代和 60 年代经历了其发展的黄金时期。然而，随着全球经济逐步复苏以及法律服务市场的日益饱和，为了提升市场占有率，大型律所之间引发了激烈的并购潮。其中，英国著名律所 DLA-Piper 的崛起尤为显著，该所最初由几家地区性小型律师事务所合并而成，但随后持续收购多家小型律师事务所，并最终与一家英国律师事务所合并，发展成为如今的国际法律巨头。

在并购潮之后形成的大型律师事务所，为了进一步提高盈利能力，在单一合伙制的基础上，引入了授薪合伙人和顾问律师制度。这一制度通过提拔业务能力突出的高年级律师，成为不享有分红权的受薪合伙人，从而有效保留所内的关键人才。同时，这些律所还建立了管理委员会等执行机构，统一负责律所的发展战略与运营管理。

3. 公司制律所

随着法律服务领域的专业化不断深化以及宏观经济的持续增长，为了在特定法律领域实现高效的协同作业，合伙人之间的关系正逐渐从传统的专业合伙制向公司股东制转变，从而催生了采用公司化管理模式的公司制律师事务所。在这种模式下，合伙人共同对律所的整体运营承担责任，并分别担任不同业务领域的负责人。与传统的合伙制律师事务所相比，公司制律所中的人员关系更类似于公司内部不同部门的员工，律师与律所的关系更接近于劳动合同下的雇员与雇主关系。大多数律师采用受薪制，领取固定工资，无须承担律所的运营成本或社会保险费用。

在案件来源方面，公司制律所实行统一管理，律所内部通常设有完善的培训和晋升机制。在组织架构上，这类律所更接近于有限责任公司，不同团队的律师人数根据业务需求而有所变化，非诉讼业务在这种公司制架构下得到了最大限度的发展和利用。

4. 个人制律所

顾名思义即独立律师以个人名义成立的律师事务所。所内仅有一名合伙人，而其余的律师以授薪律师的形式在个人律师事务所工作。

综上所述，上述律师事务所的组织形态均可归类为传统模式。尽管这些律所在案件处理及专业领域上各有千秋，但在基本组织架构上，它们几乎都维持了传统的“金字塔式”结构。目前，这类律所仅在初级律师层面有限度地引入了法律人工智能技术以辅助日常工作。以下是该类律所组织架构的概况（见图 10）。

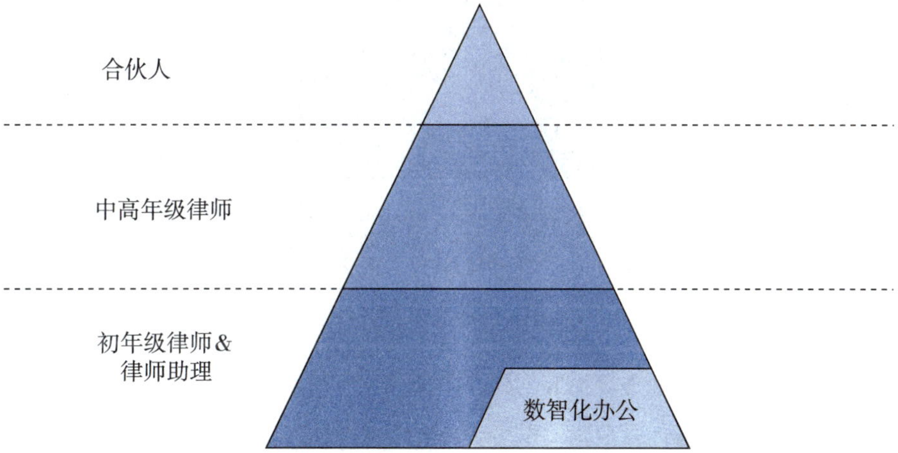

· 每位合伙人管理由多位资深律师、律师及律师助理组成的团队
· 初年级律师中已有部分律师及律师助理接受数智化办公（AI辅助工作）

图 10

2.1.2　国内的律师事务所组织架构

在国内，我国律师行业经过三十年的高速发展，在法律层面上形成了国资律师事务所、合伙制律师事务所以及个人律师事务所。在运营架构上形成了多元化的组织架构，包括单一合伙制、双层合伙制、公司制律所、混合制律所等类型。这些律所在案件处理及专业领域上各有侧重，但在基本组织架构上，大多数依然保持着传统的“金字塔”型模式。近年来，出于成本考量，许多大型综合律所正在放缓或停止招聘初年级律师，转而更倾向于招聘已具有多年工作经验的律师。此外，一些律所通过设置新

的法务助理岗位（Paralegal）来缓解成本压力。当前环境下国内部分律师事务所组织架构如图 11 所示。

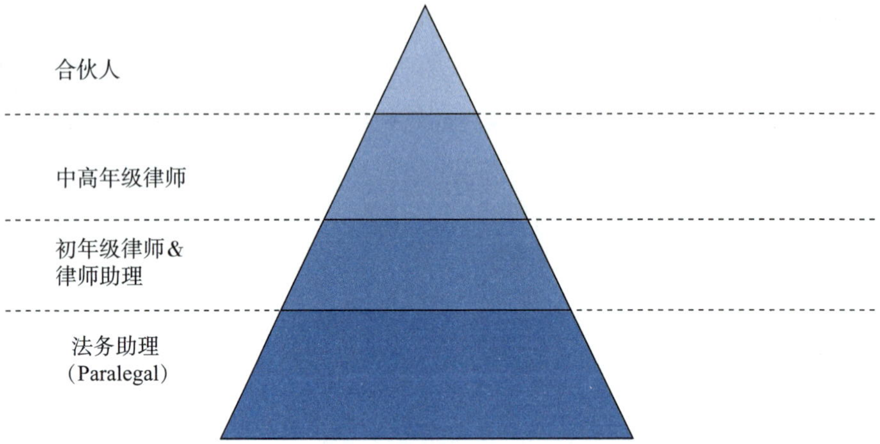

· 与过去相比，提供转正机会的法务助理（Paralegal）职位逐渐成为招聘主流
· 数智化办公的实施比例尚待提升，普遍存在职位冻结和薪酬下调的现象
· 团队结构存在一定程度的冗余，且相较而言，工作效率有待进一步提高

图 11

面对人员负担大、业务量少等问题，律师事务所的解决策略应从法律服务的价值定位出发，深入理解其内在逻辑，以实现可持续发展。

2.1.3 法律服务的传统价值定位

价值定位：首先就法律服务的价值而言，律师服务的商业本质是提供“逆向服务”，即通过为客户提供咨询代理服务解决法律问题，并就咨询和代理服务本身收取相应费用。法律服务作为产品不同于正常的商品会随着产品生产体系化、工业化而压缩利润，律师服务的价值恰恰取决于其所解决法律问题的复杂程度，而案件复杂程度则需要由律师进行评估后确认。简言之，传统律师行业具有咨询行业的共性，即其所提供服务的价值取决于：（1）律师因从业经验而形成的专业性；（2）客户与律师间的信息差形成的“信息壁垒”。

体现形式：律师为客户存在的法律问题提供解决方案，而解决问题的收费方式则取决于不同的文化习惯。欧美传统律师广泛采取工时制度（hourly rate fee），将所提供法律服务的价值通过工时反馈而出；而我国目前大多数律师事务所仍然采取固定收费制（flat fee）来衡量法律服务的价值。事实上，两种制度并无优劣之分，且在国内律所的实践中具有混合使用的趋势。

形态转变：随着生成式人工智能在法律领域的深度运用，其即时生成功能进一步改变了法律知识的累积范式和传播格局，缩小了专业知识的鸿沟，淡化了传统法律服务中资历和经验所形成的知识权威效应，形成一种去中心化（decentralized）的法律服务方式，这会使法律职业群体的知识权力地位遭遇挑战，其群体性结构将受到革命性的冲击。法律职业的权威有时是需要通过场景建构来传递的，现代科技既可以提升它的影响力，也可以解构它因场域优势而获得的话语权力。因此，传统法律服务价值所依赖的专业性与信息壁垒相比过去而言在逐步降低，律所为了保持竞争力，应当主动迎接新业态。第一步便是根据价值需求及时转变律所的组织架构。

2.2 数智化律师事务所团队的管理架构

如前所述，律师如何在数智化时代持续保持市场竞争力，亟待我们对数智化时代的法律服务进行“价值”解构并基于解构结果重塑律师事务所的组织架构。

2.2.1 数智化时代法律服务的价值定位

在数智化时代，以专业化作为价值主轴的传统话语体系因受到生成式人工智能的冲击而式微，法律服务正逐步走向工具化、大众化，专业化不再独占鳌头。人工智能式的法律服务简化了法条、类案等的检索工作，极大地降低了法律应用成本。因此，律师应当结合时代背景及个人专业能力，审视专业知识与“黑箱”工具之间的平衡架构，于根本处革新法律服务的价值。

为了更精准地界定数字智能化律所法律服务的“价值”，我们需首先剖析其与传统律所的区别。以下几点值得深入探讨：

第一，数智化律师事务所允许开放式的用工方式。该类律师事务所不再强迫律师强制上班，而是采用远程办公，实现律师工作效率的最大化；此外，数智化律所通过聘请专业人士搭建数智化平台或使用第三方提供的数智化平台，在实现工作流程自动化的同时需要通过灵活用工的方式聘请大量的法律数据标注人员，以保证生成式人工智能模型的时效性，该种方式展示了数智化律所的开放性。

第二，数字智能化律师事务所倡导一种开放式的用工模式。与传统律师事务所不同，它们不再要求律师固定坐班，而是采用远程办公的方式，从而最大化律师的工作效率。此外，这些律师事务所通过聘请专业人士构建数字化平台，或利用第三方提供的数字智能化平台，实现工作流程的自动化。同时，数智化律师事务所将会以灵活用工的方式聘请大量的法律数据标注人员，以确保生成式人工智能模型的时效性和准确性。

第三，数智化律师事务所的主要资产，如合同和法律文书，均基于数字化网络。为了确保这些数字资产的安全，律所内部需成立专门的数字化部门，负责保护客户数据的安全和隐私。这种对客户隐私的高度重视，进一步体现了数字智能化律师事务所在数据管理方面的专业性和责任感。

第四，数智化律师事务所通过部署先进的人工智能、机器学习、自然语言处理和大数据技术，显著提升了生产效率。在这一背景下，律师工作的自动化比例将逐渐增加，而律师的获客方式也将变得更加智能化。尽管基于从业经验的深入法律理解难以被取代，但基础性的法律咨询服务将受到较大影响。因此，律师事务所运用法律科技将有助于打破法律服务的专业垄断，使法律服务更加普及和便捷。

综上所述，传统律师事务所应准确把握当前的行业趋势，重新定位自身的价值。法律服务正从传统的“服务型”向“服务型与商品型并重”的价值定位进行转变。顺应这一转变，律师事务所应考虑适时调整其组织架构，以适应新的市场环境。

2.2.2 数智化时代律师事务所组织架构初探

就律师事务所内部组织架构而言，曾有观点认为，律师事务所在明确价值定位后，应及时调整其组织架构。传统的金字塔型律师事务所组织架构将逐渐被“火箭形”律师事务所组织架构所取代（见图 12）。在这种新模式下，律师及合伙人的比例将大幅缩减，而专业的律师事务所团队将吸纳两大新型分支作为律师事务所的主要组成部分，包括以商业项目为主的：项目研究员 + 项目；以法律科技支持为主的：法律科技研究员 + 法律科技经理。

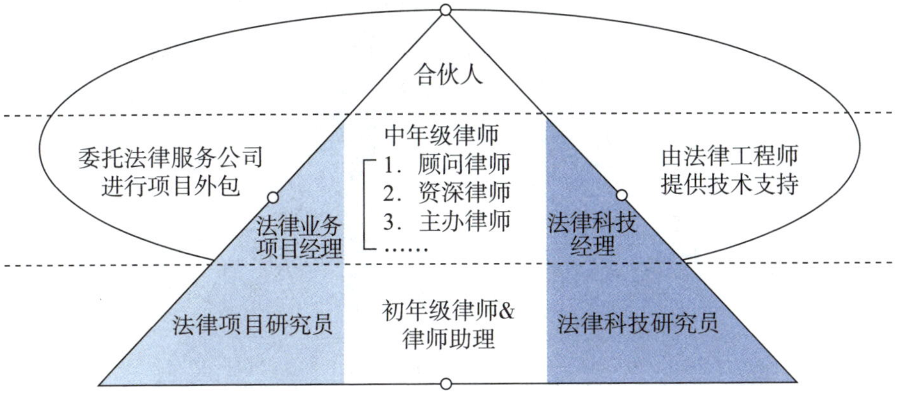

· 初年级律师的招聘需求将会锐减
· 合伙人需要管理的律师人数减少，却而代之的是多元化的团队架构

图 12

“火箭型”律师事务所组织架构作为数字化律所组织结构的初步构想，其概念最早见于 2015 年由波士顿咨询集团（BCG）与汉堡法学院联合发布的报告《法律科技将如何改变法律业务？》之中。历经九年的发展，尽管这种模式在国内尚未广泛实践，但其导致的对初级律师招聘需求的减少趋势已在国内外得到了验证。

在美国，近年来兴起的“钻石型”组织架构是律师团队精简化趋势的显著体现。这一架构特征为初级律师的减少、非权益合伙人的增加，后者构成了团队的核心力量，而极少数掌握关键客户资源的权益合伙人则扮演着“造雨人”（The rainmaker）的角色，从而实现了律师事务所管理架构的优化配置。当前，这种组织架构在国内的中小型律师事务所中也获得了积极的反响。

基于以往对律师事务所组织架构的研究，本书特别强调，在数字化时代背景下，数智化律师事务所可采取多元化混合制组织架构，以替代律师在律师事务所中的单一主导地位。通过构建内部法律科技团队或依托第三方法律科技团队支持的数智化平台，作为律师事务所的基础组织架构，实现“法律科技 + 律所”的深度融合。这不仅能够确保律师事务所在数字化转型的基础上保持对市场的敏锐洞察力，还能确保律师事务所在数智化时代的市场竞争力。多元混合制组织架构如图 13 所示。

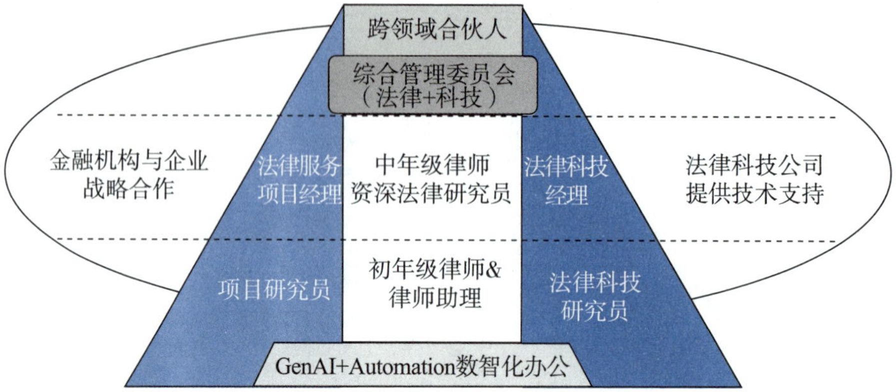

· 运用AI技术与流程自动化等技术，实现基层服务数智化
· 引入多元化合伙人并对律所管委会结构进行变革，实现多元化的律师事务所管理

图 13

2.3 数智化律师事务所团队的管理架构

2.3.1 组织架构变革方向

一体化是律师行业智能化转型的基础。传统的律师事务所往往以业务领域或专业团队为划分，各部门之间相对独立，信息流通不畅。在智能化转型中，一体化的组织结构将打破这种壁垒，实现业务流程的整合与协同。通过建立统一的业务平台，整合律师资源、客户资源和知识资源，实现信息共享、业务协同和资源优化配置。例如，在案件处理过程中，不同专业领域的律师可以通过平台快速组建项目团队，共同为客户提供全方位的法律服务，提高服务质量和效率。

扁平化是提高组织效率的重要途径。传统的律师事务所层级较多，决策流程复杂，信息传递缓慢。在智能化转型中，扁平化的组织结构将减少管理层级，扩大管理幅度，使决策更加迅速、灵活。通过建立高效的沟通机制和决策流程，律师可以直接参与决策，提高工作积极性和创造力。同时，扁平化的组织结构也有利于培养团队合作精神，提高组织的凝聚力和战斗力。

生态化是律师行业智能化转型的必然趋势。在智能化时代，律师事务所不再是孤立的个体，而是与其他相关机构和企业共同构成一个生态系统。通过建立合作共赢的生态模式，律师事务所可以与科技公司、金融机构、企业等建立战略合作伙伴关系，共同开发法律服务产品和解决方案，拓展业务领域和市场空间。例如，律师事务所可以与科技公司合作，开发智能化的法律管理软件和在线法律服务平台，为客户提供更加便捷、高效的法律服务。

智能化是律师行业组织结构调整的核心目标。在智能化转型中，律师事务所将充分利用人工智能、大数据、云计算等先进技术，实现业务流程的自动化、智能化。通过建立智能化的业务管理系统和决策支持系统，律师可以更加高效地处理案件、管理客户关系和制定战略决策。例如，利用人工智能技术进行合同审查和法律风险评估，可以大大提高工作效率和准确性；利用大数据分析技术进行市场调研和客户需求分析，可以为律师事务所的业务发展提供科学依据。

总之，一体化、扁平化、生态化、智能化是律师行业智能化转型中的组织结构调整方向。通过调整组织结构，律师事务所可以更好地适应智能化时代的发展要求，提高服务质量和效率，拓展业务领域和市场空间，实现可持续发展。

2.3.2　组织架构具体内容

1. 合伙人结构变革

（1）多元化合伙人角色。在数智化时代，合伙人不再仅限于传统的法律专家，而应吸纳具有技术背景、数据分析能力、产品创新思维及市场运营经验的多元人才，形成跨领域的合伙人团队。这样既能增强律师事务所在技术驱动下的服务能力，也能更好地理解和满足客户需求。

（2）动态合伙机制。建立基于项目合作、业务领域或特定市场需求的动态合伙机制，允许灵活组建专项合伙团队，以快速响应市场变化。同时，利用数智化工具评估合伙人贡献，实现更加公平、透明的利润分配和决策权分配。

2. 管委会结构变革

（1）科技导向的管委会构成。管委会中应增加信息技术专家、数据分析师等科技相关职位，确保律所在制定战略、投资决策时能充分考虑数智化转型的需求。

（2）决策流程数智化。采用智能决策支持系统辅助管委会决策，通过大数据分析预测市场趋势、评估项目风险，提高决策效率和科学性。同时利用区块链技术确保决策过程的透明度和可追溯性。

3. 行政管理变革

（1）流程自动化与智能化。运用 RPA（机器人流程自动化）和 AI 技术，自动化处理日常行政事务，如文档管理、合同审核、财务报销等，减少人工错误，提高工作效率。

（2）灵活办公模式。借助云协作平台和远程工作技术，支持律师和工作人员灵活办公，打破地域限制，促进团队间无缝协作。同时，建立数字化考勤、绩效评估系统，确保管理效率不降反升。

4. 信息管理变革

（1）集成信息系统。构建统一的信息化平台，整合案件管理、客户关系管理（CRM）、知识管理、人力资源管理等多个系统，实现数据的互联互通，为决策提供全面、准确的信息支持。

（2）数据安全与隐私保护。加强数据安全管理，采用加密技术、访问控制、数据备份等措施，确保客户信息、案件资料等敏感数据的安全。同时，遵守相关法律法规，保护客户隐私。

（3）智能知识管理。利用 AI 技术构建智能知识库，自动分类、标签化法律知识，为律师提供即时、精准的法律检索和咨询服务。通过机器学习不断优化知识推荐算法，提升知识利用效率。

5. 人才培养与文化建设

（1）持续教育与培训。建立线上线下相结合的培训体系，定期举办数智化技能、新兴法律领域、领导力提升等培训课程，鼓励律师和员工终身学习，适应数智化时代的要求。

（2）创新文化培育。营造鼓励创新、容忍失败的文化氛围，设立创新基金或奖励机制，激励员工提出并实施数智化改进方案，推动律所持续创新和发展。

第三章

数据资产走向数智化

3.1 律师事务所数据资产的定义

通常意义下的数据资产是指企业在不违反现有法律规定的情况下，拥有所有权或者使用权，具有即时或未来经济价值的以电子方式记录的数据资源。它不仅包括结构化数据，也涵盖非结构化数据，能够直接或间接为企业带来经济效益和社会效益。

对于律师事务所而言，数据资产即为律所拥有或控制可以用于为律师事务所创造价值的数据资源。具体而言包括但不限于：律师事务所的专业文章、官网、公开发行的电子出版物等。而随着生成式人工智能的发展，律师事务所所能拥有的数据化资产从原本的传统范畴逐渐扩展至数智化律师事务所管理系统以及法律 AI。

近十年来，国内外多数律师事务所均在不同程度上接受了电子化的办公方式，但电子化、数字化的办公方式远远未到达能够为律师事务所形成数据资产的水平。其原因如下：

第一，仅对文书进行电子化处理并未使相关数据具有商业价值，无论多少份的电子文档，若未将其转化成可供法律 AI 学习培训的数据均无法达到为律师事务所赋能的目的。相反，过多的电子文档也会因不同律师工作习惯的差异等因素导致电子文档管理困难、案卷混乱等问题。

第二，律师事务所对未公开的客户资料负有保密义务，若未能妥善处理便用于训练 AI 则存在侵犯客户隐私权的风险。

综上所述，在满足（1）对相关法律文书脱密处理;（2）将相关数据提供至法律 AI 进行学习后，律师事务所可以将本地自有数据结合外部公开数据统一形成具有独立价值的数据资产。

从分类上看，律师事务所数据资产可以分为律师事务所相关资产与客户相关资产。

律师事务所相关资产指律师事务所数字化运营所产出的具有商业价值的资产，包括但不限于律师事务所推广宣传的营销号推文、律师产出的专业实务文章等。

客户相关资产指为客户提供法律服务过程中产生的数据资产，包括为客户服务的法律文档和业务文档等。

3.2 建立数据资产的优势

1. 国家政策支持

中共中央、国务院在《关于构建数据基础制度更好发挥数据要素作用的意见》中强调了数据作为新型生产要素的重要性，并从数据产权、流通交易、收益分配、安全治理等方面构建数据基础制度。这一政策为律师事务所的数据资产奠定了坚实的政策基础。其中，“数据二十条”创造性提出建立数据资源持有权、数据加工使用权和数据产品经营权“三权分置”的数据产权制度框架。根据该框架的制度设计，律师事务所通过数智化办公平台可以将传统法律文书、律师事务所行政文件等内容统一转化为数据资产，在经过脱敏化处理与提炼后，便可使律师事务所数智化系统具有独立的商业价值。

2. 提升决策效率

数据资产的建立能够帮助律师事务所在决策、业务发展和创新方面发挥重要作用。通过数据驱动的洞察力，提升服务质量和效率。律师将相关文件上传至云端备份后，不必担心客户关键资料毁损灭失。同时，依赖于数智化系统的案件追踪工具，每个案件都能够形成体系化的案件跟进表，使律师更加直观地了解案件进展与案件内容，从而整体上提高团队效率。

3. 实现数据权益分享

数据资产因其在云端存储的优势，可以为团队律师提供共同协作的工作平台。这种共享机制不仅促进了团队成员之间的信息流通，还提高了工作效率和协同作战的能力。

通过数据资产的共享，团队成员能够实时访问和更新案件相关的数据，确保信息的一致性和准确性。此外，数据资产的共享还意味着团队成员可以基于统一的数据视图进行决策，减少信息不对称带来的风险，增强团队的凝聚力和竞争力。通过这种方式，数据资产的权益分享不仅提升了工作效率，还有助于构建更加开放和协作的工作环境。

3.3 律师事务所为何需要建立数据资产？

数据、算法和算力是构成人工智能应用的三大核心要素，它们共同推动着人工智能的发展。其中，算力是人工智能运算的动力源泉，算法是处理数据的规则框架，而数据则是人工智能存在和发展的根本。

律师事务所的数智化转型并非一蹴而就，它需要经历“信息化—数字化—智能化”的阶段发展过程。在这一过程中，构建一个庞大的数据体系成为律师事务所构建法律智能体的首要任务。通过数智化系统，律师事务所能够将日常工作中处理的重要文件转化为电子化数据文档，实现基础的“数字化”。在数据积累的过程中，利用这些数据训练人工智能，使其能够学习案件中的裁判思路，从而使单一的数据转化为律师事务所独特的数据资产。综合来看，数据资产为律师事务所带来了以下优势：

首先，构建律师事务所数据资产为数智化律师事务所提供了将人工智能嵌入工作全流程的物质基础。无论是法律文书审查、文书辅助撰写还是文书风险管理，都需要大量的数据作为支撑。在积累了足够多的有效数据后，律师事务所数智化系统能够为律师处理事务提供辅助，将原本耗时的检索工作和内容编辑工作，通过 AI 辅助大幅缩短完成时间。

其次，律师事务所数据资产是律师事务所未来知识管理和赋能律师的重要步骤。法律是一门经验学科，律师可以将处理过的类似案件汇总，形成特有的知识管理系统。传统的法律数据库虽然能够汇总法律数据，但仍需律师投入大量时间进行法律及类案检索。然而，通过内置自然语言处理能力的生成式人工智能，律师可以将过往案件中的类案、诉讼策略等输入系统，形成特有的法律检索库，辅助律师团队在办案中快速定位类案并制定法律服务方案。

最后，为了实现律师事务所的合规管理，建立数据资产制度显得尤为重要。律师事务所的合规风险包括因违反合规管理要求而引发的法律责任、监管处罚、经济损失和声誉损失等。全国律协和各地律协对此也有相应要求，如根据《深圳市律师事务所合规管理指引（试行）》第 36 条的要求，律师事务所应健全收结案管理制度，加快推进律师管理信息系统业务数据采集，并按照统一规则对案件进行编号，确保案件编号与收费合同、收费票据一一对应。第 39 条规定，律师事务所应建立业务统计制度，按要求向律师协会及司法行政机关报送业务报表，律师事务所负责人应对报表内容进行审查，保证数据的真实性。因此，为了满足合规管理的需求，律师事务所急需建立数据资产管理制度，以应对日益严格的监管要求。

综上所述，数据资产对律师事务所的重要性不言而喻，它不仅是律师事务所数智化转型的基石，也是提升服务质量、实现知识管理和合规管理的关键。

3.4　如何建立数据资产

数智化律师事务所在建立自身的数据资产时，应遵循“四步走”策略，具体步骤。

第一步：数据资产识别与分类。

首先，律师事务所需识别内外部的数据资源，并进行细致分类，这包括客户数据、案件文档、市场分析报告等。律师将文档上传至事务所系统云端，实现办公文件的电子化，这是律师事务所数智化办公的起点。通过律所系统的文本语言识别处理系统，数智化律师事务所能够高效识别相关法律文书内容，确保律师工作平台从线下到线上的无缝转换。

第二步：数据资产“权利—义务”机制的建立。

在法律文书电子化全面实现的基础上，律师事务所需明确律师与律师之间、律师与律师事务所之间的数据权利与义务行使规则，建立数据权利机制，确保数据资产的合法合规使用。例如，律师事务所管委会可以在所内制定数据规范指引行为准则，帮助律师在上传、下载、处理相关数据时避免泄露重要客户信息的风险。

第三步：构建数智化集成系统。

完善所内数据权利机制后，律师事务所可以建立一套数智化集成系统，或与法律科技厂商合作使用现有的法律科技产品。这样的系统整合了传统的协同办公、利益冲突检索、办案工具等功能，形成律师的数字化工作台。通过数智化系统集中分析数据信息并训练系统内 AI，实现 AI 对本地化数据的深度掌握。

第四步：数据安全与隐私保护。

在构建和完善自身的数据资产后，律师事务所需强化数据安全和隐私保护措施，确保数据资产的安全性和合规性。在数据隐私保护方面，律师事务所需从数据权属、数据合规审查两方面着手。首先，由于律师事务所的数据资产生成并存储于云端，数智化律师事务所在与第三方签署合作协议时，应明确资产权属，确保律师事务所对数据资产的所有权得到保护。

其次，律师事务所应定期对数据资产进行审核，特别是针对案件相关的数据资产，确保数据信息的私密性、完整性和可用性。同时，律师事务所应对数据进行合规性分析，保证获取相关客户数据的合法合规性，确保相关数据培训过程符合律师事务所的合规要求。

通过这四步策略，律师事务所能够确保数据资产的有效管理和利用，为律师事务所的数智化转型和长期发展奠定坚实的基础。

小　结

数据资产的构建与管理是律师事务所数智化转型的核心。通过精心规划和执行，律师事务所能提升竞争力并促进业务增长。然而，这一转型需长期投入，数据资产积累非一日之功，需持续努力和耐心。律师事务所可以通过与现有的法律科技公司互相合作，从而节省前期探索投入的费用与精力，在熟练使用相关内容的基础上不断优化工作流程，实现数据资产的有效、高效积累。

第四章

DeepSeek 视角下律师业务与客户关系重构

近年来，以大语言模型为代表的人工智能（AI）技术飞速发展，深刻地改变着各行各业。2025 年以来，DeepSeek 等 AI 模型的爆火，极大地改变了律师行业对 AI 的态度，从观望转向积极拥抱。DeepSeek 等 AI 模型在提高效率、优化服务、拓展市场等方面的影响日益凸显，法律行业也不例外。这些先进 AI 模型的涌现，在律师行业掀起了前所未有的变革浪潮。

4.1　AI 技术法律服务市场的影响

1. 法律服务市场竞争格局分析

律师行业内部的激烈竞争：随着律师人数的增加，每个律师都在争取有限的客户资源。这种竞争不仅体现在专业能力和服务质量的比拼上，还包括品牌影响力、市场营销策略等多个方面。据行业统计，近年来律师行业的新增注册人数持续增长，而客户资源的增长却相对有限，导致竞争越发激烈。

律师行业外部竞争威胁：除了内部竞争，律师行业还面临着来自外部的竞争威胁。特别是法律咨询公司的崛起，它们利用 AI 技术提供高效能、低成本的法律服务，给传统律师事务所带来了严峻的挑战。

律师法律服务触达率很低：大量中小企业和普通大众请不起律师，当前，法律服务的触达率仍然较低，许多中小企业和普通大众由于经济原因难以承担律师费用。这导致大量法律需求无法得到满足，也限制了律师行业的发展。调研显示，超过 80% 的中小企业表示在法律需求满足方面存在困难，主要原因是律师费用过高。另外，根据裁判文书信息显示，有超过 70% 的案件没有律师代理，意味着每年有数千万案件的市场律师没触达。

2.AI 对法律服务市场的影响

（1）对存量市场的影响，主要体现在两方面

存量市场竞争加剧。随着 AI 技术在法律行业的普及，传统律师事务所面临来自新兴法律服务主体的激烈竞争。这些新兴法律服务主体既包括技术驱动的新兴律所和律师，也包括 AI 替代性法律服务公司、大型企业自建的 AI 法律服务团队。这些主体借助 AI 技术提供高标准、低成本、易触达的法律服务，对传统律师事务所的业务形成冲击。

传统业务模式转变。为了应对市场竞争，传统律师事务所需要不断转变业务模式，提升服务质量和效率。例如，通过引入 AI 工具优化工作流程、提升客户体验；或者通过拓展新的业务领域，如在线文本起草审核、数据合规咨询等，来寻求新的增长点。某传统律师事务所通过引入 AI 技术并拓展新兴业务领域，成功实现了业务转型和增长。

（2）对增量市场的影响，也主要体现在两方面

新兴业务领域。AI 技术的发展为律师行业拓展了新业务领域，带来了新增长点。包括数据合规与跨境治理，比如全球数据法规适配（GDPR/CCPA/《个保法》），AI 自动化合规检测与动态报告生成；AI 知识产权全链条服务，比如 AI 生成内容确权、专利侵权预警、算法专利化，结合专利地图与侵权监测工具；AI 伦理与算法合规治理、算法歧视、自动驾驶责任划分、Deepfake 侵权，需算法可解释性与伦理审查能力；企业 ESG 合规与碳法律，比如碳关税应对、绿证交易、ESG 报告审查，结合碳排放测算与供应链监控 AI 工具；长尾市场普惠法律服务，比如 AI 批量处理小额争议、中小微企业合规、个人数字遗产规划等。

满足个性化法律服务需求。随着客户对法律服务个性化需求的增加，律师可以通过 AI 技术为客户提供更加精准、个性化的法律服务。例如，根据客户的业务特点、风险承受能力等因素，为客户量身定制法律解决方案。

4.2　AI 技术重构律师竞争力

1. AI 将在以下几方面替代律师能务

（1）信息检索与整理：AI 可以快速检索和整理海量的法律信息。

（2）文档生成与审核：AI 可以自动生成常见的法律文书并进行初步审核。

（3）咨询与答疑：AI 聊天机器人可以回答客户关于常见法律问题的咨询，提供初步的法律指导。

2. AI 将在以下几方面增强律师能力

（1）复杂案件分析：AI 可以分析复杂的案情，识别关键证据，预测案件走向，为律师提供决策参考。

（2）法律风险评估：AI 可以评估合同、投资项目等存在的法律风险，帮助律师为客户提供更全面的风险管理建议。

（3）客户沟通与服务：AI 可以辅助律师与客户进行沟通，增强客户体验。

（4）市场拓展：AI 可以分析潜在客户数据，帮助律师进行精准营销，提高获客效率。

3. AI 难以取代律师的能力，律师可以建立护城河

（1）复杂价值判断与伦理权衡，比如案件涉及法律空白（如 AI 生成内容版权归属）、公共利益与个人权利的冲突（如疫情防控中的隐私权限制）。

（2）人性化沟通与情感支持，比如离婚调解中安抚当事人情绪、刑事辩护中建立被告人信任关系。

（3）创造性法律策略设计，比如跨境并购中设计兼顾多国监管的交易架构，或利用判例漏洞创新诉讼路径。

（4）法庭对抗与临场应变。庭审中根据法官追问实时调整辩论策略，或捕捉对方证人证词的漏洞。

（5）跨领域资源整合能力，比如科技企业 IPO 需协调技术、财务、法律团队，平衡合规与商业目标。

（6）非结构化问题解决，比如企业危机公关（如数据泄露事件）中同步处理法律追责、舆论引导、政府沟通等。

4.3　AI 重塑律师案源与客户关系

从客户角度看，随着 AI 技术在法律行业的广泛应用，客户对律师的专业服务水

平提出了更高的要求。客户期望律师不仅能够提供准确、高效的法律服务，还能够具备对复杂法律问题的深入理解和处理能力。同时，客户需要律师在沟通过程中展现出人文关怀和同理心。律师需要通过有效的沟通和交流，理解客户的需求和关切，为客户提供更加贴心、全面的法律服务。

从案源角度看，传统律师需要花费大量时间和精力参与各种社交活动、研讨会等，以建立人脉，拓展案源，这些活动往往需要较高的经济成本和时间成本，这种传统的获客方式往往覆盖面较窄，难以精准触达潜在客户，导致获客效率低下。客户也难以全面了解律师的专业能力和服务特点，导致选择律师时存在信息不对称的问题。

AI 将以下几方面重塑律师客户关系。

1. AI 赋能律师获客

降低获客成本。律师可以利用 AI 技术，通过在线平台、社交媒体等渠道进行精准营销，减少不必要的社交活动，降低获客成本。

实现精准获客。AI 可以分析潜在客户的画像和需求，帮助律师更精准地触达目标客户，提高获客效率和转化率。

提升获客效率。律师可以利用 AI 聊天机器人等工具，实现 24 小时在线咨询，及时响应客户的需求，提高获客效率。

2. AI 提升客户体验

服务获取的便捷化。AI 驱动的在线法律咨询平台和聊天机器人（以得理 AI+ 律师平台为例），使得客户能够随时随地获得初步的法律帮助，打破了时间和空间的限制。客户可以更方便地比较不同律师的服务和收费，提高了选择律师的效率和透明度。

服务内容的标准化与透明化。AI 辅助的合同审查、文书生成等服务，使得法律服务的流程和结果更加标准化和可预测。客户可以通过 AI 工具更直观地了解案件的进展情况和潜在风险，增强了其在法律服务过程中的参与感。

服务成本的降低。AI 自动化处理部分法律事务，降低了律师的工作量，从而降低了法律服务的成本。在线法律咨询和自助服务平台的出现，也减少了客户与律师直接沟通的时间成本。

4.4 应对 AI 浪潮，律师行业的应对与行动

面对 AI 带来的变革，中国律师行业正在积极采取行动。

1. 律师能力建设

面对 AI 带来的深刻变革，律师需要积极提升自身能力，具体包括：

持续学习。律师需要不断学习 AI 相关知识，了解其基本原理、发展趋势及其在法律领域的应用。

掌握 AI 工具的使用。律师应熟练掌握常用的法律 AI 工具，并将其应用到日常工作中，以提高工作效率。

培养数据分析能力。律师应具备一定的法律数据分析能力，利用 AI 工具分析海量法律数据，发现案件规律，为客户提供更精准的法律服务。

提升对 AI 输出结果的审核能力。律师应培养批判性思维，对 AI 生成的法律意见、文书等进行审核把关，确保其准确性和可靠性，并承担最终的法律责任。

2. 律师业务模式转型

律师应积极转变获客方式和作业模式，以适应新的市场环境。

拓展线上获客渠道。律师可以利用 AI 技术，通过建立专业的法律服务网站、开发移动应用程序、参与在线法律咨询平台等方式，拓展线上获客渠道，吸引更多潜在客户。

利用数据分析进行精准营销。律师可以利用 AI 工具分析客户数据，了解客户的需求和偏好，从而进行精准营销，提高获客效率和转化率。

构建以客户为中心的作业模式。律师可以利用 AI 技术，例如客户关系管理（CRM）系统，更好地管理客户信息，了解客户需求，提供更加个性化、定制化的法律服务，增强客户黏性。

采用项目化管理。律师可以利用 AI 工具，将复杂的法律事务拆解为多个子任务，进行项目化管理，提高团队协作效率，更好地控制案件进度和成本。

3. 律师事务所用 AI 为律师赋能

律师事务所在 AI 时代可以从以下几个方面为律师赋能。

积极参与法律科技的创新。律师事务所可以积极参与法律科技产品的研发和应用，采购先进的 AI 工具，并为律师提供技术培训和支持。与科技公司合作，共同探索 AI 在法律领域的更多可能性，推动法律服务的创新发展。大型律师事务所可以考虑建立自己的 AI 研发团队，或与科技公司合作，共同开发适合自身业务需求的 AI 工具。

构建知识管理平台。律师事务所可以利用 AI 技术构建智能化的知识管理平台，整合内部知识、案例、经验等，方便律师随时查阅和使用。

优化业务流程。律师事务所可以利用 AI 技术优化现有的业务流程，例如，实现案件管理的自动化、财务管理的智能化等。

促进数字化转型。律师事务所应制定明确的数智化转型战略，利用 AI 技术推动律师事务所的全面数字化转型。

发展专业化、精细化的法律服务：面对 AI 的冲击，律师应更加注重发展自己的专业优势，提供更加专业化、精细化的法律服务，例如，专注于某一特定领域的诉讼、非诉业务，或者为特定行业的客户提供定制化的法律解决方案。

小 结

DeepSeek 等 AI 模型的出现，为律师行业带来了前所未有的变革机遇，同时也带来了挑战。律师不应被动等待，而应积极拥抱 AI 技术，将其融入自己的业务中，不断学习和提升自己的专业能力，拓展服务领域，创新服务模式。AI 的普及应用将降低法律服务的门槛，激活更多潜在的法律服务需求，为律师带来更广阔的市场空间。只有积极应对，律师才能在未来的法律服务市场中把握机遇，应对挑战，实现更大的发展。

参考学习资料

[1] Tom B.Brown, Benjamin Mann et al., *Language models are few-shot learners*, NIPS'20: Proceedings of the 34th International Conference on Neural Information Processing Systems, Article No.159, p.1877-1901(2020).

[2] Robin Staab et al., *Beyond memorization: Violating privacy via inference with large language models*, The Twelfth International Conference on Learning Representations(Jan.16, 2024), https://openreview.net/forum?id=kmn0BhQk7p.

[3] Paulina Okunytė, *Data leak reveals auto giant and others harvesting user data to train AI models*, Cybernews (June.14, 2024), https://cybernews.com/security/rawdamental-data-leak/.

[4] UNESCO, IRCAI, *Challenging systematic prejudices: an investigation into bias against women and girls in large language models*, UNESDOC (March, 2024), https://unesdoc.unesco.org/ark:/48223/pf0000388971.

[5] Lei Huang, Weijiang Yu et al., *A Survey on Hallucination in Large Language Models: Principles, Taxonomy, Challenges, and Open Questions*, ACM Transactions on Information Systems, Vol 43 Issue 2, Article No.42, p.1-55(2025)

[6] Wayne Xin Zhao, Kun Zhou et al., *A Survey of Large Language Models*, ACM Transactions on Intelligent Systems and Technology, Volume 15 Issue 3, Article No.39, p.1-45(2024).

[7] Abhinav Kimothi, *Generative AI Terminology—An Evolving Taxonomy To Get You Started*, Medium (Jan 31, 2024), https://pub.towardsai.net/generative-ai-terminology-an-evolving-taxonomy-to-get-you-started-4ca487bfe2d8.

[8] DAIR.AI, *Prompt Engineering Guide*, Github (2022), https://www.promptingguide.ai/zh.

[9] 邱天:《打开AI的黑盒子：模型可解释性的现状、应用前景与挑战》，转载微信公众号“AI前线”2020年5月10日, https://mp.weixin.qq.com/s/VLVQak1DqIcIzOPcokDVBQ。

[10] Anthropic, *Prompt engineering*, Anthropic User Guides (2024), https://docs.anthropic.com/zh-CN/docs/build-with-claude/prompt-engineering/overview.

[11] OpenAI, *Prompt engineering*, OpenAI Platform (2024), https://platform.openai.com/docs/guides/prompt-engineering.

[12] Zheng Chu, Jingchang Chen et al., *Navigate through Enigmatic Labyrinth A Survey of Chain of Thought Reasoning: Advances, Frontiers and Future*, Proceedings of the 62nd Annual Meeting of the Association for Computational Linguistics, Volume 1: Long Papers(2024).

[13] Takeshi Kojima et al., *Large Language Models are Zero-Shot Reasoners*, NIPS’22: Proceedings of the 36th International Conference on Neural Information Processing Systems Article, No.1613, p.22199 - 22213(2022).

[14] Jason Wei et al., *Chain-of-Thought Prompting Elicits Reasoning in Large Language Models*, NIPS’22: Proceedings of the 36th International Conference on Neural Information Processing Systems Article, No.1800, p.24824 - 24837(2022).

[15] Jason Wei, Yi Tay et al., *Emergent Abilities of Large Language Models*, Transactions on Machine Learning Research(2022).

[16] 云中江树:《LangGPT 结构化提示词》，载飞书社区，https://langgptai.feishu.cn/wiki/RXdbwRyASiShtDky381ciwFEnpe。

[17] Stephen Wolfram, *What Is ChatGPT Doing ... and Why Does It Work?*, Wolfram Media Inc, 2023, p.1-102.

[18] 中共中央网络安全和信息化委员会办公室、中华人民共和国国家互联网信息办公室:《互联网信息服务算法备案系统》《境内深度合成服务算法备案清单》，载 https://beian.cac.gov.cn/#/index。

[19] 中国人工智能学会:《中国人工智能系列白皮书——大模型技术（2023版）》，载 https://www.caai.cn/index.php?s=/home/article/detail/id/3172.html。

[20] 中国软件评测中心（工业和信息化部软件与集成电路促进中心）:《人工智能

大语言模型技术发展研究报告（2024 年）》，载 https://www.cstc.org.cn/info/1081/251644.htm。

[21] 朱雅姝、刘碧波：《大型语言模型行业图谱》，载清华大学五道口金融学院，https://www.pbcsf.tsinghua.edu.cn/info/1512/8405.htm。

[22] 王闲乐：《上海大力推进“数字法院”建设　运行体系趋于完善》，载人民网 2023 年 11 月 13 日，https://www.shanghai.gov.cn/nw4411/20231113/ff17072e68744d288abdc0f7b47acdac.html。

[23] Nahema Marchal et al., *Generative AI Misuse: A Taxonomy of Tactics and Insights from Real-World Data*, arXiv (Jun.21, 2024), https://arxiv.org/abs/2406.13843.

[24] 律新社编辑部：《律新社〈新兴法律服务业发展报告（2023）〉正式发布》，载律新社 2024 年 5 月 11 日，https://www.lvxinnews.com/researchdetail/e805080a-3401-4c6d-8853-758322ae915c.html。

[25] 国家互联网信息办公室：《国家信息化发展报告（2023 年）》，载中国政府网 2024 年 9 月 8 日，https://www.gov.cn/lianbo/bumen/202409/content_6973030.html。

[26] The American Bar Association’s Task Force on Law and Artificial Intelligence, *Report on the Impact of AI on the Practice of Law: Year 1,* American Bar Association (August.5, 2024), https://www.americanbar.org/content/dam/aba/administrative/center-for-innovation/ai-task-force/2024ai-task-force-report.pdf.

[27] The State Bar of California, *Practical Guidance for the Use of Generative Artificial Intelligence in the Practice of Law,* The State Bar of California (November.16, 2023), https://www.calbar.ca.gov/Portals/0/documents/ethics/Generative-AI-Practical-Guidance.pdf.

[28] Pennsylvania Bar Association & Philadelphia Bar Association, *Joint Formal Opinion 2024-200,* Pabar (Aug.8, 2024), https://www.pabar.org/Members/catalogs/Ethics%20Opinions/Formal/Joint%20Formal%20Opinion%202024-200.pdf.

[29] New York State Bar Association, *Report and Recommendations to NYSBA House of Delegates,* NYSBA(2024), https://nysba.org/app/uploads/2024/02/Task-Force-on-AI-Report-final.pdf.

[30] District of Columbia Bar, *Ethics Opinion 388*, DC Bar (Apr.11, 2024), https://www.dcbar.org/For-Lawyers/Legal-Ethics/Ethics-Opinions-210-Present/Ethics-Opinion-388.

[31] Jennifer Lim Wei Zhen & Lee Ji En, *The Evolution of Legal Ethics with the Advent of Legal Technology*, The Law Society of Singapore (Jun 2020), https://www.lawsociety.org.sg/publication/the-evolution-of-legal-ethics-with-the-advent-of-legal-technology/.

[32] Courts and Tribunals Judiciary, *Artificial Intelligence (AI)–Judicial Guidance,* Judiciary.uk (December.12, 2023) https://www.judiciary.uk/wp-content/uploads/2023/12/AI-Judicial-Guidance.pdf.

[33] Federal Court, *Interim Principles and Guidelines on the Court's Use of Artificial Intelligence,* Federal Court (December.20, 2023), https://www.fct-cf.gc.ca/en/pages/law-and-practice/artificial-intelligence.

[34] Singapore Courts, *Guide on the Use of Generative Artificial Intelligence Tools by Court Users*, Singapore Courts (October.1, 2024), https://www.judiciary.gov.sg/docs/default-source/news-and-resources-docs/guide-on-the-use-of-generative-ai-tools-by-court-users.pdf?sfvrsn=3900c814_1.

[35] Courts of New Zealand, *Guidelines For Use of Generative Artificial Intelligence in Courts and Tribunals*,Courts of New Zealand (Dec.7, 2023), https://www.courtsofnz.govt.nz/assets/6-Going-to-Court/practice-directions/practice-guidelines/all-benches/20231207-GenAI-Guidelines-Judicial.pdf.

[36] 最高人民法院:《最高人民法院关于规范和加强人工智能司法应用的意见》, 载中国法院网 2022 年 12 月 9 日, https://www.chinacourt.org/law/detail/2022/12/id/150461.shtml。

[37] 香港司法机构政务处:《香港司法机构法官及司法人员和支援人员使用生成式人工智能的指引》载香港司法机构 2024 年 7 月, https://www.judiciary.hk/doc/zh_cn/court_services_facilities/guidelines_on_the_use_of_generative_ai.pdf。

[38] DeepSeek-AI et al., *DeepSeek-V3 Technical Report*, arXiv (Feb.18, 2025), https://arxiv.org/abs/2412.19437.

[39] DeepSeek-AI et al., *DeepSeek-R1: Incentivizing Reasoning Capability in LLMs via Reinforcement Learning*, arXiv (Jan.22, 2025), https://arxiv.org/abs/2501.12948.

[40] Jingyang Yuan et al., *Native Sparse Attention: Hardware-Aligned and Natively Trainable Sparse Attention*, arXiv (Feb.27, 2025), https://arxiv.org/abs/2502.11089.

[41] Hunter Lightman et al., *Let's Verify Step by Step,* arXiv (May.31, 2023), https://arxiv.org/abs/2305.20050.

[42] Manojkumar Parmar&Yuvaraj Govindarajulu, *Challenges in Ensuring AI Safety in DeepSeek-R1 Models: The Shortcomings of Reinforcement Learning Strategies,* arXiv (Jan.28, 2025), https://arxiv.org/abs/2501.17030.

[43] 机器之心:《NeurIPS 2024 | 自我纠错如何使 OpenAI o1 推理能力大大加强?北大、MIT 团队给出理论解释》,载腾讯云开发者社区 2025 年 2 月 14 日,https://cloud.tencent.com/developer/article/2496333。

[44] OpenAI, *Introducing OpenAI o1 Preview,* OpenAI Official Blog (March, 2025), https://openai.com/index/introducing-openai-o1-preview.

[45] Flowith, *Flowith Documentation*, Flowith Official Document (Jan.22, 2025), https://doc.flowith.io/cn.

[46] Cherry AI, *Cherry AI Documentation*, Cherry Studio (Jul.14, 2024), https://docs.cherry-ai.com/.

[47] Benn Huang et al., *Chatbox Documentation*, GitHub (Sep.9, 2024), https://github.com/Bin-Huang/chatbox/blob/main/doc/README-CN.md.

[48] Ben Thompson, *DeepSeek FAQ*, Stratechery (January.27, 2025), https://stratechery.com/2025/deepseek-faq/.

[49] 极客公园:《硅谷关于 DeepSeek 最值得看的一篇》,载智源社区 2025 年 2 月 4 日,https://hub.baai.ac.cn/view/43092。

[50] 新智元:《DeepSeek 革命性 NSA 注意力机制问世!梁文锋上阵,长文本推理能力飙升》,载微信公众号"数据派 THU"2025 年 2 月 20 日,https://mp.weixin.qq.com/s/-PnIlK2RQPhs9dsPQ_vfLg。

[51] Flood Sung:《回答 - 如何评价 Kimi 发布的多模态推理模型 k1.5?》,载知乎

2025 年 1 月 23 日，https://www.zhihu.com/question/10114790245/answer/84028353434。

[52] 张涛:《万字赏析 DeepSeek 创造之美：DeepSeek R1 是怎样炼成的？》，载微信公众号“真格基金”2025 年 2 月 13 日，https://mp.weixin.qq.com/s/HB38prEMz-275Rkj1g7mavA。

[53] Joseph Briggs & Devesh Kodnani, *Artificial Intelligence's Potential Significant Impact on Economic Growth*, Goldman Sachs Research (March.26, 2023), https://www.goldmansachs.com/worldwide/greater-china/insights/AI-investments-to-approach-200-billions.

[54] Kate Rattray, *Legal Trends Report 2024,* Clio (November.20, 2024), https://www.clio.com/blog/highlights-from-2024-legal-trends-report/.

[55] Mark Brennan et al, *Artificial Intelligence Trends Guide*, Hogan Lovells (12 December 2024), https://digital-client-solutions.hoganlovells.com/_uploads/downloads/Hogan_Lovells_-_Artificial_Intelligence_Trends_Guide.pdf.

[56] Kate Rattray, *Highlights from the 2024 Legal Trends for Solo and Small Law Firms Report*, Clio (May.3, 2025), https://www.clio.com/blog/solo-small-law-firms-2024-legal-trends/.

[57] 最高人民法院:《关于规范和加强人工智能司法应用的意见》，载中国法院网 2022 年 12 月 8 日，https://www.chinacourt.org/law/detail/2022/12/id/150461.shtml。

[58] 李倩:《深圳法院启用人工智能辅助审判系统》，载中国法院网 2024 年 7 月 4 日，https://www.chinacourt.org/article/detail/2024/07/id/8012486.shtml。

[59] Jonathan T. Molot, *What's Wrong with Law Firms? A Corporate Finance Solution to Law Firm Short- termism*, Southern California Law Review, Vol.88 No.1 (Nov, 2014).

[60] Salvatore Caserta, *Digitalization of the Legal Field and the Future of Large Law Firms*, Laws, 9(2), 6 (Jun.21, 2020).

[61] 杨立民:《基于生成式人工智能法律服务的数智化发展逻辑与建构路径》，载《深圳大学学报（人文社会科学版）》2023 年第 6 期。

[62] Christian Veith et al., *How Legal Technology Will Change the Business of Law*, The Boston Consulting Group (Oct, 2016), https://media-publications.bcg.com/How-legal-tech-will-change-business-of-low.pdf.

结束语

随着人工智能技术的迅猛发展，法律大语言模型正在为法律工作带来革命性的变革。它不仅是一个强大的工具，更是法律从业者的智能助手，能够大幅提升工作效率，增强专业能力。我们期待这本指南能够成为你探索和运用法律大语言模型的引路人，助你在数字化转型的浪潮中把握先机，开创法律服务新范式。

本用户指南凝聚了多方智慧的结晶。特别感谢中国科学院深圳先进技术研究院－得理法律人工智能联合实验室的专家团队对本书的悉心指导。同时，得理科技团队在技术支持和实践经验方面提供了宝贵帮助。在编纂过程中，我们亦得到了各方人士，包括法律实务工作者、得理科技法律研究员、中国科学院深圳先进技术研究院人工智能研究员、AI 领域从业者等专业人士的修改补充意见，在此一并致谢。

法律科技是一个快速发展的领域，新的技术、应用和规范不断涌现。尽管我们竭尽全力确保内容的准确性和时效性，但仍难免存在不足之处。我们诚挚地欢迎读者反馈意见，帮助我们在未来的版本中不断完善和更新。同时也建议读者在使用本指南时，关注相关领域的最新发展，及时更新知识储备。

让我们携手迎接人工智能赋能法律服务的新时代，共同探索法律科技的无限可能。衷心祝愿这本指南能够伴随你在法律职业发展的道路上不断进步，在人工智能时代绽放更加绚丽的光彩。

《法律人的 AI 通识课》编委会

2024 年 12 月

法律/免责声明

本指南中内容分析部分的著作权归“深圳得理科技有限公司”所有，未经书面许可，任何机构或个人不得以任何形式翻版、复刻、发表或引用本指南。若征得本指南作者同意进行引用、刊发的，须在允许的范围内使用，并注明出处为“深圳得理科技有限公司”，且不得对本指南进行任何有悖原意的引用、删节和修改。

本指南中的观点基于指南作者所知悉的公司公开信息和各种市场环境因素，因受技术或其他客观条件所限无法同时提供观点形成的所有依据及所基于的假设、前提等相关信息。本指南中引用的信息和案例（包括但不限于公司的名称、公司说明、发行过程等）均源于相关公司官网、媒体报道等公开渠道，指南作者已尽力确保信息的准确性和完整性，但无法保证完全正确，读者如对该类信息或案例有疑问，请与相关部门或公司核实。

编委会对本指南所包含的信息、观点以及数据的准确性、可靠性、时效性及完整性不作任何明确或隐含的保证，读者在使用本指南时，应自行承担因使用本指南而产生的风险和责任。

本公司制作和发放本指南的目的仅为提供信息参考，不构成任何商业广告或要约邀请。如有疑问或需要进一步了解相关情况，请与本公司联系。